Rainer Schepper

Lebensreport

Elsinor

Longinus

Hinweis des Verfassers
Der gesamte Text wurde von mir zunächst handschriftlich abgefasst, dann, wofür ich hier herzlich danke, zum größten Teil am Computer erfasst von Angelika Weide.

Bibliografische Information der Deutschen Nationalbibliothek
Die Deutsche Nationalbibliothek verzeichnet diese Publikation in der Deutschen Nationalbibliografie; detaillierte bibliografische Daten sind im Internet über www.dnb.de abrufbar.

Longinus ist ein Imprint im Elsinor Verlag

2. überarbeitete Auflage 2016

Umschlag und Satz: Elsinor Verlag, Coesfeld
Abbildung auf der Umschlagvorderseite: «Blütenmännchen», 20. Mai 1929 (Pfingstmontag) auf der Veranda; Foto: Ewald Schepper
Das Porträt auf der Rückseite wurde aufgenommen von Angelika Weide
Printed in Germany
ISBN 978-3-945113-10-3

INHALT

Zum Leben verurteilt ... 7
In Großvaters Haus ... 10
Die erste Schulzeit ... 16
Das Ende einer Kindheit ... 18
«Gelobt sei, was hart macht!» ... 26
Ferienzeiten ... 33
Mit Hakenkreuzbinde ... 38
Ich war Deserteur ... 46
Mein Luftwaffenhelfer-Einsatz 1943/1944 ... 47
Abtransport in den Osten ... 49
Reichsarbeitsdienstlager bei Lodz ... 51
Die Flucht vor der sowjetischen Offensive ... 53
14 Stunden bei 14 Grad Minus auf dem Güterwagen 55
RAD-Krankenhaus in Clarholz und Marschbefehl ... 56
Standgericht in Kassel und Strafkommando ... 59
Frankfurt am Main wird eingezingelt und besetzt ... 62
Heimreise zu Fuß über Wiesbaden, Mainz und Rüdesheim ... 63
Begegnung mit Konrad Adenauer in Rhöndorf ... 65
Zweimal von den Amerikanern aufgegriffen ... 68
Ankunft in der Heimat ... 70
Die erste Zeit nach der Heimkehr ... 72
Als Evakuierter in Warendorf ... 74
Irrwege ... 83
Die Weichenstellung ... 106
Redakteur in Oelde ... 108
Student in Dortmund ... 115
Einklassig ... 123
Zweiklassig ... 129
Drittklassig ... 137
Katharsis ... 148
Ausgrenzungen ... 153
«Ein garstig Lied! Pfui! ein politisch Lied ...» (Goethe) ... 158

Hinter Gittern ... 161
Im wahren Christentum ... 166
Das sechste Verbot ... 171
Die goldene und die schwarze Sonne ... 173
Begegnungen ... 176
J'accuse! ... 186
Der Tod ... 189
Das Schicksal ... 201
Die Frage von Schuld und Verantwortung aus deterministischer Sicht ... 206
- Determinismus als philosophisches Axiom ... 208
- Erster Denkfehler: Willensfreiheit ... 213
- Zweiter Denkfehler: Kausalität ... 216
- Dritter Denkfehler: Schuld ... 219
- Determinismus in der Dichtung ... 220
- Determinismus als kosmisches Gesetz ... 224
- Verantwortung als ethisches Postulat ... 226

Literatur ... 233
Publikationen von Rainer Schepper ... 234
Personenverzeichnis ... 236

ZUM LEBEN VERURTEILT

Man schreibt den 23. März 1927. Es ist abends 21:42 Uhr. Im Kreissaal des Mathildenstifts in Münster kommt ein Kind zur Welt, ein Knabe. Geburtsgewicht 4 Pfund.

Die ersten Monate fast nur Schreien und Nahrungsverweigerung. Die Mutter kann nicht stillen. Die Amme wird vom Kind abgelehnt. Ein Nabelbruch die Folge des angestrengten Schreiens. Nichts als Protest gegen das Dasein.

Wie hatte doch Theognis aus Magara um 500 vor unserer Zeitrechnung gesagt? «Das beneidenswerteste aller Güter auf Erden ist, niemals geboren zu sein oder, einmal geboren, so schnell wie möglich die Tore des Hades zu durchschreiten und unter einem dicken Erdmantel zu schlafen.» Euripides, der jüngste der drei großen griechischen Tragödiendichter – er starb Ende des Jahres 407 vor unserer Zeitrechnung – griff dieses Wort auf: «Beweint werden muss, wer auf diese Welt kommt und für derartiges Leid erkürt ist. Jubelgesänge sollen den Toten begleiten, dessen Leiden damit ein Ende gesetzt ist.»

Das sich gegen das Leben wehrende junge Leben setzte sich dennoch durch. Es blieb unter ärztlicher Aufsicht und ängstlicher mütterlicher Sorgfalt erhalten. Ein – wohl unbewusst gesteuerter – Versuch folgte noch, Monate später. Die Mutter betritt das Kinderzimmer, das Kind hängt wie leblos, an seinen Gurt geschnallt, neben dem Bett. Der zweite hatte sich gelöst. Es blieb beim Schrecken; das Kind lebte.

Der zwangsweisen Geburt folgte fünf Tage später die zwangsweise Wiedergeburt, der Exorzismus, die Taufe. Eine geistige Vergewaltigung. Tatort: Überwasser- oder Liebfrauenkirche in Münster. Teufel und alle bösen Geister wurden ausgetrieben aus diesem Kind, so lehrt der Glaube. Der christliche Aberglaube! Der Täufling in das lange weiße, mit kunstvoller Lochstickerei gefertigte Taufkleid seines Vetters gehüllt. Großvater und Tante Maria sprachen stellvertretend für den Säugling das Taufgelübde. Ein Leben lang sollte es verbindlich, bindend sein. Das Abweichen ist mit ewigen Höllenstrafen bedroht.

Mehr als zwanzig Jahre blieb diese Zeremonie bestimmend und richtungsweisend. Erst mit 43 Jahren konnte sich der Geschädigte gefahrlos offiziell lossagen. Gefahrlos? Man wird sehen.

Zunächst also nicht nur zum Leben, nein, zum ewigen Leben verurteilt. Zum «Jammertal» hier auf Erden, wie ein bekanntes Kirchenlied singt. Später dann zu Himmel und Hölle, je nach Wohl- oder Missverhalten.

Im ersten Fall ungebüßter Sünden wegen vorher zum Fegefeuer, Purgatorium, Reinigungsort. Der Verfügungsgewalt Gottes unterstellt. Aber den Einflüsterungen und Verführungskünsten des Teufels ausgesetzt. Der weiß immer die böse Lust wachzukitzeln.

Wann wurde aus dem Gottes- und Teufelsobjekt ein selbständiges Ich? Im Nachhinein schwer zu sagen. Vielleicht schon früh? Vielleicht erst spät?

Gott ist immer anwesend, so erfuhr das Kind. Er sieht alles, auch wenn Eltern und andere Menschen nichts wahrnehmen. Sieht jede Sünde, jedes Fehlverhalten. Gott als Wanze in der Wand, als versteckte Kamera in allen Ecken. Aber er lässt mit sich reden. Es gibt das Gebet: morgens, abends, tagsüber bei Tisch. Im Kinderzimmer an der Wand ein gefülltes Weihwasserbehältnis. Vor Beginn des Gebets taucht man die Fingerspitzen ein. Segnet sich selbst: Stirn, Schultern, Brust mit dem Kreuzzeichen. «Lieber Gott» und Schutzengel werden angerufen: «Lieber Gott, mach mich fromm, dass ich in den Himmel komm!»

Schon früh war zu erfahren: das Schlimmste ist die Todsünde. Sie zieht ewige Verdammnis in der Hölle nach sich. Das bedeutet: ewig brennen im unauslöschlichen Feuer, ewig, ohne Ende, ohne Aufhören, ohne Unterbrechung. In der Hölle tickt eine Uhr. Die hämmert auf die Verdammten ein: «Immer, nimmer, immer, nimmer, immer, nimmer ...», unaufhörlich. Das heißt: «Immer bleibst du als Verdammter in den Qualen der Hölle, nimmer wirst du sie wieder verlassen.» Mit solchen Schrecknissen brandmarkt man die Seelen der Kinder. Angst soll sie brav und fromm halten, manipulierbar für die Kirche, ihre Gebote und Vorschriften.

Es gab zwei Feste im Jahr, die dagegen Gottes Belohnungen vor Augen führten: St. Nikolaus und Weihnachten. Am Vorabend des 6. Dezember stellten wir, mein um vier Jahre jüngerer Bruder und ich, vertrauensvoll übergroße Teller auf die Fensterbank, legten Schwarzbrot darauf für den Schimmel des heiligen Nikolaus und waren am andern Morgen erleichtert und froh, wenn auf dem Teller keine Rute des Sankt Ruprecht lag, sondern der Nikolaus ihn mit Köstlichkeiten gefüllt hatte: Nüssen, Spekulatius, Schokoladen-Nikolausfiguren, Apfelsinen, Äpfeln, Marzipan und noch einigen Spielsachen dazu. Persönlich traten Sankt Nikolaus und Sankt Ruprecht bei uns nie in Erscheinung. Die mit solchen Auftritten verbundenen Kinderängste haben uns unsere Eltern erspart. Am ersten Weihnachtsfeiertag abends – damals noch nicht am Heiligen Abend «wie bei den Evangelischen» – kam das Christkind, eigentlich Christkindchen. Dann mussten wir nach Mittag bis zum Dunkelwerden ins Bett, um zu schlafen. Das Christkind hätte sonst verscheucht werden können. Gegen fünf Uhr abends ertönte ein Glöckchen, das das Christkindchen eigenhändig läutete zum Zeichen, dass wir nun in das festlich geschmückte Zimmer eintreten durften. Der Weihnachtsbaum erstrahlte im Kerzenglanz, darunter lagen und standen die Geschenke für uns Kinder in Hülle und Fülle, von Christkindchens eigener Hand ausgebreitet. Das Glück war kaum zu fassen und vermittelte einen Vorgeschmack auf die Freuden des Himmels, der uns versprochen worden war, wenn wir ihn durch brave Frömmigkeit verdient haben würden. So bestätigte sich sichtbar mein frühkindlicher Glaube an den allmächtigen, allgütigen, allwissenden, allgegenwärtigen Gott, und irgendwann lernte ich auch, dass er in der Kirche im Tabernakel auf dem Altar wohne und dort besonders angebetet werden müsse, gegenwärtig im «Allerheiligsten» in der Monstranz, vor der alle Menschen knieend niederfielen, sobald sie ihrer ansichtig wurden.

Mein Vater mied die Kirche möglichst und trat irgendwann aus. Meine Mutter hielt uns Kinder an, den Gottesdienst an Sonn- und Feiertagen pflichtgemäß zu besuchen, die Sakramente zu empfangen und regelmäßig unsere Morgen-, Abend- und Tischgebete zu verrichten. Als Zwang wurde das damals noch nicht empfunden.

IN GROSSVATERS HAUS

An die ersten fünf Lebensjahre gibt es nur gute Erinnerungen. Wir lebten im Hause meines Großvaters zusammen mit ihm in einer Wohnung. Dieser grundgütige Mann mit seinem warmherzigen Humor vermittelte unwillkürlich das Gefühl der Geborgenheit, ein Urvertrauen, das mich veranlasste, mich fest an ihn anzuschließen. Das Haus war 1895 im Südviertel Münsters erbaut und nach Fertigstellung von ihm gekauft worden. Es war mein eigentliches Elternhaus und wurde später am 12. September 1944 bei einem Luftangriff auf Münster in Trümmer gelegt. Die Wohnung in der 1. Etage hatte zur Gartenseite eine geräumige sonnige Veranda, umgeben von einem Birnbaum, der jährlich große saftige goldgelbe Birnen trug, und mehreren Apfelbäumen, die im Frühjahr ringsum ihre Blütenfülle entfalteten und im Herbst köstliche, knackig-saftige Früchte zum Greifen nahe trugen. Der Garten hinter dem Hause bot übergenug Raum und Gelegenheit zum Spielen. Als ich drei oder vier Jahre alt war, ging mein Großvater, der vom Gutshof Schulte-Lippern bei Oberhausen-Osterfeld stammte und als Regierungsbeamter im Ruhestand lebte, jeden Morgen mit mir in den damaligen Zoologischen Garten, eine Gründung des bekannten Zoologen Hermann Landois. Die größte Attraktion war für mich immer der damals noch einzige riesige Elefant «August», der sich gern von mir füttern ließ, aber auch, wie man sagte, ganze Spazierstöcke, Hüte und Handtaschen denen entwendete, die ihn zu necken oder zu ärgern wagten, alles das wahllos in sich hineinschlingend. Mit fast allen Tieren, die in ihren Käfigen gezeigt wurden, war ich bald vertraut, ohne damals das Elend und die Trauer dieser eingesperrten Kreaturen wahrzunehmen, die als Schauobjekte dahinvegetierten. Erst als Erwachsener erkannte ich am neurotischen Verhalten dieser hoffnungslos Gefangenen, die ihrem natürlichen Lebensraum entfremdet werden, die grausame Bestialität derartiger Einrichtungen.

Als Kind – und das hat sich bis heute kaum geändert – war ich fasziniert und wie gebannt im Affenhaus und konnte den drolligen Kapriolen der Schimpansen und kleinerer Äffchen unermüdlich zuschauen. Bald trug ich zu unseren Zoobesuchen, auf jedes meiner Kinderhändchen gestülpt, ein Stoffäffchen, bewegte mit den Fingern deren Kopf und Hände, unterhielt mich mit ihnen und dem Großvater und kehrte gegen Mittag mit ihm fröhlich und guter Dinge heim.

Aus dieser frühen Kindheit sind mir sonst nur wenige Erinnerungen im Gedächtnis haften geblieben; einige allerdings sind erhalten in dem Fotoalbum, das meine Mutter bald nach meiner Geburt für mich angelegt hat. Es zeigt mehrere Fotos von mir, auf denen ich einen Matrosenanzug, wie er damals für Jungen Mode war, trage, mit einer Matrosenmütze, von der ein langes Schleifenband herabhing. Meinem Vater, der ausgezeichnet zu fotografieren verstand und künstlerisch gestaltete Lichtbildserien von westfälischen Wasserburgen, von Landschaft und Bauwerken am Niederrhein und von spanischen Kathedralen zusammengestellt hatte, verdanke ich die in jenem Album festgehaltene Chronologie meiner Kindheit. Er war damals Lehrer am Knickenbergschen Institut in Telgte, einer höheren Privatschule, an der er Deutsch, Latein und Griechisch unterrichtete.

Als Lehrer muss er ein guter Pädagoge gewesen sein, jedenfalls wurde das von vielen seiner Schüler und Schülerinnen bezeugt, von denen manche lange über die Schulzeit hinaus den persönlichen Kontakt zu ihm aufrechterhielten. Als Vater verhielt er sich absolut autoritär und duldete keinen Widerspruch. Als ich ihn in späteren Jahren einmal nach dem Warum einer Anordnung fragte, erhielt ich die Antwort «Weil ich dir das sage.» Umso fester haftet deshalb in meiner Erinnerung sein völlig anderes pädagogische Verhalten in meiner frühen Kindheit. Ich kann damals vermutlich erst zwei oder drei Jahre alt gewesen sein und konnte mich noch immer nicht von meinem Schnuller trennen, der längst nicht mehr altersgemäß war. Es muss an einem Wintertag gewesen sein, jedenfalls saß ich auf des Vaters Knieen vor dem großen Kohlenofen im Wohnzimmer, als er mich in einem längeren Gespräch davon zu überzeugen wusste, dass der Schnuller doch eigentlich für einen so großen Jungen nicht mehr das Passende sei, bis ich aus eigenem Entschluss den Schnuller durch die geöffnete Ofentür ins Feuer warf, ohne dies danach je zu bereuen.

Oben: 20. Juni 1929: «Das Sandmännchen»!
Unten: Elberfeld, am 2. Juli 1930: Ein ernstes Telefongespräch

14. Juni 1929: Tock und Hut 'teht ihm gut!

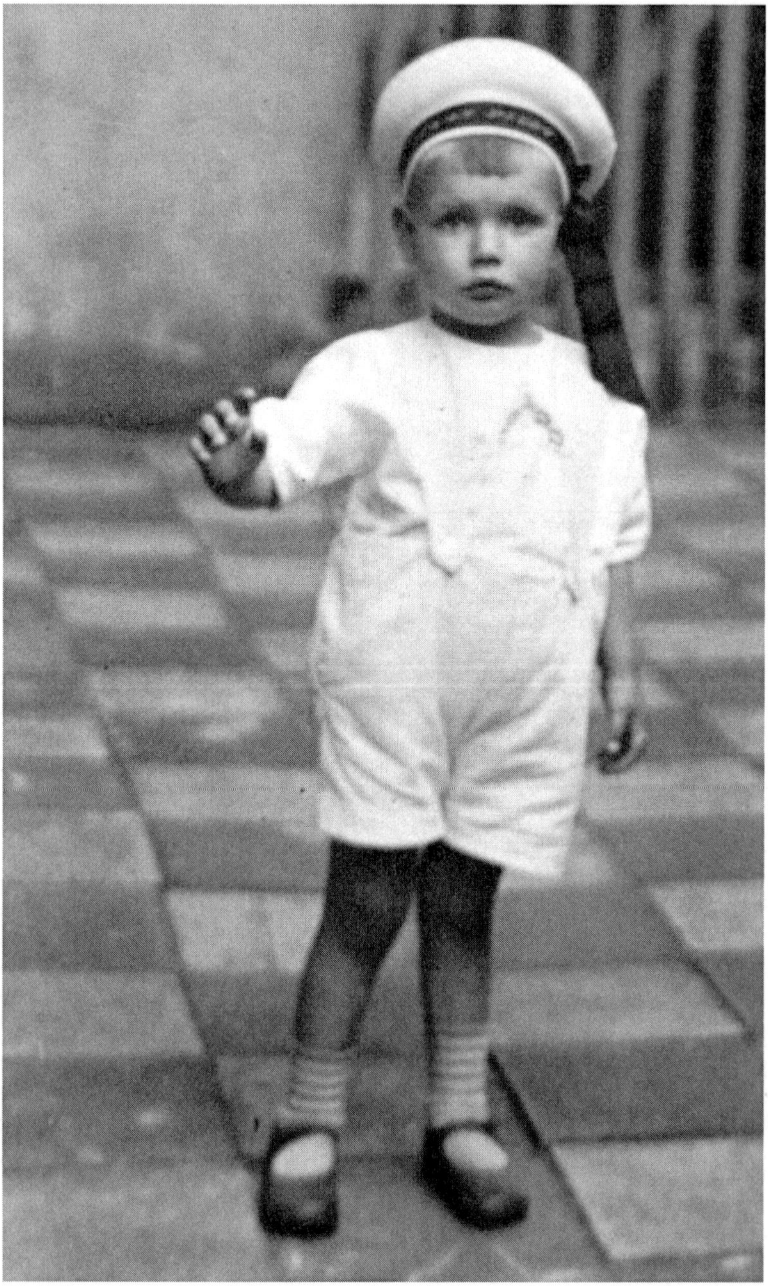

14. Juli 1929: Die erste Matrosenmütze
(Alle Fotos: Ewald Schepper)

Meinem Vater verdanke ich auch meine ersten Reisen, die er nicht etwa mit der Bahn und schon gar nicht im Auto, das er auch nie besessen hat, mit mir unternahm, sondern mit dem Fahrrad. Ich saß vorne auf dem Kindersattel, der auf die Längsstange seines Herrenfahrrads festgeschraubt war, und so fuhr er mit mir, als ich sechs Jahre alt war, von Münster aus über Dülmen, Borken, Bocholt, Isselburg und Rees in sein geliebtes Kalkar, von da aus weiter nach Xanten, Emmerich und zuletzt nach Kleve, seiner Geburtsstadt. Auf dieser Radfahrt wurden insgesamt etwa vierhundert Kilometer zurückgelegt. Das war im August 1933. Auf der Rückfahrt hielt ich zwei große Schilfkolben in der Hand, die wir an der Gräfte von Schloss Moyland abgeschnitten hatten. Sie blühten später in der Vase prachtvoll auf und wurden von ihm im Lichtbild festgehalten. Unter das Foto schrieb er ins Album: «In minimis natura maxima».

Deutlich erinnere ich mich an eine Übernachtung in Kalkar in einem Hotel oder Gasthof am Markt, wo wir abends auf unserem Zimmer das als Reiseproviant mitgenommene «Hasenbrot», ein schon angetrocknetes Butterbrot, zu einem Glas Leitungswasser genossen, und ich weiß, dass es mir vorzüglich geschmeckt hat. Das verdient besonders deshalb Erwähnung, weil ich fast die ganze Kindheit hindurch aus Appetitmangel mit einem Widerwillen gegen das Essen zu kämpfen hatte.

Von späteren Reisen, die mein Vater mit mir unternahm, etwa einer Fahrradtour ins Weserbergland mit einer Schifffahrt über die Weser oder an Reisen mit der Bahn nach Heidelberg und am Neckar entlang, sind kaum Einzelerinnerungen geblieben, abgesehen vom Heidelberger Schloss mit seinem Zwerg Perkeo und jenem Fuchsschwanz, der jedem durchs Gesicht fuhr, der dort eine alte Uhr aufzuziehen versuchte, und von einzelnen Burgen am Neckar, die mein Vater mit mir bestieg.

DIE ERSTE SCHULZEIT

Im Frühjahr 1932 waren wir zu meinem Kummer aus Großvaters Haus, das für mich das eigentliche Elternhaus geblieben ist, in die Gelmer Straße umgezogen. Der Vermieter, ein Alkoholiker, der häufig spät abends betrunken nach Hause kam, polterte und seine Familie tyrannisierte, hatte eine grundgütige Frau, die vieles auszugleichen wusste, und damals drei Töchter. Die Älteste, etwa gleichaltrig mit mir, ist später an einer langen schweren Krankheit verhältnismäßig jung verstorben. Die zweite war meine erste verstohlene Liebe und die dritte um einige Jahre jünger. Besonders mit Gisela, der zweiten, spielte ich gern im Sandkasten und fasste mit meinen fünf Jahren den Entschluss, sie später zu heiraten. Daraus ist nichts geworden; sie ist lange unverheiratet geblieben. Die Töchter mussten sich auf Anordnung ihres Vaters – statt die Toilette zu benutzen – jeweils im Garten unter die Obstbäume hocken, um diese zu düngen. Von Zeit zu Zeit grub er die Haufen mit dem Spaten in die Erde. Mir erregte dieses Verfahren Ekel, und ich habe den Obstgarten deshalb peinlich gemieden. Dafür hatte ich direkt am Haus ein kleines Blumenbeet mit Männertreu bepflanzt und pflegte es hingebungsvoll. Eines Tages – es war im August 1934 – war ich wieder an diesem Blumenbeet beschäftigt, als aus den offenen Fenstern durch den Rundfunk die Nachricht zu hören war, der Reichspräsident Hindenburg sei gestorben. Ich verfiel darüber in heftige Traurigkeit und Enttäuschung. Warum mir Hindenburg damals so wichtig war, weiß ich heute nicht mehr zu sagen. Vielleicht projizierte ich in kindlicher Vorstellung auf den alten Mann die geliebten Wesenszüge meines Großvaters. Ich weiß nur, dass ich zu der Zeit, nach meinen Berufswünschen befragt, geantwortet haben soll: «Ich möchte Polizist werden oder Hindenburg.» Vermutlich glaubte ich damals, dass Uniformträger mit besonderen Machtbefugnissen ausgestattet sein müssten.

Meine Vorliebe für Hindenburg stand im Kontrast zu meinem Widerwillen gegen Hitler. Das expressive Gebrüll seiner endlosen Reden, die mein Vater meist am Radio verfolgte, erfüllte mich mit unwillkürlicher Antipathie, ja mit Bedrückung. Vom Inhalt verstand ich kein Wort, aber ich meinte Bedrohliches und Gefährliches herauszuhören.

Zu Ostern 1933 wurde ich eingeschult und musste mich mit großer Schultüte und Tornister in der katholischen Sankt-Erpho-Schule einfinden, begleitet von meiner Mutter und zusammen mit Irmgard, der ältesten Tochter unseres Vermieters. An diesen Tag gibt es keine Erinnerung mehr. Das Schulgebäude, in dem ich die ersten Schreib- und Rechenübungen zu machen hatte, hat den Krieg überdauert und steht noch heute. Das Foto des Schulanfängers, der dafür in einer auf dem Schulhof aufgestellten Schulbank mit davor aufgehängter Schiefertafel posieren musste, zeigt ein unsicheres, gezwungenes süß-säuerliches Lächeln. Von dem anfangs geliebten Lehrer Meyer, der uns in die Anfangsgründe des Lehrstoffes einführte, wurde ich tief enttäuscht, als ich einmal bei meiner lebhaften Zappelei aus der Schulbank purzelte und dafür von ihm eine kräftige Ohrfeige erhielt. So etwas war mir bisher nie widerfahren. Dieser Schlag hat mein Vertrauen in Schule und Schulmänner zerschmettert. Als Gymnasiast bin ich viele Jahre später noch einmal im Unterricht von einem katholischen Geistlichen geohrfeigt worden, nach meiner Erinnerung deshalb, weil ich mit meinem Banknachbarn während des Unterrichts «geschwätzt» hatte. Wenn Lehrer schwätzten, so nannte man das «Unterricht», wenn Schüler ungefragt etwas sagten, so unterstellte man ihnen, dass sie «schwätzten».

Ein anderes schlimmes Erlebnis aus meiner ersten Schulzeit ist mir unvergessen geblieben. Ich hatte einen Spielkameraden, der im Hause gegenüber wohnte. Als ich eines Tages mit ihm auf der Straße spielte, holte er aus einer Schachtel Maikäfer hervor und spießte sie lebendig auf Nadeln. Ich empfand nur Abscheu und Empörung und habe nie wieder mit ihm gespielt.

DAS ENDE EINER KINDHEIT

Im Herbst 1934 wurde mein Vater als Studienrat an das Gymnasium Arnoldinum in Burgsteinfurt versetzt, was unseren Umzug in die evangelisch geprägte Kreisstadt zur Folge hatte. Dort spielten die konfessionellen Gegensätze trotz Hitler-Diktatur noch eine erhebliche Rolle, was mir jedoch kaum spürbar wurde, außer dass die Nachbarskinder, mit denen ich spielte, nicht mit mir die gleiche Schule besuchten. Die katholische Volksschule, in deren zweites Schuljahr ich nun kam, lag unserer Wohnung gegenüber und war in dem großen alten Seminargebäude untergebracht, das am Ortsausgang nach Emsdetten lag und noch heute steht.

An die Lehrerinnen und Lehrer, deren Unterricht ich dort zweieinhalb Jahre erlebte, erinnere ich mich noch einigermaßen gut. Ich habe den Lehrer Reddemann als einen verständnisoffenen, kameradschaftlich umgänglichen Mann in Erinnerung, der sogar Besuche von Schülern in seiner Wohnung zuließ, den später zum Rektor beförderten Lehrer Eusterbrock, dessen affektierter Gang mir damals so sehr imponierte, dass ich mir diese Gangart anzueignen suchte und wie er durch das Städtchen stolzierte, unbekümmert um den Eindruck, den das auf die Leute machen musste. Überhaupt muss ich auf meine Mitschüler damals etwas wunderlich gewirkt haben. Mitschülerinnen erzählten mir später, die Kinder in meiner Klasse hätten mich für einen besonders höflichen Menschen gehalten, seitdem ich, in die Bank zwischen Jungen und Mädchen gepfercht, irgendwann im Unterricht aufgezeigt, also mich gemeldet haben und dann auf die Frage des Lehrers gesagt haben soll: «Herr Lehrer, darf ich wohl eben mal aus der Bank heraustreten, damit ich mein Schuhband zumachen kann?» Diese vermeintliche Höflichkeit wird eher Vorsicht gewesen sein; denn die Ohrfeige des Lehrers Meyer war mir vermutlich noch in frischer Erinnerung.

Hinter unserm Haus zog sich ein langgestreckter Garten hin, den mein Vater bewirtschaftete und in dem er, was damals eine Neuigkeit war, ein Beet mit Mais anpflanzte. Ich hingegen pflanzte dort ein Birkenbäumchen, das gut gedieh und später zu einem stattlichen

Baum herangewachsen ist. An dies Bäumchen knüpft sich für mich eine unangenehme Erinnerung. Mit meinem um vier Jahre jüngeren Bruder spielte ich im Garten «Pferdchen», wobei ich ihm an beiden Oberarmen einen Bindfaden befestigte, der mir als Leine diente. Als Pferdchen hatte er auf mein Kommando zu laufen und zu stehen. Schließlich band ich mein Pferdchen an das Birkenbäumchen, wo es geduldig zu warten hatte. Das Pferdchen brachte aber die gewünschte Geduld nicht auf und wollte sich losreißen. Der Bindfaden riss, und mein kleiner Bruder fiel so unglücklich in den Stacheldrahtzaun, dass ein rostiger Stachel ihm das rechte Augenlid verletzte, das nun heftig blutete. Von meinem empörten Vater, der ohnehin meinen Bruder wegen dessen vermeintlicher Ähnlichkeit mit ihm vorzuziehen pflegte, erhielt ich daraufhin eine empfindliche Tracht Prügel. Ich erinnere mich auch, dass er mich später auf offener Straße, weil ich meinen Bruder geärgert hatte, mit seinem Spazierstock verprügelte.

Die ständige Bevorzugung des jüngeren Bruders hatte zur Folge, dass ich mich an ihm zu rächen suchte, und zwar nicht durch Anwendung körperlicher Gewalt, sondern auf subtile Art. Wir hatten einen Nachbarn, einen alten Mann, der kaum noch gehen konnte und sich hin und wieder nur mühsam ums Haus bewegte. Er war nach meinem damaligen Eindruck von ausgeprägter Hässlichkeit, und so machte ich meinem kleinen Bruder weis, der alte Mann sei eigentlich kein alter Mann, er stelle sich nur so, um uns zu täuschen. In Wirklichkeit sei er ein gefährlicher Affe, der nur so langsam ums Haus schleiche, um sich gebrechlich zu stellen. Jeden Augenblick aber könne er sich wieder in einen Affen verwandeln, im Nu über den Gartenzaun springen und uns ergreifen und beißen. Mein Bruder glaubte mir jedes Wort, geriet in panische Angst und wagte sich nicht mehr im Garten aufzuhalten, sobald der alte Mann außerhalb seines Hauses erschien. Ich hatte meinem Bruder eingeschärft, er dürfe das alles auf keinen Fall jemand erzählen; wenn nämlich das der Affe erführe, würde er erst recht bösartig werden und ihn unweigerlich verfolgen.

Aus jenen Burgsteinfurter Jahren sind mir, von Ausnahmen abgesehen, eigentlich nur unangenehme Erinnerungen geblieben. Eine der schlimmsten betrifft den wöchentlich wiederkehrenden Freitag, an dem mein Vater sein Lieblingsessen genoss, nämlich Reibeplätzchen (Kartoffelpfannkuchen) mit Milchreis. Die Reibeplätzchen aß ich gern, aber ich wurde gezwungen, dazu den mir Ekel erregenden Milchreis zu essen, der mich regelmäßig zum Würgen brachte. Dennoch zwang mich mein Vater, wenigstens einen oder zwei gehäufte Esslöffel von diesem Reis zu essen. So sehr ich mich jedes Mal wieder sträubte, der Milchreis wurde mir mit Schlägen hereingetrieben. Noch heute verabscheue ich Milchreis und süße Griesspeisen, die mir unwiderstehlichen Ekel erregen.

Mit Widerwillen schluckte ich damals auch einen Teelöffel voll Margarine, der mir von der Mutter eines Schulfreundes aufgenötigt wurde. Wir kannten nur «gute Butter» und verwendeten als Brotaufstrich niemals Margarine, die wohl zu jener Zeit als neue Errungenschaft aufkam. Der billigere Butterersatz wurde damals zumeist in sozial schwächeren Familien verwendet. Die Mutter meines Spielkameraden wollte mich das mir bis dahin unbekannte Pflanzenfett kosten lassen und mir etwas besonders Gutes tun, indem sie mir die schiere Margarine offerierte. Aber diese Aufnötigung hat bei mir bis heute einen unüberwindlichen Widerwillen gegen Margarine zur Folge gehabt.

Unangenehm bleibt mir auch bis heute die Erinnerung an meine Drüsenoperation. Bei mir hatte sich links am Hals eine eitrige Geschwulst gebildet, wie ich erst als Erwachsener erfuhr, eine tuberkulöse Infektion, die operativ entfernt werden musste. Diese Prozedur ließ mein Vater, der als überzeugter Nationalsozialist für «Abhärtung» war, ambulant durchführen. Hatte doch Hitler von der deutschen Jugend verlangt, sie solle «zäh sein wie Leder, hart wie Kruppstahl und flink wie Windhunde». Wie gewohnt nahm mich mein Vater vor sich auf sein Fahrrad auf den Kindersattel und fuhr mit mir zum vereinbarten Zeitpunkt in das katholische Krankenhaus, wo der alte Dr. Götte, der übrigens Atheist war, die Operation vornahm, ob bei örtlicher Betäubung oder Vollnarkose, daran erinnere ich mich nicht mehr. Nur erinnere ich mich sehr gut, dass mein Vater mich anschließend wieder vorn auf den Kindersattel setzte und mit mir über das holprige Kopfsteinpflaster der damaligen Adolf-Hitler-Straße nach Hause zurückfuhr. Diese Fahrt habe ich als eine Art Tortur in Erinnerung behalten.

Auf andere Weise qualvoll erlebte ich die Sonntage in Burgsteinfurt, ob im Winter oder Sommer. Im Winter hatte ich morgens saubere lange Strümpfe anzuziehen, die zunächst kratzten und besonders in die Kniekehlen kniffen, überhaupt die unangenehmsten Empfindungen an den Beinen verursachten. Möglichst steifbeinig und unter Qualen machte ich meine Kirchgänge und litt besonders, wenn ich in der Kirche mit diesen kratzigen Strümpfen knieen musste. Im Übrigen hatte ich sie den ganzen Tag anzubehalten; denn auch Kinder mussten damals noch an Sonn- und Feiertagen Sonntagskleidung tragen. Erst ab montags waren die Strümpfe ein wenig geschmeidiger und lockerer geworden und quälten während der Woche nicht mehr. Zum Glück wurden sie nur sonntags gewechselt.

So war ich in jedem Frühjahr froh, wenn es wärmer wurde und die Kniestrümpfe getragen werden durften, die die Kniee freiließen und niemals kratzten. Aber nun kam eine andere Plage; denn Sonntag für Sonntag war nachmittags der obligatorische Sonntagsspaziergang angesetzt, und der führte durch das Bagno auf immer gleichen längst bekannten Wegen; selbstverständlich in Sonntagskleidung, in der man sich nicht schmutzig machen durfte, sondern gesittet betragen musste. Seither ist mir der an sich schöne, durch seinen alten Baumbestand ausgezeichnete fürstliche Park zu einem Inbegriff von Langeweile geworden. Erst zur Zeit der Adoleszenz entdeckte ich die Naturschönheiten dieser Wälder in sommerlichen Vollmondnächten mit ihrem damals noch Jahr für Jahr wiederkehrenden Nachtigallenschlag. Diese Nachtstunden im Bagno sind mir unvergesslich geblieben.

Kindheit und Jugend waren damals geprägt von Zwängen, die heute kaum noch angewendet und erfahren werden. Nur selten wagten wir es, trotz der Strenge von Elternhaus, Schule und Kirche über die Stränge zu schlagen. Wenn im Herbst die Dämmerung früher einbrach und die Abende dunkler wurden, betrieb ich mit meinem evangelischen Freund Egon Appelbaum das «Blindemäusejagen», später vielfach auch «Klingelmännchen» genannt. Wir schellten an Haustüren an, verschwanden schnell und legten uns auf die Lauer, um zu beobachten, wer die Tür öffnete und wie man sich ärgerte.

Damals gab es meist noch keine elektrischen Türöffner, so dass sich die Leute persönlich zur Haustür bemühen mussten, um sie zu öffnen. Besonders gern schellten wir am evangelischen Krankenhaus an, vor dem wir uns hinter dichtem Gesträuch verstecken konnten. Die Diakonissen gaben besonders laut und heftig ihrer Empörung Ausdruck und belustigten uns deshalb mehr als andere Leute, die wir mit unserm Anschellen genarrt hatten.

In den großen Sommerferien wurde meist eine mehrwöchige Reise unternommen, so in den Schwarzwald nach Hornberg, nach Ilmenau in Thüringen und nach Manderscheid in der Eifel. Auch diese Reisen hatten etwas Bedrückendes, da das Zerwürfnis, das die Ehe meiner Eltern zu zersetzen begann, immer sichtbarer und spürbarer wurde und so auch die Ferienstimmung überschattete und belastete.

Es muss 1936 oder 1937 gewesen sein, als ich an Scharlach erkrankte und volle sechs Wochen im Krankenhaus isoliert war. Auch Eltern und Bruder waren nicht zum Besuch zugelassen. Sie standen, als ich schließlich das Bett wieder verlassen durfte, täglich zu bestimmter Stunde unten auf der Straße vor dem Martin-Luther-Haus und winkten mir von ferne zu.

Auf der Station war im Zimmer neben mir eine alte Jüdin untergebracht, die geistesverwirrt gewesen sein muss; denn sie irrte häufig laut redend umher und betrat dabei auch versehentlich fremde Zimmer. Ich hatte vor ihr eine panische Angst und verkroch mich unter das Deckbett, sobald ich sie über den Flur schlurfen und verworren reden hörte. Diese Angst kam nicht von ungefähr. In der Schule hatten wir im Religionsunterricht lernen müssen, dass die Juden den Heiland gemartert und ans Kreuz geschlagen hatten, dass sie Gottesmörder und böse Menschen seien. Die Illustrationen in der Schulbibel zeigten diese Juden als verbrecherische Gestalten mit bösartigen Grimassen und der gekrümmten Judennase. Ähnliche, jedoch noch schlimmere Karikaturen kannte ich aus der nationalsozialistischen Zeitung «Der Stürmer», die häufig auf dem Schreibtisch meines Vaters lag. Juden hatten für mich nur Bedrohliches, Gefährliches, ja Abscheuliches. Dagegen sprach die eigene Anschauung und Erfahrung. Wir hatten, als ich später das Gymnasium Arnoldinum besuchte, damals umbenannt in «Graf-Arnold-Schule», dort einen jüdischen Mitschüler, Sohn eines Schuhwarenkaufmanns. Dieser Junge war einige Klassen über mir; keiner der Schüler des Gymnasiums durfte mit ihm sprechen oder gar spielen. In den Schulpausen stand er isoliert an dem dicken Baum, der damals den Schulhof überschattete, hilflos, verlegen, allen feindlichen Blicken und dem Gespött der Mitschüler ausgesetzt. Mir war diese Situation äußerst peinlich, und ich habe mit Buchheimer – so hieß er – gelitten, ohne es ihm zeigen zu dürfen.

Wegen meines Krankenhausaufenthalts konnte ich zur Aufnahmeprüfung in die Sexta des Gymnasiums nicht erscheinen, sondern wurde später im Amtszimmer des Direktors einzeln geprüft. Stolz trug ich dann ab Ostern 1937 die braune Sextanermütze, die damals noch üblich war.

Im Mai 1936 war ich als frommes, tiefgläubiges Kind zur ersten heiligen Kommunion gegangen. Diese Feier war für mich mit einer besonderen Freude verbunden. Bei der Sitzordnung in der Kirche fiel mir der Platz rechts in der Bank der für die Jungen vorgesehenen Bänke zu, und wer einen solchen Platz bekam, konnte wählen, welche seiner Angehörigen er neben sich haben wollte. Das ermöglichte mir, meinen geliebten Großvater neben mich zu wünschen. Neben ihm erhielt nach meinem Wunsch meine Mutter den nächsten Platz, und dann erst folgte mein Vater; drei Plätze von mir entfernt.

Dem Kommunionunterricht war der Beichtunterricht mit der ersten Beichte vorausgegangen, geleitet von Kaplan Dresjan, der mir in reichlich finsterer Erinnerung geblieben ist wegen seines engstirnigen Unterrichtsstils. Auch der Kommunionunterricht des alten Pfarrers Hammerschmidt vermittelte weniger das, was man eine Frohbotschaft zu nennen pflegt, sondern stand im Zeichen von Autorität, Ehrfurcht und Unterordnung.

Auf dem Gymnasium erhielten wir Religionsunterricht bei dem jungen Kaplan Dr. Klockenbusch. Das in dieser Zeit unter seiner Anweisung angelegte Religionsheft mit meinen ungeschickten Zeichnungen ist erhalten und dokumentiert, wie sich die Kirche damals des Nazi-Jargons bediente, um sich der Jugend zu bemächtigen. So etwa, wenn dort niedergeschrieben werden musste:

«Unsere junge Ritterschaft,
Unser Stürmen, unser Wagen,
Unsere ganze junge Kraft,
Alles dir zu deiner Ehre.»

Oder «Wie herrlich ist es, ein Junge zu sein, ein Junge vom ewigen Leben».

In einem Gedicht oder Lied «Uns rufet die Stunde» heißt es: «Uns rufet die Stunde, uns dränget die Zeit. Zu Wächtern, zu Rittern hat Gott uns geweiht. Zum Trotzen und Tragen, zum Ringen und Wagen, so stehn unsre Scharen bereit. – Es wehen die Banner, wir schreiten voran. Es lodern die Fackeln, wir streben bergan. Kein Rasten, kein Stehen im Sturm zu den Höhen. Hier gilt nur der mutige Mann. – Christkönig, dein Jungvolk steht treu auf der Wacht. Wir tragen dein Licht gegen Nebel und Nacht. Herr, segne die Reihen, die freudig sich weihen, dir, König, der ewigen Macht.»

Dieses hohle Pathos entspricht bis in das Vokabular ganz dem damaligen Nazi-Stil.

Das Jahr 1938 brachte für mich das Ende der Kindheit. Die Spannungen in der Ehe meiner Eltern waren bis ins Unerträgliche gewachsen. Zu Beginn der Pfingstferien trat mein Vater mit meinem Bruder und mir eine Reise an, deren Ziel vorab unbekannt blieb. Wir mussten selbst unser Reisegepäck richten, meine Mutter durfte dazu keine Hand rühren. Dann fuhren wir davon. Die Reise ging nach Bad Driburg, wo ich wenig später erfuhr, dass meine Mutter in die «Hülle», das Sankt-Rochus-Hospital in Telgte, also ins Irrenhaus, wie es damals hieß, eingeliefert worden sei. Dass diese Reise und die Zeit nach der Rückkehr für mich eine einzige Qual war, dass mich das Heimweh nach der Mutter in tiefe Depressionen drückte, bedarf keiner besonderen Beteuerung. Eine grob strukturierte Haushälterin übernahm den Haushalt. In dieser Zeit reichte mein Vater die Klage auf Ehescheidung ein.

In diese Zeit fiel noch ein anderes Ereignis, das auf mich tiefen Eindruck gemacht hat, der Pogrom am 9. November 1938, später euphemistisch Reichskristallnacht genannt. Ich komme später in anderem Zusammenhang darauf zurück. Während mein Vater meinem Bruder und mir triumphierend die brennenden Synagogen in

Burgsteinfurt und Münster, die zertrümmerten Judenhäuser und -geschäfte in diesen Städten und in Borghorst sowie den geschändeten Judenfriedhof in Burgsteinfurt am Bagno zeigte, erfüllten mich Empörung und Abscheu gegen diese Brutalität, ohne dass ich meine Eindrücke, Gedanken und Gefühle äußern durfte. Allein die Möglichkeit, dass gleich mir noch jemand so denken und empfinden könne, lag für mich ganz und gar außer Betracht, von kirchlicher Seite gar nicht zu reden; denn gerade im Religionsunterricht hatten wir ja Abneigung und Vergeltung für die Kreuzigung gegen die Juden indoktriniert bekommen. Warum also sollten nicht die Nationalsozialisten das verräterische, gottesmörderische Wuchervolk zur Rechenschaft ziehen? So hatte ich zu schweigen; tiefe Betroffenheit blieb zurück, die ich mit mir selbst auszumachen hatte.

Erst kurz vor Weihnachten wurde meine Mutter aus der Nervenheilanstalt entlassen, in die sie nach einem völligen Nervenzusammenbruch, bei dem sie aus den Fenstern in die Nachbarschaft ihre Verzweiflung hinausgeschrien hatte, eingeliefert und auf die Weisung meines Vaters festgehalten worden war. Nun lebte sie bei ihrem Vater, meinem gütigen Großvater, in Münster. Das Vormundschaftsgericht verfügte den Besuch ihrer Kinder zu Weihnachten und dann alle zwei Wochen an einem Wochenende. Mein Bruder entzog sich ab Januar 1939 mit Hilfe des Vaters und gefälliger Ärzte angeblich krankheitshalber diesen Besuchen, ich indessen erklärte beim dritten Besuch, am 12. Februar 1939, definitiv nicht mehr zum Vater zurückzugehen. Diese Entscheidung stand für mich fest, und ich habe sie gegen Gericht und Schulverwaltung durchgesetzt, wobei Ärzte und Amtsärzte zu Hilfe genommen werden mussten.

Einmal wurde der Versuch gemacht, mich unter Einschaltung der Polizei gewaltsam zurückzuholen. Ich hatte mich, während der Polizeibeamte mit meinem Großvater verhandelte, unter der Chaiselongue versteckt, von der eine lange Decke bis auf den Fußboden herabhing. Als der Beamte nach Eintreffen meiner Tante ins Nebenzimmer gebeten worden war, entwischte ich aus dem Haus und fand Unterschlupf bei meiner Großtante, die im übernächsten Haus wohnte.

Ich war elf Jahre alt und hatte die erste autonome Entscheidung getroffen und damit selbst das Ende meiner Kindheit gesetzt.

«GELOBT SEI, WAS HART MACHT!»

Die Rückkehr in das eigentliche Elternhaus, in dem immer noch der gütige Großvater lebte und das für mich Geborgenheit und Heimat bedeutete, die ich mir mit elf Jahren erzwungen hatte, gewährte nur ein eingeschränktes Glück. Die Anforderungen, die der Nationalsozialismus in Schule, Jungvolk und Hitlerjugend geltend machte, führten zu schweren seelischen Belastungen. Der Turn- und Schwimmunterricht der Oberschule für Jungen am Wasserturm wurde von Nazi-Lehrern erteilt, und da ich schon immer unsportlich, also bei sportlichen Übungen unbeholfen und auch körperlich schwächlich war, hatte ich bald nicht nur unter den robusten Überforderungen dieses Unterrichts zu leiden, sondern wurde auch noch zusätzlich von den Turnlehrern vor den Mitschülern systematisch lächerlich gemacht. Relativ harmlos verlief das noch bei Studienrat Büse, den übrigens die Klasse nicht ernst nahm. In seinen Unterrichtsstunden wussten bestimmte dafür begabte Mitschüler üble Gerüche zu verbreiten, indem sie leise streichende Winde abließen, die Büse jeweils dazu veranlassten, in der Luft herumzuschnüffeln und zu bemerken: «Ei, was ist das hier für'n süßlichen Geruch!» Sehr viel unangenehmer war für mich der Sportunterricht bei Studienrat Schlüter, einem ebenfalls überzeugten Nationalsozialisten. Er hatte das Lied von der Oberschule am Wasserturm gereimt und brüstete sich damit. Es begann:

«Wir sind vom Wasserturm.
Wir fürchten keinen Sturm.
Über der Schule der Turm fest steht.
Frischer Wind allezeit von hier weht
Nach Münster hinein,
nach Mü-ünster hinein.»

Schlüter gab Geschichts- und Sportunterricht. Er hatte den Spitznamen «Wundibar», weil er das Wort «wunderbar» gern gebrauchte und es ähnlich aussprach, wie sein Spitzname lautete. Während des

Geschichtsunterrichts pflegte er sich auf dem Lehrertisch herumzuflegeln und ostentativ mit dem Finger in der Nase zu bohren und sie dabei juckreizlindernd zu schütteln. Peinigend für mich war sein Schwimmunterricht. Ich hatte zwar in den Pfingstferien 1938 in Bad Driburg unter Zwang meines Vaters das Freischwimmerzeugnis erworben, war aber schon von Mitschülern in Burgsteinfurt und dann in Münster so oft roh ins Wasser gestoßen und untergetaucht worden, dass mir jede Lust am Schwimmen vergangen war und ich nach vorausgegangener kalter Dusche vor Kälte und auch Angst schlotternd am Schwimmbecken stand und mich nicht hineingetraute. Schlüter verpasste mir daraufhin den Spottnamen «Kneif-Zittrich» und tat sich auf diese Wortschöpfung viel zugute. Bei meinen Mitschülern hieß ich fortan nur noch «Kneif-Zittrich», und hätte ich nicht meinen bärenstarken treuen Freund Dieter Hildenhagen gehabt, der jede Bedrohung mit seinen muskulösen Armen und zupackenden Fäusten von mir schützend abwehrte, ich hätte unter ständigem Spott und unaufhörlichen Attacken leiden müssen.

Schlüter wurde eines Tages zum Kriegsdienst einberufen und ist «auf dem Felde der Ehre» den Heldentod gestorben, was ich nie bedauern konnte. Vielleicht noch diabolischer verfuhr Studienrat Obens, genannt Bums. Er gab bei uns Latein und Turnen nebst Schwimmunterricht. Wenn ich beim Bockspringen nicht über den Bock kam, am Barren nicht die geforderten Übungen vollführen konnte und beim Fußballspiel Ängstlichkeit und Unbeholfenheit zeigte, beschimpfte er mich mit der häufig wiederholten Feststellung: «Keinen Schuss Pulver bist du wert für den Führer!» In der Zeit seines Lateinunterrichts fiel meine Zensur in diesem Fach, früher gut oder befriedigend, auf mangelhaft herunter.

Klassenlehrer war über mehrere Jahre hin Bernhard Cluesmann, der als einer der wenigen Lehrer des Kollegiums kein Parteigenosse war, ein Hüne von Mann, den die Schüler wegen seines hochroten Kopfes «Blutapfelsine» nannten. Er stammte aus einer Bäckerei. Ich erinnere mich nicht, ihn je lachen gesehen zu haben. Sachlichkeit und Ernst bestimmten seinen Unterricht; eine persönliche Note zu seinen Schülern ließ er nie aufkommen. Aber man wusste, was man an ihm hatte.

Ganz anders der cholerische Ludwig Humborg, genannt «Käse», da er aus einem Käseladen stammte. Sein Unterrichtston glich dem eines brüllenden SA-Mannes, obgleich auch er kein Parteigenosse war. Bei uns gab er Erdkunde und glorifizierte mit Vorliebe Hitlers Feldzüge und Siege. Seinen Unterrichtsstoff trug er mit hochrotem Kopf vor.

Musikunterricht gab Franz Ludwig, der sich für einen zweiten Beethoven hielt und diesem Komponisten auch entfernt ähnlich sah. Er komponierte, wusste uns aber keine Liebe zur Musik und erst recht keine Kenntnisse in diesem Fach zu vermitteln, zumal er von uns nicht ernst genommen und nur geneckt und bis zur Weißglut gereizt wurde. Damals gab es in den Klassenräumen noch die großen gusseisernen Öfen, deren Hitze durch metallene Ofenschirme abgeschwächt wurde. Gegen den Ofenschirm warfen oder schossen wir während der Musikstunde unentwegt Schrotkörner, deren Aufprall störend durch die Klasse schallte, so dass Ludwig ständig irritiert wurde, den Unterricht jeweils unterbrach und darauf lauerte, einen Täter ausfindig zu machen. Hatte er ihn erspäht, so musste sich dieser auf das Kommando: «Knie dich darnieder!» vor der Tafel auf den Fußboden knien und wurde von Ludwigs Fäusten mit einem wahren Trommelfeuer von Schlägen bedacht, die eine ganze Weile auf seinen Rücken niederprasselten. Indessen setzten andere den Schrapnellbeschuss des Ofenschirms fort, so dass Ludwig schließlich zu wahren Tobsuchtsanfällen gebracht wurde, die die Klasse mit beifälligem Johlen begleitete.

Den katholischen Religionsunterricht erteilte Dr. Dirking, genannt Äppelken: Auch er hatte einen hochroten, aber rundlichen Kopf und kämpfte ständig mit Disziplinschwierigkeiten. Während des Unterrichts hatte er ununterbrochen einen seiner Arme waagerecht erhoben und rief mit zurechtweisenden vibrierenden Fingern, abwechselnd mal rechts, mal links, einen Schüler zur Ordnung, wobei hin und wieder ein mahnendes oder aufforderndes «Na!» oder «Komm!» oder «Seid doch ruhig!» oder dergleichen Zurufe in den Unterrichtstext eingeflochten wurden. Äppelken kündigte sich eines Tages zu einem Hausbesuch an; und da meine Mutter ihn von mir nie anders als mit «Äppelken» hatte nennen hören, begrüßte sie ihn ganz arglos mit «Herr Dr. Appel», eine Peinlichkeit, von der ich nicht mehr zu sagen weiß, wie Äppelken sie aufgenommen hat und wie sie ausgegangen ist.

Uns wurde die Gelegenheit geboten, nachmittags freiwillig an einem Stenografie-Unterricht teilzunehmen, den ein mit einem schweren Wirbelsäulen- oder Hüftleiden behafteter Mann erteilte. Seinen Namen habe ich leider vergessen, meine mich jedoch undeutlich zu erinnern, dass er Ludewig geheißen haben könnte. Trotz seiner schweren körperlichen Behinderung, die in der seitlichen Verkrümmung des Rückens, seinem auf und ab wippenden Gang und einem auffälligen Lispeln bestand, verfügte er über eine gewinnende menschliche Ausstrahlung und ein stets heiteres Gemüt. In seiner liebenswürdigen und pädagogisch geschickten Art wusste er unsere Sympathie zu gewinnen und uns sogar eine Art Respekt einzuflößen. Eines Nachmittags erschien er nicht pünktlich zum Unterricht und hatte uns schon fast eine Viertelstunde warten lassen, so dass wir nicht wussten, ob wir weiterhin bleiben und warten oder wieder nach Hause gehen sollten. Da die Mitschüler meine Imitationsgabe kannten, forderten sie mich auf, ihnen die Zeit zu verkürzen und den Unterricht zu übernehmen, indem ich die Lehrer «nachmachte». Ich ließ sie nun alle in typischen Gebärden und Redensarten auftreten: Cluesmann, Käse Humborg, Franz Ludwig, Äppelken, Wundibar, Bums Obens und schließlich auch unseren mit seinem Oberkörper beinahe waagerecht nach rechts geneigten, durch die Bankreihen wippenden Steno-Lehrer, wobei ich ihn dem aktuellen Lehrstoff entnommene Diktatsätze lispeln ließ, wie «Otto ißter Rätter der Ähre» und andere. Mitten in meiner Imitation öffnete sich plötzlich die Klassentür, und der verspätete Steno-Lehrer betrat wippend den Klassenraum. Stutzend und verdutzt standen wir einander gegenüber, das Original und sein Imitator. Gelähmte Stille lag über der Klasse. Da lächelte der Mann nachsichtig und erheitert und forderte mich mit einer unnachahmlichen Liebenswürdigkeit auf, mich nicht stören zu lassen. Ich zögerte keinen Augenblick, setzte den Unterricht in seiner Weise fort und erntete, als ich kurz darauf einen Punkt setzte, den begeisterten Beifall der Klasse, in den er mit kräftigem und ehrlichem Applaus einfiel. Diese innere Größe des Mannes hat uns nachhaltig beeindruckt und ihn bei uns noch beliebter werden lassen.

Als ausgesprochen lästig, ja widerwärtig empfand ich den sogenannten «Dienst» in Jungvolk und Hitlerjugend. Zur Zugehörigkeit war jeder deutsche Junge von seinem 10. Lebensjahr an verpflichtet und ebenso zum Tragen der entsprechenden Uniform: Die «Pimpfe» des Jungvolks trugen ein Braunhemd und eine schwarze Manchesterhose mit Koppel, die Hitlerjungen der Hitlerjugend ein schwarzes Hemd mit Hakenkreuzarmbinde und Schulterriemen sowie eine schwarze kurze Manchesterhose mit Koppel. Der «Dienst» wurde an jedem Mittwoch- und Samstagnachmittag von 15 bis 17 Uhr angesetzt und war für jeden Jungen absolut verpflichtend. Er fand in der Regel auf dem Schulhof statt und bestand meist in Exerzieren und ähnlichem Drill, einer Art vormilitärischer Ausbildung. Woher ich damals den Mut nahm, weiß ich nicht, jedenfalls habe ich diesen Dienst über lange Zeit regelmäßig «geschwänzt», ihn also ignoriert. Hin und wieder wurden dann Pimpfe oder Hitlerjungen zur Kontrolle in die Häuser geschickt. Eines solchen Falles erinnere ich mich genau. Ich hatte von «Pappa Bräutigam», mit dem ich mich in den Ferien in Gladbeck-Zweckel angefreundet hatte, einen nagelneuen Kaninchenstall gezimmert bekommen, der sich nicht nur durch Gittertüren, sondern auch durch eine türähnliche Außenblende verschließen ließ. Er bestand aus zwei übereinanderliegenden geräumigen Ställen. In diese zwängten sich mein Freund Dieter Schulte und ich, zogen die Außenblende mittels eines Bindfadens zu und waren für HJ-Kontrollen ebenso unauffindbar wie für Mutter und Großvater, Onkel und Tante. Die Kontrolleure mussten unverrichteter Dinge wieder abziehen.

In große Bedrängnis kam ich eines Tages, als die Partei von der Schule Bescheinigungen des jeweiligen Fähnleinführers über die regelmäßige Teilnahme am HJ-Dienst verlangte. Wer diese Bescheinigung nicht beibrachte, sollte der Schule verwiesen werden. Ich hatte seit Wochen oder gar Monaten an keinem Dienst teilgenommen. Was also tun? Ich begab mich wie selbstverständlich zum zuständigen Fähnleinführer, von dem ich annahm, dass er nicht jeden einzelnen Jungen persönlich kannte, stand stramm, machte mit erhobener Hand den Hitlergruß und bat um die Bescheinigung meiner regelmäßigen Teilnahme am Dienst, ohne mit der Wimper zu zucken. Dreistigkeit siegt; ich erhielt die Bescheinigung anstandslos und lieferte sie vorschriftsmäßig in der Schule ab. Um nicht aufzufallen, habe ich vorsichtshalber weiterhin den Dienst geschwänzt.

Am 1. September 1939 fielen deutsche Truppen auf Befehl Hitlers in Polen ein. Damals konnte man zwar ahnen, jedoch nicht wissen, dass damit der Zweite Weltkrieg ausgelöst worden war. Da unmittelbar danach Frankreich und England uns den Krieg erklärt hatten, wurde der Luftschutz verpflichtend eingeführt.

Am 28. Januar 1940 starb mein Großvater nach einem plötzlichen Schlaganfall, der ihn nur zwei Tage gelähmt hatte, mit fast 87 Jahren. Sein Tod bedeutete einen tiefen Einschnitt in mein junges Leben. Für mich war es ein sehr wichtiger Abschied, auch von einem weiteren Abschnitt meiner Kindheit.

Bald darauf fielen nachts die ersten Bomben auf Münster, zunächst nur vereinzelt. Aber die nächtlichen Fliegealarme nahmen zu, immer häufiger wurden wir in den Nächten durch Sirenen aus dem Schlaf gerissen und mussten Stunden und Stunden im Luftschutzkeller zubringen. Die Ängste, die wir auszustehen hatten, wenn alliierte Flugzeuggeschwader ganze Bombenteppiche über die Stadt legten, die Grundmauern des Hauses erzitterten, die Fliegerabwehrgeschütze brüllten und die Detonationen dröhnend näher kamen, sind unbeschreiblich. Am anderen Morgen ging es übermüdet zur Schule, und aus dem Lernen wurde nicht viel. Die im wehrpflichtigen Alter stehenden Lehrer wurden zum Kriegsdienst einberufen, leider auch unser Mathematiklehrer Dietrich, ein überragend fähiger Pädagoge, bei dem mir Mathematik, für die ich bisher weniger zu haben war, so viel Freude bereitete, dass ich bald nur noch gute Zensuren erzielte. Leider ist auch er in diesem sinnlosen Krieg gefallen.

«Gelobt sei, was hart macht!» lautete eine der inhumanen Parolen der Nationalsozialisten, die uns ständig indoktriniert wurden. Mein Vater hatte über seinem Schreibtisch eingerahmt den Spruch hängen: «Nur nicht weich werden!» – Der Krieg wurde härter und härter. Welchen Sinn hatte er? War er, wie viele fromme Leute – und so auch meine Patentante Maria – behaupteten, eine Strafe Gottes? Was mich betraf, so nahm ich ihn damals als gottgewollt hin, war überhaupt trotz des geschichtlichen Widersinns ein frommer und gläubiger junger Mensch geblieben und litt unter dem von Beichte zu Beichte reingewaschenen und dann doch wieder anwachsenden und mich zu Höllenängsten nötigenden Sündenbewusstsein. Diese Beichterlebnisse waren so bedrückend, dass mich noch Jahrzehnte später beim Tönen der Samstagsglocken depressive Stimmungen befielen.

Zu meinen Jugendsünden gehört auch meine erste Zigarre, die ich mit zwölf Jahren meinem Onkel heimlich aus seiner Zigarrenkiste entwendete und dann zusammen mit meinem Freund Dieter Schulte im Keller unseres Hauses versteckt rauchte, abwechselnd jeder einen Zug. Nach dem dritten Zug wurde meinem Freund übel, er lief gelb und grün an, und ich freute mich, die Zigarre daraufhin allein zu Ende rauchen zu können. Danach allerdings war auch mir gar nicht mehr so wohl wie vorher.

Um nicht wieder eine Zigarre stehlen und diesen Diebstahl dann beichten zu müssen, verfiel ich auf die Idee, trockenes Laub aus dem Garten zu sammeln, es zu zerkleinern und aus Zeitungspapier damit eine Art Zigarette zu drehen, die wir – versteckt unter den Gartensträuchern – pafften. Aber das fiel bald auf, weil der Qualm aus den Sträuchern hervorkam. So versuchten wir unser Glück in der Waschküche, wie es sie damals noch im Souterrain des Hauses gab. Und wenn man auch anfangs fragte, warum doch der Waschkessel so ungewöhnlich qualmte, so fiel auch diese verbotene Heimlichkeit schließlich auf. Nun machte mir meine Mutter ein pädagogisch sehr kluges Angebot. Sie gestattete mir an jedem Sonntagmorgen eine Zigarette und dazu ein Glas Rotwein in der Erwartung, dass ich im übrigen das Rauchen unterlasse. Mit Genuss und Stolz habe ich dann sonntagsmorgens meine Zigarette beim Glas Rotwein zelebriert, aber nie den Rauch in die Lunge eingeatmet. So bin ich kein Lungenraucher und nicht vom Nikotin abhängig geworden, aber ein sporadischer Zigarren- und Pfeifenraucher. Mit andern Worten: ich kann jederzeit ebenso auf das Rauchen verzichten als auch eine Zigarre oder Pfeife genießen. In Abwandlung der abscheulichen Naziparole möchte ich sagen: gelobt sei, was nicht abhängig macht.

Jede Abhängigkeit führt zur Sucht. Jede Sucht macht unfrei. Die Freiheit aber ist eines der höchsten menschlichen Güter. Nur wird sie meist missverstanden und missbraucht. Freiheit gibt es nur innerhalb selbstgesteckter Grenzen. Freiheit ist zugleich Achtung vor der Freiheit des anderen und die Respektierung seiner Rechte. Freiheit ist nur zu verwirklichen, wo der Rechtsgüterschutz unangetastet bleibt. Und das wiederum ist eine Frage der Ethik.

FERIENZEITEN

Im Deutschunterricht bei Bernhard Cluesmann wurden eines Tages plattdeutsche Texte gelesen. Sie waren dem dreibändigen Werk «Drüke-Möhne» von Augustin Wibbelt entnommen und fanden sofort mein lebhaftes Interesse. Obwohl in meinem Elternhaus kein Plattdeutsch gesprochen wurde, ich die heimische Mundart auch in Münster bis dahin nie zu hören bekommen hatte, außer dass mein Großvater sie im Scherz hin und wieder verwendete, wirkten jene Texte und ihre Vermittlung im Unterricht wie eine Initialzündung. Ich begann, die plattdeutschen Bücher, die im Bücherschrank meines Onkels standen, mit Interesse zu lesen.

Eine weitere Anregung ähnlicher Art kam hinzu. Die Ferien verbrachten wir meist in Gladbeck-Zweckel am Grünen Weg, wo meine Tante Tine, Schwester meiner Mutter, in ihrer kleinen Dienstwohnung lebte. Sie war als Fürsorgerin am Gesundheitsamt in Gladbeck tätig und hatte einen kleinen Freundes- und Bekanntenkreis, der sich in regelmäßigen Abständen zu plattdeutschen Abenden traf. Zu diesem Kreis gehörte auch Theo Strotmann, der, wenn ihn die Stimmung dazu ankam, gern kleine Komiken aufführte, wozu er häufig den Kleiderschrank meiner Tante plünderte, sich in ihre Garderobe warf, vor uns tanzte und mit hoher Fistelstimme drollige Schlagertexte sang. Vor allem aber las er uns die humorvollen plattdeutschen Erzählungen und Romane Augustin Wibbelts vor, denen ich stundenlang mit unverminderter Aufmerksamkeit und Spannung, ja Begeisterung zuhören konnte. Ich lebte mich schnell in die mir schon bald vertraute Mundart ein und versuchte mich selbst an kleinen plattdeutschen burlesken Erzählungen, die von jenem Kreis mit Wohlwollen aufgenommen wurden, jedoch vermutlich sprachlich noch allerlei Mängel und Unrichtigkeiten aufwiesen.

Während der Ferien in Gladbeck musste ich auf einer Chaiselongue in der Küche kampieren, von der ich nachts nicht selten wegen meines damals unruhigen Schlafes herunterpurzelte, so dass meine Tante auf die Idee verfiel, zwei Holzklötze unter die äußeren Beine der Chaiselongue befestigen zu lassen, so dass die Liegefläche sich schräg zur Wand neigte. Dieses Ferienbett hieß fortan nur noch «die schiefe Ebene». Wenn es in die Ferien nach Gladbeck ging, so fuhr ich «auf die schiefe Ebene». Die Küche war auch auf andere Weise Mehrzweckraum. In ihr stand der Schreibtisch meiner Tante, an dem sie ihre Beratungen und Sprechstunden durchzuführen pflegte, wenn die Küche an einem oder zwei Nachmittagen in der Woche zum Sprechzimmer umfunktioniert worden war. Dann wurde der dahinterliegende, vom Hof her zugängliche Abstell- und Vorratsraum bis auf eine Bank ausgeräumt, und alle daraus entfernten Gegenstände verschwanden in der Küche hinter einer «spanischen Wand», die zugleich den Kochherd und die Küchenmöbel verdeckte und versteckte. Das besorgte «Chrischam», die gute Seele des Haushalts, die schon viele Jahrzehnte als gewissenhafte Hausangestellte das Zepter führte und auch über «Unsere», wie sie meine Tante zu nennen pflegte, gestrenges Regiment hielt. Man wagte ihr nicht leicht zu widersprechen, wenn sie ihre Entscheidungen traf, und auch mit Gästen ging sie nicht gerade zimperlich um. Zwischen ihr und mir bildete sich bald eine Art herzlicher Kameradschaft aus, und da ich mich nicht immer ihrem Kommando fügte, gab es manchen witzigen und schlagfertigen Wortwechsel zwischen uns, der nie im Bösen endete. «Chrischam» – eigentlich Christine – wohnte bei ihren Eltern in einem unweit gelegenen alten Bauernkotten, den ein mächtiger Kastanienbaum überragte. Besonders zu ihrem Vater, den ich nur «Pappa» nannte, fasste ich schnell Zutrauen. Pappa Bräutigam stammte aus der Eifel und war früher Steiger auf einer Zeche gewesen. Mit seiner «Mamma» lebte er nun seine Rente, züchtete Tauben, betrieb eine Kaninchenzucht und steckte voll drolliger Einfälle, so dass es mit ihm immer etwas zu lachen gab. Manche Wanderung hat er mit mir unternommen, am liebsten nach Feldhausen. Ich konnte seinen ulkigen und schnakigen Erzählungen, in die sich meist die köstlichsten Unwahrscheinlichkeiten mischten, stundenlang zuhören. Hin und wieder besuchten wir das nahe dem Kotten gelegene Stellwerk der Bahn, wo ich die Tätigkeit des Schrankenwärters, mit dem er befreundet war, kennenlernte.

In den ersten Kriegsjahren wurde jeweils in den Sommerferien eine größere Reise unternommen, zweimal nach Ilmenau in Thüringen und einmal nach Langenwang bei Oberstdorf im Allgäu. Das war zugleich eine erquickende Erholung von den immer häufiger und regelmäßiger gewordenen Fliegeralarm- und Bombennächten, die Nachtruhe und Schlaf raubten. Ich erinnere mich deutlich, wie sehr ich in Langenwang bei weit geöffneten Fenstern ein schweres nächtliches Gewitter genoss, das krachend, Blitz auf Blitz herabsendend, über dem Alpental lag, und mich dabei sicher und geborgen fühlte nach den Gefahren der angstvoll erlebten Bombennächte.

An diesen Reisen nahmen sechs bis zehn Personen teil: außer meiner Mutter, der Tante Tine, meinem Bruder und mir auch eine Freundin und Kollegin meiner Tante, Regine Wurm, mit ihrer Nichte Ursel, die altersmäßig zwischen mir und meinem jüngeren Bruder stand. Dieses hübsche kleine Mädchen hätte ich mir damals gern als spätere Lebensgefährtin gewünscht, aber das wäre ein verbotener Wunsch für einen katholischen Jungen gewesen; denn Ursel und ihre Tante waren evangelisch. Eine «Mischehe» lag damals für einen frommen Katholiken absolut außer Betracht.

Von Langenwang aus fuhren wir zum Nebelhorn hinauf und lieferten uns beim weiteren Aufstieg eine Schneeballschlacht. Obwohl ich als Kind, auch in späteren Jahren, Milch immer verabscheut habe, genossen wir damals in der lebensmittelknappen Zeit die melkfrische kuhwarme Milch auf den Almwiesen, die wir mit Begier als besondere Köstlichkeit in großen Zügen tranken.

Eindrucksvoller noch erlebte ich die beiden Ferienreisen nach Ilmenau in Thüringen. Die Reisegesellschaft bestand nun aus zehn Personen; denn auch die älteste Schwester meiner Mutter mit ihrem Mann und die Fürsorgerin Rosa Messing mit ihrer Mutter nahmen daran teil. Wir logierten wieder, wie schon meine Eltern und wir Kinder im Jahre 1934, in der Pension Hiemenz auf der Sturmheide 4. Unvergesslich sind mir die dampfend duftenden Thüringer Hefeklöße mit der tiefroten herbsüßen Heidelbeersoße, die Mutter Hiemenz auf unübertreffliche Weise zuzubereiten wusste. Vater Hiemenz war Glasbläser und zeigte mir damals zum ersten Mal die kunstvolle, anstrengende Arbeit in einer Glasbläserei, die mich stark beeindruckte. Fasziniert sah ich, wie sich unter seinen Händen ein rotglühender zähflüssiger Klumpen zu feinen schlanken Gläsern und anderen zierlichen Gefäßen formte.

Unvergesslich sind mir auch die stundenweiten Wanderungen, die wir durch die sommerlichen Wälder Thüringens und vorbei an Bergwiesen mit einer unglaublich prangenden Blütenfülle, wie ich sie später nie wieder gesehen habe, unternommen haben, vor allem die zum Kickelhahn, wo einst Goethe «Ein Gleiches» (Wanderers Nachtlied) verfasste und auf die Bretterwand der Holzhütte schrieb, als er dort am 6. September 1780 übernachtete. Ich betrat damals diese Hütte wie ein Heiligtum und fühlte mich unangenehm berührt und gestört durch das laute unangemessene, ja mokante Verhalten meines Onkels, der als promovierter Jurist, Versicherungskaufmann und Bundesbruder der katholischen Studentenverbindung Cheruskia keinerlei Sinn für literarische Qualitäten erkennen ließ, ja für Goethe nur moralischen Hochmut und herablassende Verachtung übrig hatte. Ich war damals 15 Jahre alt und distanzierte mich nun nach Möglichkeit von ihm. Meine Ablehnung gegen ihn steigerte sich bis zum Entsetzen, als wir in Ilmenau das Grab der Sängerin und Schauspielerin Corona Schröter besuchten, die mein Onkel wegen ihres nach seiner Meinung unmoralischen Lebenswandels verachtete. Er demonstrierte das, indem er auf ihrem Grab mit den Füßen herumstampfte und unter dem beifälligen Gelächter der Anwesenden ausrief: «Da liege, du Aas!» oder Ähnliches. Ich wandte mich angewidert ab, Tränen des Zorns oder der Trauer in den Augen. – Was wusste ich damals von Goethe, was von Corona Schröter? Es war nur das Ahnen einer mich unbestimmt faszinierenden Geisteswelt. Ihre Nähe zu Goethe und ihr Beruf machten mir damals Corona Schröter verehrungswürdig. Ich musste meine Empörung hinunterwürgen, und jener Ferientag war mir verdorben.

Den wohl nachhaltigsten Eindruck auf dieser Reise machten auf mich die russischen Kriegsgefangenen. Sie waren als Zwangsarbeiter in einem größeren Gebäude in der Stadt kaserniert. Abends lehnten sie in den offenen Fenstern ihres Gefängnisses und sangen ihre schwermütigen russischen Volksweisen im Chor mit dunklen, sonoren Stimmen über Straßen und Stadt hinaus. Ein Meer von Trauer und Heimweh wogte in diesen Gesängen, die mir unvergesslich geblieben sind. Zugleich stieg es damals in mir auf wie eine dunkle Bedrohung, als werde aus der Heimat dieser Gequälten eines Tages mit Urgewalt eine Sturmflut über uns hinwegbranden, die aus der verletzten Volksseele nach den Untaten des Krieges hervorbrechen musste. Und doch, dieser Gesang barg in sich für mich in seiner tiefgründigen Melancholie und Melodik eine ergreifende Schönheit.

Weimar haben wir damals leider nicht besucht; war es die katholische Abneigung gegen den Freigeist Goethe? Und nichts ahnte ich von der Existenz des Schreckenslagers Buchenwald. Das einzige Nazi-Konzentrationslager, das mir bis Ende des Krieges namentlich bekannt geworden ist, war Dachau; denn dorthin hatte man den münsterischen Domkapitular Friedrichs eingeliefert! Dass es andere Konzentrationslager gab, war zwar kein Geheimnis, aber wir wussten nicht, wo sie lagen und wie viele es waren.

Mit dem Jahre 1942 endeten die Ferienreisen; denn am 15. Juli 1943 wurde ich wie meine Mitschüler als Luftwaffenhelfer zur Flakbatterie (Fliegerabwehrkanonen) kommandiert.

MIT HAKENKREUZBINDE

Auf dem Schulhof mussten wir antreten, dann ging es in Marschkolonne unter Führung eines Uniformierten zur Flakbatterie am Königsweg. Die Stellung lag unmittelbar am Kanal nahe einer Brücke. Zu je zwölf Mann wurden wir in Baracken untergebracht: vorn der Aufenthaltsraum mit Tisch, an der Wand angebrachten Bänken, Schemeln und einem Ofen, daneben der Schlafraum mit sechs Etagenbetten und zwölf Spinden. In der «Kammer» verpasste man uns eine blaugraue Uniform, an deren linkem Ärmel die Hakenkreuzbinde der Hitlerjugend angenäht war. Man teilte uns ein zu den schweren und leichten Geschützen, zum FMG (Funkmessgerät), zum Kommandostand und in die sogenannte Umwertung. Zu dieser wurde ich kommandiert. Dort saßen wir unterhalb des Kommandostandes auf einer Bank aufgereiht vor einer großen Mattscheibe, die eine Landkarte mit Planquadraten enthielt und vom Kommandostand eingesehen werden konnte. Über Kopfhörer wurde uns die jeweilige Position der anfliegenden und abfliegenden feindlichen Fliegerverbände oder auch einzelner Kampfflugzeuge durchgegeben, die wir mit verschiedenfarbiger Kreide auf die Mattscheibe in ihrem Verlauf als Linien zu übertragen hatten.

Der Tag begann mit dem Morgenappell, dem das Frühstück folgte: Kommissbrot, dazu Margarine, Marmelade und eine widerliche, in Scheiben geschnittene Blutwurst ungewissen Inhalts, die wir Katynwurst nannten in Anspielung auf die in Katyn entdeckten Massengräber von etwa 4400 polnischen Offizieren, die im September 1939 beim Einmarsch der Roten Armee in Ostpolen in sowjetische Gefangenschaft geraten und im April und Mai 1940 hingerichtet worden waren. Mit andern Worten: Leichenwurst.

Der Vormittag gehörte dem Unterricht, der im Aufenthaltsraum der Baracke durchgeführt wurde. Die Lehrer, ausschließlich ältere Herren, die entweder kurz vor der Pensionierung standen oder als Pensionäre für ihre jüngeren zur Wehrmacht einberufenen Kollegen einspringen mussten, wurden auf einem offenen Gemüsewagen, den ein Pferd zog, aus der Stadt herangefahren. Dort saßen sie auf

Stühlen beieinander. Unser Englischlehrer Isfort, genannt Easy, ist eines Tages, als das Pferd plötzlich ruckartig anzog, mit seinem Stuhl von diesem Wagen abgestürzt und daraufhin zu unserer Freude nie wieder erschienen. Wir mochten ihn nicht besonders. Ein anderer, den wir bis dahin nicht kannten, war Studienrat Nortmann, genannt Moses, und zwar wegen seiner greisenhaften Erscheinung. Ebenso greisenhaft und auch undeutlich war seine Stimme; er sprach wie kauend, als habe er eine Kruste Brot zwischen den Zähnen zu verarbeiten. Wir nahmen ihn nicht ernst. Am schlimmsten erging es dem Mathematiklehrer, der für uns ebenfalls neu war. Seinen Namen habe ich vergessen. Er unterrichtete über unsere Köpfe hinaus, wir begriffen fast nichts und hatten nach den durchwachten Nächten, die wir an den Geräten der Flakbatterie zuzubringen hatten, auch keine Lust, uns besondere Mühe zu geben. Um den lästigen, uns überfordernden Mann los zu werden, stifteten wir eines Tages irgendwelche Kinder aus der Nachbarschaft dazu an, plötzlich und zugleich sämtliche Blendläden des Unterrichtsraumes von außen zuzuschlagen, so dass im Raum vom einen Augenblick auf den andern völlige Dunkelheit herrschte. Sogleich begannen mehrere von uns mit Briketts zu werfen, so dass der Mann fluchtartig die Baracke verließ. Er ist nie wiedergekommen.

Schließlich wurde aus dem Lernen nichts mehr, die Lehrer blieben nach und nach weg, und die Zeit für Hausaufgaben stand nicht ausreichend zur Verfügung. An den Nachmittagen wurden wir an den Geräten ausgebildet und hatten Exerzierdienst zu leisten, oft bei drückender Sommerhitze unter brennender Sonne in voller Uniform mit aufgeschnalltem Stahlhelm. Da jagte denn ein Kommando das andere: «Laufschritt, marsch, marsch! – Hinlegen! – Sprung auf, marsch, marsch!» Wir mussten auf dem Bauch robben, dann wieder in Reih und Glied antreten. «Richt't euch! Augen – rechts! Die Augen – links!» Und das zwei volle Stunden lang. Das Kommando führte der smarte junge Leutnant Jochen Langhans, ein affektierter Jüngling in schneidiger Uniform mit blank gewichsten Stiefeln, die Offiziersmütze keck und locker auf dem blonden Lockenkopf. Er hielt sich einen jungen Schäferhund, den er Clavigo nannte und in den er abgöttisch vernarrt war. Langhans hatte seine Lieblinge. Wen er nicht mochte, den ließ er seine Verachtung spüren. Wer sich bei ihm einzuschmeicheln verstand, hatte manchen Vorteil und wurde zu vertraulichen Gesprächen in seiner Offiziersbaracke zugelassen. Ich habe diese nie betreten. Langhans hatte literarische Ambitionen, und das wussten einige meiner Kameraden auszunutzen, besonders manche, die vor uns eingezogen worden waren, also schon länger in der Batterie Dienst taten. Die gab es besonders in der sogenannten «Eierlegerbude». «Eierleger» nannte man diejenigen, die sich auf Kosten ihrer Kameraden bei Vorgesetzten einzuschmeicheln wussten, dort gleichsam ihr Ei in ein warmes Nest legten. Solche unliebsamen Zeitgenossen wurden auch im Krieg und längere Zeit danach als «Radfahrer» bezeichnet, Leute, die nach unten traten, um ihrem Ziele näher zu kommen.

Obwohl ich nicht zu den bevorzugten «Eierlegern» gehörte, gab Langhans mir eines Tages doch Gelegenheit, vor den Kameraden einen Rezitationsvortrag aus dem plattdeutschen Werk Augustin Wibbelts zu halten, hielt es aber offensichtlich für Trivialliteratur.

In unserer Baracke hatte sich verbotswidrig der Usus herausgebildet, dass ich abends nach Zapfenstreich, also nach 22 Uhr, wenn wir befehlsgemäß schlafen sollten und kein Licht mehr brennen durfte, mit der Taschenlampe im Bett liegend meinen Kameraden plattdeutsche Erzählungen von Augustin Wibbelt vorlas. Die meisten verstanden sie, andere hörten sich schnell ein. Die humorvollen Erzählungen waren bald so beliebt, dass ich sie keinen Abend auslassen durfte. Oft lösten sie helles Lachen aus und bildeten für mich und meine Stubenkameraden den angenehmen Abschluss jedes Tages.

Nach und nach schliefen die Jungs während meines Lesens, vom Dienst übermüdet, ein, und wenn ich schließlich merkte, dass alle eingeschlummert waren und keiner mehr zuhörte, klappte ich das Buch zu, drehte mich auf die Seite und schlief auch ein.

Aus einem besonderen Anlass, den ich nicht mehr zu nennen weiß, ließ sich Leutnant Langhans herab, jedem von uns ein Buch zu schenken, und zwar individuell ausgewählt nach dem vermeintlichen Interesse und Intelligenzgrad des Beschenkten. Meine Vorliebe für Wibbelt, den der gebürtige Berliner Langhans vermutlich für einen unbedeutenden mundartlichen Döhnchenerzähler, jedenfalls nicht für einen ernstzunehmenden Autor hielt, muss ihn dazu bewogen haben, für mich als Geschenk eine Ausgabe von Klein-Erna auszusuchen, während meine Kameraden meist ein Buch zeitgenössischer Autoren oder ein anderes literarisches Werk erhielten. Ich war verletzt und empört. Gegen Abend des betreffenden Tages rief ich die Kameraden meiner Bude und anderer Baracken in unsern Aufenthaltsraum zusammen, um ihnen etwas Besonderes zu zeigen. Dann setzte ich mich vor den Ofen, das Klein-Erna-Buch in der Hand haltend, ließ sie sich im Kreis gruppieren, öffnete die Ofentür, forderte sie auf, genau hinzusehen, und warf die unschuldige Klein-Erna – ungelesen – in den Ofen hinein und ließ sie in Flammen aufgehen. Die «Eierleger», die ich auch dazugerufen hatte, wussten selbstverständlich nichts Eiligeres zu tun, als dieses Autodafé dem Leutnant zu hinterbringen. Und darauf hatte ich gerechnet. Er versuchte sich zu meiner Überraschung bei mir zu entschuldigen und gab mir zum Ersatz ein anderes Buch, das mich nun aber nicht mehr interessierte. Was es war, habe ich vergessen.

Batterie-Chef war der Oberleutnant Ohlenburger, den meine Kameraden nicht mochten, den ich jedoch hinter der Fassade seiner uniformierten Autorität als gerecht und integer zu schätzen wusste. Er war später Landgerichtsdirektor in Siegen. Langhans, der nach dem Kriege in Münster studierte, ist dort eines Tages auf der Weseler Straße von einem Auto überfahren worden und dabei zu Tode gekommen.

«Spieß», das heißt Oberfeldwebel, war der Malermeister Quiatkowsky, den wir alle fürchteten. Er konnte schikanös sein und hasste vermutlich die ihm vermeintlich intellektuell überlegenen Gymnasiasten, zumal manche von ihnen mit dem Leutnant literarischen und musischen Umgang pflegen durften; denn auch für die Musik war der Leutnant aufgeschlossen.

Gefürchtet war auch der im kölnischen Jargon sprechende Unteroffizier Mildenberg, der gern als gewollter Grobian auftrat. Beim Stubenappell zerrte er manches Bett auseinander und warf manchen Spind, der ihm nicht ordentlich genug eingeräumt war, durcheinander. Im Grunde war er ein gutmütiger Kerl, den man nur richtig zu nehmen wissen musste. Ich habe mit ihm nie Schwierigkeiten gehabt.

Besondere Attraktion übte für viele meiner Kameraden der Unteroffizier Schneegans aus, seitdem er eines Tages mit Akt- und

Nacktbildern von Frauen und Mädchen bei uns in der Baracke erschienen war. Meine Kameraden, die so etwas noch nie gesehen hatten, drängten sich um ihn her, während ich aufgrund meiner prüden religiösen Erziehung so etwas als Todsünde ansah und mich vollkommen zurückhielt. Ich habe keines dieser Bilder zu Gesicht bekommen.

Schließlich sei noch der Unteroffizier Brosemann erwähnt, von Beruf Lehrer, den ich für undurchsichtig und hinterhältig hielt. Man wusste nicht recht, was man an ihm hatte und ging ihm am liebsten aus dem Weg. Er war der für mich zuständige unmittelbare Vorgesetzte in der Umwertung.

Eines Tages wurde ein großes Batteriefest gefeiert, zu dem auch Mädchen eingeladen waren. Zu diesem Fest steuerten die Eltern der Luftwaffenhelfer mit selbstgebackenen Kuchen bei, und diese Kuchen sollten am Festtag mit eben jenem Gemüsewagen, den das Pferd zog und auf dem die Lehrer morgens zum Unterricht geholt wurden, abgeholt werden. Ich hatte die Idee, mich aus diesem Anlass als alten Lehrer, nämlich als Moses Nortmann, zu verkleiden, und Leutnant Langhans ging auf diese Idee ein. Er hatte Verbindung zum Stadttheater, wo ich in der Maske mit Perücke und Bart ausstaffiert wurde. Von meinem Onkel lieh ich einen Altherrenanzug, trug dazu ein Hemd mit «Vatermörder», also einem altmodischen Stehkragen, zog einen hellen Staubmantel an, in der Hand einen Spazierstock. So bestieg ich den Kutschbock des Gemüsewagens, fuhr durch die Stadt von Haus zu Haus meiner Kameraden und sammelte als «Moses» zusammen mit einem Kameraden die Torten und Kuchen für unser Fest ein. Auch auf dem Fest selber trat ich in dieser Verkleidung auf, spielte also eine Solo-Rolle und hatte auf diese Weise keine Tischdame, mit der ich damals auch nichts hätte anfangen können. Wahrscheinlich hätte ich aus Schüchternheit und Verlegenheit den ganzen Abend kein Wort hervorgebracht; denn mit Mädchen hatte ich noch nie zu tun gehabt, abgesehen von meiner Ferienfreundin Ursel Wurm.

Als ich am Tag nach dem Fest die Requisiten wieder im Theater abliefern musste, tat ich dies in der beschriebenen Verkleidung, fuhr jedoch diesmal mit dem Fahrrad durch die Stadt. Auf der Königsstraße gab es damals noch die alte grobe Kopfsteinpflasterung, auf der das Rad heftig holperte und mich rüttelte, so dass sich der Hut auf meiner Perücke allmählich verschob und dann – von mir unbemerkt – auf das Pflaster fiel.

Plötzlich rief und rannte jemand hinter mir her und trug mir eilends den Hut nach. Es war ein Unteroffizier, vor dem ich eigentlich hätte strammstehen müssen. Ich genoss es damals, dass er dem vermeintlichen alten Herrn devot seinen verlorenen Hut überreichte.

Irgendwann wurde die Flakbatterie vom Königsweg nach Hiltrup verlegt. Inzwischen hatte sich mehr und mehr eine üble Unsitte bei uns herausgebildet, der sogenannte «Heilige Geist». Missliebige Kameraden wurden nachts aus dem Schlaf gerissen, man zog ihnen den Schlafanzug vom Leibe und verprügelte sie mit dem Koppel, bis Gesäß und Rücken von blutigen Striemen überzogen waren. In einem Fall habe ich einen derart Zugerichteten fotografiert; es war der Mitschüler Walter Goez, später evangelischer Pfarrer in Münster. Man hatte ihn mit Marmelade und Schuhwichse vollgeschmiert und dann mit dem harten Lederkoppel verprügelt. Ich machte den Versuch, den «Heiligen Geist», wo er denn beschlossen war, durch eine heitere Variante zu mildern und die unwürdige Szene wenigstens schmerzfrei, wenn auch zur Belustigung der Kameraden und zum Gespött des Betroffenen ablaufen zu lassen. So veranlasste ich sie, dem Betreffenden bei tiefem Schlaf eine Hand in eine Schüssel kalten Wassers zu halten, was unmittelbar die Reaktion zur Folge hatte, dass er ins Bett nässte. Der Spott der Heiliggeistgeber war ihm sicher. Eines Tages sollte Heini Beekers, wie wir unseren Mitschüler Heinrich Becker nannten, den «Heiligen Geist» bekommen. Er lag unten in einem Etagenbett. Ich schlug vor, eine Bierflasche mit Wasser zu füllen, sie über ihm unter der Matratze des oberen Bettes zu befestigen, sie mit einem langen nassen Lappen zu verstopfen und diesen dann dem Heini in das Gesicht fallen zu lassen. Unwillkürlich griff Heini, aus dem Schlaf aufgeschreckt, nach dem Lappen und riss ihn somit aus dem Flaschenhals, so dass sich der Flascheninhalt ihm ins Gesicht ergoss.

Unser Kamerad Fels, der wegen seiner Unbeholfenheit manches leiden musste, hatte eines Tages das Pech, dass ihm beim Stubendienst die Aschenlade des Ofens, die er in die Latrine auszuschütten hatte, dort entglitt und hineinfiel, was ein Strafexerzieren der ganzen

Barackenbelegschaft zur Folge hätte haben können. Wir zwangen ihn, in Hemd und Drillichhose in die Latrine zu steigen und dort die Lade aus den Fäkalien herauszufischen und dann zu säubern. Auch er wurde, als er aus dem Orkus wieder hervorkam, unnachsichtig verspottet und fotografiert.

Zwei wichtige Ereignisse fallen in meine Luftwaffenhelferzeit. Das eine ist die Zerstörung meines Elternhauses durch Brandbomben und später durch Sprengbomben. Zum Glück hatten wir den größten Teil der Einrichtung rechtzeitig auf das Land ausgelagert.

Das andere Ereignis wurde für mich sozusagen lebensbestimmend. Irgendwann hatte ich erfahren, dass der niederdeutsche Lyriker und Erzähler Augustin Wibbelt, damals mein Lieblingsschriftsteller, noch lebe, und zwar in Vorhelm auf seinem elterlichen Hof. Und irgendwer regte mich dazu an, ihm einen Brief zu schreiben. Ich verfasste eine plattdeutsche Epistel, in der ich ihm von meiner Freude an seinen Werken berichtete, auch von meinen Leseabenden nach Zapfenstreich in unserer Luftwaffenhelferbaracke und von meiner Rezitation in der Flakbatterie. Zu meiner Überraschung erhielt ich unverzüglich Antwort, ebenfalls einen plattdeutschen Brief, in dem der Dichter mich zu sich einlud. Am 25. Februar 1944 fuhr ich zum ersten Mal zu ihm und war fasziniert von der Schlichtheit, Güte und Warmherzigkeit dieses innerlich vornehmen Mannes, der mir, dem um 65 Jahre Jüngeren, bis zu seinem Tode im Jahre 1947 ein aufrichtiger, zuverlässiger Freund gewesen ist. Ich habe ihn oft, manchmal über mehrere Tage, besucht und hatte von ihm eine Generaleinladung erhalten, so dass ich ihn jederzeit, auch unangemeldet, aufsuchen konnte.

Eines Tages setzte auch gegen mich ein Kesseltreiben meiner Kameraden in der Flakbatterie ein. Zwar kam es nicht zum «Heiligen Geist», aber die Atmosphäre wurde von Tag zu Tag bedrückender und bedrohlicher. Da gelang es mir, schon aufgrund meiner Untergewichtigkeit, gesundheitliche Schwäche vorzutäuschen, so dass ich durch einen Militärarzt zunächst vom weiteren Luftwaffenhelferdienst befreit wurde. Mutter und Bruder lebten inzwischen als Evakuierte in Warendorf, so dass ich dorthin entlassen wurde und nun für einige Monate das Gymnasium Laurentianum besuchte. Zu meinen Lehrern gehörte dort der bekannte westfälisch-niederdeutsche

Autor Anton Aulke, genannt Fac. Schulleiter war der gefürchtete Nationalsozialist Dr. Donnermann, der seinem Namen insofern Ehre machte, als er, klein von Gestalt, häufig donnernd und drohend seine Stimme durch Flure und Treppenhaus dröhnen ließ.

Das Kreisstädtchen Warendorf ist bis zum Ende des Krieges von Bombenangriffen verschont geblieben. Umso weniger Verständnis brachten die Warendorfer Bürger für die ihnen zugewiesenen Evakuierten auf. Auch wir wurden zwangseingewiesen, zunächst in die Bäckerei Pumpe und später in zwei Mansarden im Hause der Witwe Tovar auf dem Sandknapp.

ICH WAR DESERTEUR

Dulce et decorum est pro patria mori! – Süß und ehrenvoll ist es, für das Vaterland zu sterben! –

Eine Parole, die sich von Homer bis Klopstock in vaterländischer Dichtung findet, und die im nationalsozialistischen Deutschland aufgegriffen und uns schon in der Jungvolk- und Hitlerjugendzeit indoktriniert wurde. Die gepriesene Süßigkeit des als erstrebenswert hingestellten Heldentodes hatte für mich von Anfang an einen bitteren Beigeschmack, und auf die Ehre, vielleicht einmal namentlich mit vielen anderen in Schlachten hingemordeten Kameraden auf einer Heldengedenktafel zu erscheinen, war ich keineswegs erpicht.

Diese frühe Abneigung gegen Heldentum und Heldentod hatte ihre guten Gründe. Schon als Zwölf- und Vierzehnjähriger verabscheute ich den vormilitärischen Gamaschendienst in Jungvolk und Hitlerjugend nach dem Motto «Gelobt sei, was hart macht!», das maßlos unbeherrschte Gebrüll der aus den Lautsprechern grölenden und dröhnenden bedrohlichen Hitlerreden, aber auch den der Wehrertüchtigung dienenden Sportunterricht in der Schule, in dem ich als «Schwächling» verspottet und brutalen Zwängen ausgesetzt wurde. Diese Torturen gipfelten in der Beschimpfung durch einen Latein- und Sportlehrer «Keinen Schuss Pulver bist du wert für den Führer!» und in der von einem anderen Sportlehrer veranlassten Verspottung durch die ganze Klasse als «Kneif-Zittrich», weil ich angstvoll schlotterte, nachdem man mich brutal ins Schwimmbecken gestoßen hatte und ich mit betäubenden Kopf- und Ohrenschmerzen daraus hervorgekommen war. Aber da hatte es noch eindrucksvollere Erlebnisse gegeben, die zwar nicht mich selbst, aber viele andere Mitbürger betroffen hatten. Als 11-jähriger habe ich den 9. November 1938 erlebt; denn mein Vater vermittelte

---

Das Kapitel «Ich war Deserteur» ist bereits publiziert worden; erstmals im Agenda-Verlag (Münster 2009), dann als Teil II. der von Rainer Schepper herausgegebenen *Erinnerungen aus zwei Weltkriegen* (Coesfeld: Longinus 2015).

damals meinem um vier Jahre jüngeren Bruder und mir den besten Geschichtsunterricht, den er uns an jenem Tag zuteilwerden lassen konnte. Er zeigte uns die brennenden Synagogen in Burgsteinfurt und Münster, die zertrümmerten jüdischen Geschäfte in beiden Städten, auf der Rückfahrt zerschlagene Wohnungen jüdischer Bürger in Borghorst, wo ich verzweifelt schreiende und kreischende Frauen und sie höhnisch verspottende Nazis erlebt habe, und zum Abschluss den geschändeten und verwüsteten Judenfriedhof vor dem Bagno in Burgsteinfurt. Entsetzen und Abscheu erfüllten den Elfjährigen gegen solche Untaten, die offiziell als legal und legitim hingestellt und dazu noch vom eigenen Vater gutgeheißen wurden, auf dessen Schreibtisch meist die neueste Ausgabe des «Stürmer» lag, aus dem mir die Parole «Juda, verrecke!» geläufig war.

Damit nicht genug, ich selbst musste mitsingen, wenn wir als Hitlerjungen, als Luftwaffenhelfer und später als Reichsarbeitsdienstler anstimmten: «Die blauen Dragoner, sie reiten mit klingendem Spiel durch das Tor ...» und nach Ende der dritten Strophe «... und morgen in alle Weiten, morgen da bin ich allein» einen anderen Text nach anderer Melodie anstimmen und singen mussten:

«Krumme Juden ziehn dahin, daher, sie ziehn durchs Rote Meer. Die Wellen schlagen zu; die Welt hat Ruh!»

Mit Begeisterung wurde es von vielen meiner Kameraden gegrölt.

Für dieses Vaterland und seine Schergen, deren Rohheit ich schon in Friedenszeiten zu spüren bekam, zu sterben, sollte süß und ehrenvoll sein? Das wäre mir nie in den Kopf hineingegangen, viel weniger ins Herz. Ein Todeskandidat aus Passion war ich nie und hätte es nie werden können.

Aber das nur als kurze Vorgeschichte.

Mein Luftwaffenhelfer-Einsatz 1943/1944

Am 15. Juli 1943 wurden wir Oberschüler, wie man im Hitlerreich die Gymnasiasten mit einem deutschen Terminus bezeichnete, von Schule und Elternhaus weg als Luftwaffenhelfer einberufen. Damals war ich 16 Jahre alt. Auf dem Schulhof der Oberschule für Jungen am Wasserturm mussten wir uns, mit dem notwenigen persönlichen Bedarf versehen, stellen und marschierten in Kolonne zur Flakbatterie am Königsweg, wo wir in Baracken zu je zwölf Mann untergebracht und zum Wehrdienst in verschiedene Gruppen eingeteilt wurden: Dienst an den Fliegerabwehrkanonen, am Funkmessgerät und in der sogenannten Umwertung. Nach der Einkleidung in eine blaugraue Uniform, zu der die Hakenkreuz-Armbinde der Hitlerjugend gehörte, erhielten wir eine vormilitärische Ausbildung mit täglichem Exerzieren und der Einweisung in unsere Tätigkeit. Später wurde die Flakbatterie nach Hiltrup auf das Gelände des Bauernhofes Vogelmann verlegt und erhielt dessen Namen.

Etwa im Mai 1944 gelang es mir, durch Vortäuschung von Schwäche und Krankheit aus dem Luftwaffenhelferdienst entlassen und vorerst freigestellt zu werden. Ein Aufenthalt im Lazarett in Gremmendorf war vorausgegangen. Die Ärzte konnten keine Krankheit diagnostizieren, aber auch keine Diensttauglichkeit feststellen. Als Evakuierter besuchte ich dann das Gymnasium Laurentianum in Warendorf.

Zweimal gelang es mir in den folgenden Monaten bei den routinemäßig wiederkehrenden Musterungen als wehruntauglich zurückgestellt zu werden, nämlich durch ein zwar einfaches, aber quälendes Verfahren. Mir war bekannt, dass niemand zum Wehrdienst eingezogen wurde, dessen Körpergewicht unter hundert Pfund lag, und so wusste ich durch konsequentes Fasten, das bei der ohnehin immer knapper werdenden Nahrungsversorgung fast zur Unterernährung führte, mein Gewicht reduziert zu halten. Meine Mutter litt noch mehr als ich unter dieser ununterbrochenen Fastenzeit und forderte mich aus Sorge immer wieder auf, mehr zu essen, bis ich eines Tages darüber die ohnehin nur unter schwersten Entbehrungen aufzubringende Energie verlor und – erzürnt über das ständige Drängen meiner Mutter – nachgab, normale Mahlzeiten einnahm und bald mit meinem Körpergewicht die hundert Pfund überschritt. Als ich mich dann im Dezember 1944 der dritten Musterung zu unterziehen hatte, wurde ich mit 102 Pfund Körpergewicht kriegsverwendungsfähig geschrieben und hatte mit der alsbaldigen Einberufung zu rechnen.

War ich ein Drückeberger, ein Feigling, ein passiver Vaterlandsverräter? Schon vor der Katastrophe von Stalingrad im November 1942, nach der der von Hitler begonnene Krieg als unwiderruflich verloren angesehen werden musste, war mir das Verbrecherische dieses massen- und völkermörderischen Unternehmens deutlich geworden. Ich hielt es nicht nur für sinnlos, sondern für unverantwortlich, mich in einen solchen Krieg aktiv einbeziehen zu lassen. Aber auch ohne das; es wäre mir unmöglich gewesen, im Kriegsgeschehen befehlsgemäß auf Menschen zu schießen, sie zu verletzen oder gar zu töten. Ich wollte nicht zum Mörder mir gänzlich unbekannter junger Menschen werden, die gleichfalls unter Befehl, also gezwungenermaßen, zum Massenmorden kommandiert worden waren. Aber ich wollte auch selber mein junges, eben begonnenes Leben nicht im wahnsinnigen Eroberungs- und Vernichtungsinferno eines verbrecherischen Diktators gefährden oder gar verlieren. Ich war schon damals Kriegsdienstverweigerer aus Überzeugung, ohne dass ich diese Verweigerung hätte erklären oder von vornherein praktizieren können. Es blieb nur die Möglichkeit, mich krank zu stellen und zu simulieren, um mich der eigenen Gefährdung und der Gefährdung anderer durch mich zu entziehen.

Abtransport in den Osten

Noch im Dezember 1944 erging auch an mich der Gestellungsbefehl zum RAD, dem Reichsarbeitsdienst; seine Einheiten wurden jedoch damals nicht mehr zur Arbeit, sondern zum Kriegsdienst verwendet. Und am 5. Januar 1945 hatte ich mich mit vielen anderen jungen Menschen vor dem Hauptbahnhof in Münster einzufinden. Meine lange gehegte Hoffnung, dass der Krieg beendet sein würde, bevor man mich zu den Waffen rufen werde, hatte sich nicht erfüllt.

Diese Hoffnung war indes nicht unbegründet gewesen. Die Westfront war längst ins Schwanken geraten und der Vormarsch der Alliierten unaufhaltsam geworden. Am 3. September 1944 war Lyon gefallen, die an der Biskayafront eingesetzte 1. Armee zum größten Teil in Gefangenschaft geraten, und Hitler selbst hatte damals schon den Befehl zum allgemeinen Rückzug gegeben, in der Hoffnung, eine neue Front auf französischem Boden aufrichten und die vordringenden Amerikaner in der Flanke fassen zu können. Aber diese

Pläne wurden durch den schnellen Vormarsch der Alliierten, deren Luftüberlegenheit nicht mehr zu brechen war, zunichte. Schon im September hatten sie Verdun, Nancy, Brüssel, Antwerpen und Nimwegen eingenommen, am 21. Oktober ging Aachen verloren, am 23. November Straßburg. Am 16. Dezember hatte die Ardennenoffensive zwischen Monschau und Echternach begonnen; und die Alliierten drängten die UdSSR, sie durch ihre von Osten her vorbereitete Offensive zu unterstützen. Aber die Rote Armee zögerte ihre Offensive noch hinaus. Dennoch, der Krieg war endgültig verloren, wurde aber auf Befehl Hitlers umso verbissener fortgesetzt, und zwar unter Einsatz der letzten Reserven menschlichen «Materials». Schon am 18. Oktober 1944 waren alle waffenfähigen Männer zwischen 16 und 60 Jahren zum «Deutschen Volkssturm» aufgerufen und unter die Führung der Gauleiter gestellt worden.

Am 5. Januar 1945 um 22 Uhr mussten wir uns zum Sammeltransport am Hauptbahnhof in Münster einfinden. Wir wurden in einen bereitstehenden Eisenbahnzug, dessen Waggons mit Holzbänken ausgestattet waren, verfrachtet. Ohne dass man uns das Ziel des Transports mitteilte. Mit banger Sorge blickten wir zu den Fenstern hinaus ins Dunkle und suchten während der ununterbrochenen Fahrt die Namen der Stationen auf den schnell vorübergleitenden Bahnsteigen zu erhaschen, um dort abzulesen, ob es gen Norden, Osten, Süden oder Westen ging. Irgendwann in der Nacht, als wir durch Berlin fuhren, war uns allen klar, dass wir an die Ostfront geschickt wurden, um dem Ansturm der Roten Armee entgegengestellt zu werden. Als der Tag graute, durchfuhr der Zug eine unabsehbare Winterlandschaft, die unter frostiger Schnee- und Eisdecke lag, und ein Schaudern vor ungewisser grausiger Zukunft mit Kampf, Blut und Tod oder qualvoller Gefangenschaft in Hunger und Kälte durchlief uns alle. Wir waren – im doppelten Sinne des Wortes – Schlachtmaterial eines skrupellosen Diktators und brutalen Menschenverächters, hilflos ausgeliefert seinem diabolischen Vernichtungswillen.

Irgendwann, ob bei Tage oder Nacht, ich weiß es nicht mehr, hatten wir das Ziel unseres Transports erreicht; es war Turek, ein kleiner Ort, etwa vierzig Kilometer nordwestlich von Litzmannstadt, dem heutigen Lodz, gelegen. Nicht weit davon östlich verlief damals schon die Front, Lodz aber war noch in deutscher Hand. Wir wurden in die graubraune Uniform der Arbeitsmänner, mit der Hakenkreuzbinde am Arm, eingekleidet, und hatten bei eisiger Kälte tagsüber Exerzierdienst mit dem Karabiner zu tun, erhielten Instruktionsstunden, an deren Inhalt ich mich nicht mehr erinnere, und wurden durch Schießübungen mit der Waffe ausgebildet. Außerdem hielt man für uns Panzerfäuste bereit, um uns gegen einen zu erwartenden sowjetischen Panzerangriff einsetzen zu können. Über den Einsatz dieser Waffe wurden wir nur instruiert, nicht aber an ihr ausgebildet. Man sagte uns nur warnend, dass sie beim Abschuss wegen des starken Rückschlages den Mann, der sie abfeuere, umwerfen könne.

Ich erinnere mich, dass wir nachts mehrfach barsch aus dem Schlaf gerissen, im Schlafanzug, eine Waschschüssel in den Händen, auf den Appellplatz befohlen wurden und dort in Reihenaufstellung exerzieren mussten, schlotternd vor Kälte, aber schließlich erwärmt beim Ausführen der Kommandos: «Sprung auf, marsch, marsch! Hinlegen! Sprung auf, marsch, marsch!», dabei immer die kalte blecherne Waschschüssel in Händen.

Reichsarbeitsdienstlager bei Lodz

Zuweilen gab es Freizeit und Ausgang. Ich weiß noch, wie ich einmal durch die Straßen von Turek oder Lodz ging und dabei mit Bestürzung erfuhr, dass alle Polen, die mir begegneten, auch ältere und gebrechliche Menschen, vor mir auszuweichen und den Bürgersteig, in devoter Haltung mich als Uniformierten grüßend, zu verlassen hatten, um ihn dann nach meinem Vorübergehen wieder betreten zu dürfen. Zum ersten Mal überfiel mich eine tiefe Scham, ein Deutscher zu sein, ein Angehöriger jenes Volkes, das ein anderes auf menschenverachtende Weise unterjochte.

Eines Tages hörten wir den bedrohlichen Artilleriedonner der herannahenden Front. Da entschloss ich mich zu einem äußersten Mittel, einem lebensgefährlichen Wagnis. In einer der nächsten Instruktionsstunden, während der wir in Reihen auf lehnenlosen

Bänken saßen, suggerierte ich mir einen Ohnmachtsanfall und ließ mich schlaff hintenüber auf den Boden fallen, dort wie leblos liegenbleibend.

An die Einzelheiten der Reaktionen des Instrukteurs und der Kameraden erinnere ich mich nicht, weiß nur noch, dass man den vermeintlich Bewusstlosen hinaustrug und auf sein Feldbett legte, wo er erst allmählich wieder zu sich kam, bevor der herbeigerufene Feldarzt zur Stelle war. Der untersuchte und befragte mich, doch wusste ich ihm keinerlei Auskunft zu geben und spielte meine Rolle konsequent durch. Man verlegte mich zunächst ins Krankenrevier.

Kurz darauf kam der Befehl, die gesamte Mannschaft des Arbeitslagers auf Lastwagen zu verfrachten und an einen strategisch wichtigen Punkt weiter westlich zu transportieren, nämlich zum Brückenkopf bei Steinau an der Oder.

Als wir dort angelangt waren und in Einzeltrupps aufgeteilt werden sollten, verwies ich darauf, dass ich aus dem Krankenrevier abtransportiert worden war, wurde nun aber einem andern Feldarzt vorgestellt, der mich für einsatzfähig erklärte. Hartnäckig berief ich mich auf den Befund des Feldarztes in Turek und auf meinen geschwächten Zustand, machte den Feldarzt auf seine Verantwortung aufmerksam, die er allein zu vertreten habe, falls ich krankheitsbedingt im Einsatz versagen und damit ungewollt andere Kameraden und die Verteidigung gefährden sollte, und brachte ihn schließlich dazu, mich für nicht einsatzfähig zu erklären. Ich bin heute noch darüber verwundert, dass es mir gelang, ihn schließlich umzustimmen, so dass er mich zusammen mit einem andern Kranken – es war Friedhelm Jasser aus dem Siegerland – einem Feldmeister zuordnete, der den Befehl erhielt, uns über die Oder nach Westen zu bringen. Dieser Feldmeister führte ein Fahrrad mit sich, auf dem er die beiden nur beschränkt marschfähigen Kranken abwechselnd nebenher fahren lassen sollte. Auf dem Gepäckträger des Fahrrads war ein Affe, das heißt ein fellüberzogener Militärrucksack, mit Decken geschnallt.

Mit welchem Ziel der Marschbefehl ausgestellt worden war, erfuhren wir nicht, jedenfalls bewegten wir uns auf der nach Liegnitz führenden Straße.

Die Flucht vor der sowjetischen Offensive

Am 12. Januar hatten die Sowjets ihre Offensive bei Baranow (südlich Warschau) begonnen, mit der sie die deutsche Mittelfront aufbrachen. Am 19. Januar fiel Lodz, am 25. Januar der Brückenkopf bei Steinau, und die meisten meiner Kameraden, Jungen im Alter von 16 und 17 Jahren, wurden reihenweise im Hagel der russischen Geschütze und Panzerkanonen dahingemäht. Vermutlich wäre ich damals mit ihnen umgekommen, wenn es mir nicht gelungen wäre, den Feldarzt umzustimmen.

Inzwischen begann die Bevölkerung vor den anrückenden Sowjets zu fliehen. Mehr und mehr waren die Straßen verstopft von den Trecks der Flüchtenden, die auf Pferdewagen sich selbst und einen Teil ihrer Habe nach Westen zu retten suchten. Das Elend, die Not und Verzweiflung dieser Menschen stehen mir in unauslöschlicher Erinnerung. Bei schneidender Kälte schwankten sie zwischen der Hoffnung auf Rettung und der Furcht, von den sowjetischen Panzern eingeholt und überrollt zu werden.

Mühsam bewegten wir uns an den endlosen Trecks entlang weiter auf der Straße nach Liegnitz, abwechselnd das Fahrrad des Feldmeisters benutzend, während er zu Fuß neben uns her marschierte. In dem allgemeinen Wirrwarr entdeckte ich in einem Straßengraben ein liegengebliebenes herrenloses Fahrrad, so dass nun beide Kranken im Marschtempo neben dem Feldmeister herfahren konnten. Hin und wieder fuhren wir auch mit seiner Erlaubnis ein Stück voraus, hatten jedoch in Sichtweite zu ihm zu bleiben. Wir wussten jedoch den Abstand nach und nach zu vergrößern. Als er schließlich nach langem Marsch ermüdet schien, riskierten wir, uns bei diesigem Wetter im Durcheinander des Flüchtlingsgewühls aus seiner Sichtweite zu entfernen, traten dann kräftig in die Pedalen und setzten uns in möglichst schneller Fahrt von ihm ab. Im nächsten Ort fanden wir Nachtquartier bei freundlichen schlesischen Leuten und genossen seit langer Zeit zum ersten Mal wieder ein weiches, wärmendes Bett. Überhaupt habe ich aus jenen Tagen der Flucht die Schlesier mit ihrer Gastfreundschaft und ihrer Freigebigkeit in bester Erinnerung. Sie selber, im Begriff, Haus und Heimat zu verlassen, bewirteten uns auf das Freundlichste. Manche von ihnen waren unschlüssig, ob sie daheim bleiben und den Einmarsch der Sowjets erwarten oder vor ihnen entfliehen sollten.

Als wir auf unserer weiteren Fahrt hungrig wurden, öffneten wir den Affen des Feldmeisters und fanden darin reichlich Proviant. Ich erinnere mich an verschiedene glänzend weiße Speckseiten.

Unsere geglückte Flucht aus der Aufsicht des Feldmeisters war Fahnenflucht, war Desertion. Wir waren entschlossen, sie zu Ende zu führen und die Heimat zu erreichen und fassten nun einen neuen Plan. Es kam darauf an, einen der überfüllten Flüchtlingszüge, die nach Westen gingen, zu besteigen. Dann waren wir jedenfalls zunächst aus dem Inferno des Kriegsgeschehens gerettet, mochte folgen, was wollte. Aber es stellte sich als unmöglich heraus, in einen der mit Menschen vollgepressten Waggons zu gelangen. Selbst auf den außen an den Wagen verlaufenden Trittbrettern standen die Menschen eng zusammengedrängt. Es fand sich kein freier Platz mehr. So fuhren sie bei vierzehn Grad Kälte und schneidendem Gegenwind, sich mit klammen, erstarrenden Händen mühsam und angstvoll festhaltend, in eine ungewisse Zukunft. Auch die Güterzüge, die zum Transport der Flüchtlinge eingesetzt wurden, offene wie geschlossene Waggons, waren so randvoll besetzt, dass es unmöglich war, dort auch nur den geringsten Platz zu finden. In dieser Ausweglosigkeit kam mir ein rettender Gedanke. Einer der Güterzüge führte einen offenen Wagen mit sich, auf dem ein Funkmessgerät stand. Ich forderte meinen Kameraden auf, mit mir diesen Wagen zu besteigen. Wir setzten uns neben das FMG, so dass man uns für die dazugehörige Bewachung halten konnte. Zwei Wolldecken und den restlichen Proviant aus dem Affen des Feldmeisters nahmen wir mit, ließen die Fahrräder auf dem Bahnsteig stehen und hüllten uns bis zu den Hüften in die wärmenden Decken.

14 Stunden bei 14 Grad Minus auf dem Güterwagen

Die Fahrt ging sehr langsam vonstatten, oft hielt der Zug, durch Signale gebremst, längere Zeit an; denn die Strecke war blockiert von Flüchtlingstransporten. Besonders heikel wurde der Aufenthalt des Zuges auf dem Bahnhof von Liegnitz; denn jederzeit konnten wir von einer Militär- oder SS-Streife aufgegriffen, als Fahnenflüchtige erkannt und standrechtlich abgeurteilt werden. Es ging gut, aber als der Zug nach vierzehnstündiger Fahrt im Bahnhof von Sagan hielt, waren meine Kräfte erschöpft, zumal ich dem vor Kälte schnatternden und jammernden kranken Kameraden längst meine Wolldecke abgetreten hatte. Ich spürte die Beine nicht mehr bis zu den Knien, sie waren von der grausamen Kälte wie abgestorben. So ließ ich mich, um nicht dem völligen Erfrieren ausgesetzt zu werden, gegen den Protest meines Kameraden auf den Bahnsteig fallen und hatte Mühe, dort auf die Beine zu kommen. Widerwillig und ängstlich verließ auch er den Zug.

Wie es uns gelingen konnte, im allgemeinen Menschengedränge unbehelligt durch die Sperre und die Militärkontrolle zu kommen, scheint mir heute noch nach so vielen Jahren an ein Wunder zu grenzen. Wir suchten den Wartesaal auf, um uns zu erwärmen und von dem wenigen Geld, das wir bei uns hatten, eine warme Suppe zu bestellen. Danach blieben mir noch zwei Reichspfennige im Portemonnaie übrig. Meine Füße begannen plötzlich zu schmerzen.

Als ich in meiner Verzweiflung den Zug verlassen hatte, war mir alles gleichgültig geworden; selbst das Todesurteil durch ein Standgericht, mit dem ich als Deserteur rechnen musste, wollte ich eher riskieren als die Gefahr des Erfrierungstodes bei der Weiterfahrt durch die unerträgliche Kälte. Nachdem wir uns im warmen Wartesaal bei einer kräftigen Suppe gestärkt und neuen Mut gefasst hatten, stellte sich die Frage, wie es nun weitergehen solle. Zunächst kam es darauf an, unbehelligt durch die Sperre und die Wache wieder auf den Bahnsteig zu gelangen. Die Sperre konnten wir als Uniformierte im unübersichtlichen Menschengewühl ungehindert passieren; aber hinter der Sperre standen Wachhabende, die uns anhielten und in einen seitwärts gelegenen Raum wiesen, wo jeder Uniformierte auf seinen Marschbefehl hin kontrolliert wurde. Hier kam es darauf an, in einem unbewachten Augenblick zu entweichen, unbemerkt von den an Tischen sitzenden Kontrollierenden und von den vor diesem Raum aufgestellten Wachen. Wir warteten ab, beobachteten Überprüfungs- und Wachpersonal, und als der Augenblick günstig war, verließen wir, als hätten wir die Kontrolle passiert, hinter dem Rücken der Wache den Raum und gelangten zu den Bahnsteigen.

Jetzt galt es, einen Zug zu finden, der uns weiter nach Westen bringen würde. Der nächste planmäßige fuhr nach Leipzig. Obwohl auch er überfüllt war, konnten wir uns noch knapp hineindrängen und hielten uns möglichst in der Nähe des Aborts auf, um bei möglichen Zugkontrollen rechtzeitig darin verschwinden zu können. Zwar nahm das Eisenbahnpersonal in den überfüllten Flüchtlingszügen keine Kontrolle vor, hätte sich auch kaum noch durchzwängen können, aber es gab immer wieder Kontrollen durch Militär- und vor allem SS-Angehörige, deren Aufgabe es war, Uniformierte auf ihren Marschbefehl hin zu überprüfen und Fahnenflüchtige zu verhaften. Ich weiß nicht mehr, wie oft wir in der Zugtoilette verschwinden und dort hinter Schloss und Riegel Zuflucht suchen mussten, erinnere mich nur, dass uns die Fahrt unendlich lang erschien.

RAD-Krankenhaus in Clarholz und Marschbefehl

In Leipzig bekamen wir Anschluss nach Hannover, wo wir spät abends oder in der Nacht anlangten, und wo sich unsere Wege trennten. Ich nahm einen Zug nach Osnabrück und fuhr von dort über Münster nach Warendorf, wo meine Mutter und mein Bruder damals als Evakuierte lebten. Als ich zu Hause Schuhe und Socken auszog, sah ich, dass meine Füße angefroren und an einigen Stellen vom Frost geschwärzt waren. Nach einem warmen Fußbad schwollen sie in kurzer Zeit so stark an, dass es unmöglich war, wieder in die Schuhe hineinzukommen. Noch am selben Tag meldete ich mich in Pantoffeln beim Wehrmeldeamt in Warendorf als Versprengter. Man machte große Augen und wies darauf hin, dass ich mich gleich im Osten hätte melden müssen. Ich stellte mich dumm, erklärte, ich sei von meinem Truppenteil abgekommen, habe nicht gewusst, wer zuständig sei und sei deshalb auf dem schnellsten Wege zu meinem heimatlichen Wehrmeldeamt gefahren. Dann schilderte ich möglichst anschaulich den Flüchtlingswirrwarr und das Flüchtlingselend, das ich erlebt hatte, und löste damit Erstaunen und Erschrecken aus.

Kurz darauf wies man mich wegen meiner angefrorenen Füße in das RAD-Krankenhaus in Clarholz ein, für das man die dortige Volksschule requiriert hatte. Da aber alle Reichsarbeitsdiensteinheiten an die Front kommandiert waren, stand das Krankenhaus leer. Aus den Klassenräumen waren Bettensäle geworden, und ich hatte als einziger Patient einen Stab von Ärzten und Sanitätern um mich her, die darauf bedacht waren, meine Erfrierungen zu heilen und meine Truppeneinheit ausfindig zu machen. Mehrere Wochen, von Ende Januar bis etwa Anfang März, erholte ich mich in Clarholz, spazierte bei trockenem Wetter in Pantoffeln durch das Dorf, etwa zum Friseur, und wurde überfürsorglich betreut von einer unter dem Dach der Schule wohnenden alleinstehenden Lehrerin, die mich in so überschwänglicher Weise bemutterte und mit ländlich-lukullischen Köstlichkeiten verwöhnte, dass Martha von Bethanien aus dem Evangelium des Lukas vor Neid hätte erblassen können. Es war Fräulein Hölter; die Lehrerinnen rechneten es sich damals noch zur Ehre an, mit «Fräulein» angeredet zu werden.

Eines Tages waren meine Erfrierungen dank feldärztlicher Kunst ausgeheilt; man hatte inzwischen auch meine Einheit ausgemacht, die nicht etwa, wie ich vermutete, im Brückenkopf von Steinau gänzlich aufgerieben, sondern mit der übriggebliebenen Mannschaft nach Regensburg verlegt worden war. Dorthin erhielt ich einen Marschbefehl; aber ich wusste auch, dass ich dort nie ankommen durfte, wenn ich nicht riskieren wollte, als Deserteur standrechtlich erschossen zu werden. Wieder vertraute ich auf den baldigen Zusammenbruch der Fronten und auf das nahe Ende des Krieges. So fuhr ich zunächst nach Warendorf, um mich von Mutter und Bruder zu verabschieden, dann nach Vorhelm zu Augustin Wibbelt, dem ich ausführlich von meiner abenteuerlichen Flucht aus dem Osten erzählte. In der Tagebuchaufzeichnung des Besuches vom 2. März 1945 ist die Rede von der furchtbaren Flucht verängstigter und gehetzter Menschen, die Hab und Gut im Stich lassen mussten und oft noch im verwirrenden Gedränge der rückwärts flutenden Menschenmassen einander verloren. – Von Warendorf aus, wohin ich noch einmal zurückkehrte, fuhr ich dann, mit dem Marschbefehl nach Regensburg in der Tasche, zunächst nach Gladbeck-Zweckel zu meiner Tante Tine Schulte-Lippern, Schwester meiner Mutter, und gedachte dort nach Möglichkeit bis zum Ende des Krieges unterzutauchen. Da aber hatte ich die Rechnung ohne den Wirt – oder eigentlich die besorgte Wirtin – gemacht. Im Doppelhaus, gleich nebenan am Grünen Weg in Zweckel, wohnte das Ehepaar Riemer, deren Sohn, gleichaltrig mit mir, im Kriege, wohlmöglich an der Front, stand, und meine Tante befürchtete, falls ich bei ihr bleiben sollte, eine mögliche Denunziation. Da kam mir die Idee, nach jedem Bombenangriff, wie sie damals fast pausenlos auf das rheinisch-westfälische Industriegebiet niederprasselten, diejenigen Bahnhöfe aufzusuchen, deren zu- und abführende Gleisstränge durch Luftangriffe unterbrochen waren, um mir die Unmöglichkeit der Weiterfahrt bescheinigen zu lassen. Der Fahrschein in DIN-A-4 – Format enthielt die dafür vorgesehenen Felder.

Ich weiß nicht, wie lange ich bei meiner Tante blieb, weiß nur, dass sich mein Marschbefehl immer mehr mit Weiterfahrtsunmöglichkeitsvermerken füllte und das gute Herz meiner Tante mit Angst und Nöten, bis sie mich eines Tages dazu überredete, mich zur Weiterfahrt zu entschließen. So fuhr ich Richtung Kassel, machte jedoch die nächste Station bei einer Jugendfreundin in Helmarshausen, der damals noch munteren, inzwischen längst an einem Krebsleiden verstorbenen Ursel Wurm, wo ich wahrscheinlich zwei Tage blieb. Auch dort in der Gegend waren bahnamtliche Vermerke zu bekommen, und so wagte ich noch einen weiteren Abstecher nach Peckelsheim, wo ich einen Tag und eine Nacht bei Verwandten, der Familie von Spiegel zu Peckelsheim, verlebte.

Standgericht in Kassel und Strafkommando

Das nächste Ziel meiner zögerlichen Reise war Kassel, aber im Zug dorthin, etwa bei Hofgeismar, wurde ich von den sogenannten Kettenhunden, einer mit Brustkettenschild geschmückten SS-Streife, aufgegriffen, festgenommen und in Kassel dem Standgericht vorgeführt. Ich berief mich auf meinen mit bahnamtlichen Vermerken gespickten Marschbefehl-Fahrschein, der die lückenlose Odyssee meiner immer wieder von Bombenangriffen unterbrochenen Fahrt auswies, allein man wollte mir nicht glauben. Ich blieb unbeirrt bei meinen Behauptungen, die schwarz auf weiß nachgewiesen waren, so dass man schließlich nachgab und mich mit einem sogenannten Strafkommando nach Frankfurt am Main schickte, damit ich dort zur Verteidigung der Stadt eingesetzt werden könne. Unter strenger Bewachung wurde die Bahnfahrt angetreten. Einen vollen Tag musste der Zug im Schlüchterner Tunnel stehen, um nicht von Troffliegern beschossen oder von Kampfflugzeugen bombardiert zu werden.

Es war der 23. März 1945, mein 18. Geburtstag, als wir in Frankfurt ankamen und in Kolonne zu einer am Rande der Stadt liegenden Kaserne marschierten. In dieser Auffangkaserne ging es chaotisch zu. Die Betten waren sämtlich belegt, und wir mussten in den damals warmen Märznächten draußen auf dem Rasen kampieren. Die Kaserne war von Militär besetzt und wurde von Offizieren der Wehrmacht befehligt, und den jungen, an keiner Waffe ausgebildeten Reichsarbeitsdienstler nahm man nicht ganz ernst als wehrfähigen Verteidiger der Stadt. Im Übrigen bestand bei den Offizieren wenig Neigung, letzte Einsätze zu leisten und die eigene Haut für den aussichtslosen «Endsieg» hinzuhalten.

Die Luftangriffe häuften sich, und bei jedem Alarm erhielten wir Befehl, das Kasernenterrain zu verlassen und uns in den umliegenden Wäldchen und Gebüschen zu zerstreuen und dort «volle Deckung» zu suchen. Die sogenannte Moral der Truppe war eine sich mehr und mehr demoralisierende. Ich erinnere mich eines Landsers, der sich so stark unter Alkohol gesetzt hatte, dass er wie tot, mit glasigen Augen in die Luft starrend und am ganzen Körper blau und aufgedunsen rücklings auf dem Rasen lag. Niemand kümmerte sich darum.

Als wir nach einem dieser sich ständig vermehrenden Fliegeralarme zur Kaserne zurückkehrten, versammelte uns der befehlshabende Offizier um sich her und machte uns etwa folgende Mitteilung: «Jungs, Frankfurt ist von den feindlichen Truppen eingekesselt, jede weitere Verteidigung nutzlos. Beim nächsten Alarm verschwindet, und seht zu, dass ihr heil nach Hause kommt.» Diesem einsichtigen und mutigen Mann verdanken wahrscheinlich viele Landser ihre Rettung.

Beim nächsten Luftalarm, der nicht lange auf sich warten ließ, fasste ich mir ein Herz, fischte mir aus der Stallung eines kleinen bäuerlichen Anwesens, in dem sich kein Mensch befand, die an einem Nagel hängende verschmutzte Arbeitskleidung eines Knechtes oder Landarbeiters, Jacke, Hose und Hut, zog meine Uniform aus, warf sie samt Wehrpass in eine Jauchegrube, schlüpfte in die verschmutzten Kleidungsstücke und ging stadteinwärts, um vor dem stärker werdenden Artilleriebeschuss Schutz in einem Straßenbunker zu suchen. Ich fand auch einen, der für die betreffende Straßengemeinschaft als Erdbunker erbaut war, setzte mich zu den Leuten und bedachte nicht, dass ich als Unbekannter, dazu noch in dieser verdächtigen abgerissenen Kleidung, bei ihnen Aufsehen erregen musste. Wie hätte ich als Deserteur leichter auffallen können!

So dauerte es auch nicht lange, bis ein Mann auf mich zukam, der sich als der zuständige Ortsgruppenleiter vorstellte und von mir verlangte, ich solle mich ausweisen. Er vermutete aufgrund meiner Kleidung und meines Alters, ich sei von meiner Truppe desertiert. Da ich keinerlei Ausweispapiere mehr bei mir hatte, erfand ich im Nu eine Phantasiegeschichte. Ich wusste, dass vor wenigen Tagen Hanau bei Nacht überraschend kurz nach Einsetzen des Fliegeralarms bombardiert worden war und sich viele Menschen nicht mehr rechtzeitig in die Luftschutzkeller retten konnten. Und da ich meine Cousine in Kassel hatte besuchen wollen, ich im Übrigen noch bei der vorletzten Musterung vom Wehrdienst zurückgestellt worden war, teilte ich dem Mann mit, ich sei kein Angehöriger der Wehrmacht, sondern vom Wehrdienst zurückgestellt, habe mich in

Hanau zu Besuch aufgehalten, wo wir in der Nacht plötzlich vom Alarm und gleich danach einsetzenden Bombenangriff überrascht worden und, ohne uns ankleiden zu können, in den Luftschutzkeller geflüchtet seien, worauf dann das Haus von einer Bombe getroffen worden sei. Daraufhin habe ich mir nur diese abgetragene Kleidung besorgen können, mit der ich mich nun bis zu meiner Rückkehr nach Hause behelfen müsse. – Kleidung gab es damals nur auf Bezugsschein zu kaufen.

Der Mann glaubte meinen Aussagen nicht, sondern insistierte weiter. Die Sache wurde immer peinlicher und brenzliger, je mehr Leute auf das Gespräch aufmerksam geworden waren. Da kam mir wieder ein rettender Gedanke. Ich bat den Ortsgruppenleiter, mit mir hinauszugehen, da ich ihm eine wichtige Mitteilung zu machen hätte. Er willigte ein und ging mit mir vor den Ausgang des Erdbunkers. Wir standen auf der Straße, und die Granaten der amerikanischen Artillerie schlugen in die Stadt ein. Da fuhr ich ihn barsch an: «Was fällt Ihnen eigentlich ein? Was berechtigt Sie, hier die Leute zu verunsichern? Selbstverständlich bin ich Soldat! Selbstverständlich habe ich meine Uniform abgeworfen. Selbstverständlich habe ich mir diese abgerissene Zivilkleidung besorgt. Wissen Sie nicht, dass Frankfurt eingekesselt ist und hier jede Verteidigung nutzlos? Wir haben Befehl, die Uniform wegzuwerfen und uns in Zivil durch die feindlichen Linien zu den deutschen Truppen unerkannt durchzuschlagen, um wieder zur Verteidigung des Vaterlandes zur Verfügung zu stehen. Und Sie zersetzen durch Ihre überflüssigen Fragen bei den Leuten die moralische Wehrkraft! Ich werde Sie anzeigen!» – Er wurde kleinlaut und entschuldigte sich, das habe er nicht gewusst. Ich fuhr ihn an: «Nicht gewusst? Sie als Ortsgruppenleiter sollten so etwas aber wissen! Ich will von der Anzeige absehen, wenn Sie mir sagen, in welcher Richtung ich mich durchschlagen kann, um möglichst bald wieder deutsche Truppen östlich von Frankfurt zu erreichen.»

Unter vielen Entschuldigungen wies er mir die entsprechende Richtung mit einigermaßen genauer Wegbeschreibung, worauf ich ihm kurz und knapp antwortete: «Danke! Heil Hitler» – Auch er hob die Hand zum deutschen Gruß und verabschiedete mich mit einem erleichterten «Heil Hitler!»

Was nun tun? Eines wusste ich: die entgegengesetzte der angegebenen Richtung war die richtige. So durchstreifte ich weiter ratlos die Stadt, vor dem Artilleriebeschuss möglichst nahe an den Häuserwänden Schutz suchend, bis ich einen Hochbunker fand, in dem ich mich in eine der dunkelsten Ecken setzte. Nach langen Stunden wurde ich von wohlwollenden Leuten dezent darauf hingewiesen, dass man mich beobachte und dass ich vorsichtig sein solle. Auch hier war also meines Bleibens nicht.

Der folgende Tag war der Gründonnerstag, der 29. März. Ich suchte die nächstgelegene katholische Kirche auf, nahm an der Messfeier teil. Am Ende des Gottesdienstes trat ich an einen mir vertrauenswürdig erscheinenden Mann heran, schilderte ihm kurz und bündig meine Lage, sagte ihm, dass ich aus Münster stamme, der Bischofsstadt des Clemens August Graf von Galen, des damals bei allen Katholiken Deutschlands bekannten Predigers gegen Euthanasie und Klosterenteignungen, und fragte den Unbekannten, ob er bereit sei, mich bis zur Besetzung der Stadt durch die Amerikaner bei sich in der Wohnung zu verstecken. Der Mann war sofort bereit, bat mich jedoch, ihm in unverdächtigem Abstand unauffällig zu folgen. Er habe früher Juden, die zum Abtransport durch die Stadt geführt worden seien, Lebensmittel zugesteckt und sei deswegen beinahe ins KZ gekommen. Er möchte nicht noch einmal in ähnliche Verlegenheit geraten. Ich entsprach seinem Wunsch und wurde von ihm und seiner Frau herzlich aufgenommen.

Die Besetzung Frankfurts ging dann schnell und kampflos vonstatten. Noch am selben oder am folgenden Tag zogen die amerikanischen Truppen ein, und am Tag darauf half ich dem hilfreichen Ehepaar den Bollerwagen ziehen nach freigegebener Plünderung eines militärischen Lebensmittellagers. Schon am 31. März nahm ich Abschied von den Eheleuten Gräff, die mir Proviant mitgaben, ihn in einen Pappkarton verschnürten, den ich an Bindfäden über die Schulter trug, ein kleines grünes Lackköfferchen, das die Wirren der Flucht überstanden hatte, an der Hand. Außerdem war die alte

Stalljacke gegen einen mir allerdings viel zu weiten dunkelblauen Rock – wie man das damals nannte – eingetauscht worden. Die frommen Leute gaben mir außerdem noch ein Fläschchen Lourdes-Wasser mit als Schutz gegen alle Gefahren auf dem Heimweg, den ich nun zu Fuß antreten wollte.

Die Stationen meiner dreiwöchigen Wanderung in die Heimat habe ich nach meiner Heimkehr aufgezeichnet, diese Notizen jedoch später leider irgendwann weggeworfen. So bin ich bei der Schilderung meiner Heimreise auf die fragmentarisch erhalten gebliebenen Erinnerungen angewiesen. Am Abend des ersten Wandertages fand ich Unterkommen bei der Fürsorgerin Fink in Hattersheim. Von ihr gibt es noch ein Foto in einem meiner alten Alben. Sie schenkte mir eine allerdings viel zu kurze graue Hose aus dem Nachlass eines verstorbenen Konrektors, so dass ich nun in ordentlicher, wenn auch nicht gerade maßgerechter Kleidung meinen Weg fortsetzen konnte: in einer viel zu weiten, schlotternden, aber guterhaltenen dunkelblauen Jacke und einer hellgrauen Hose mit «Hochwasser». Auch nagelneue Halbschuhe gab sie mir mit, damit ich mich der Arbeitsdienstschuhe entledigen konnte, aber obwohl diese braunen Halbschuhe passten und gut aussahen, lief ich mir doch bald Blasen darin und musste wieder die bewährten Marschierschuhe des Arbeitsdienstes tragen.

Heimreise zu Fuß über Wiesbaden, Mainz und Rüdesheim

Ich hatte mich entschlossen, meinen Heimweg am Rhein entlang zu nehmen, zumal damals noch das Gebiet nördlich von Frankfurt in deutscher Hand war. So kam ich durch Wiesbaden und übernachtete am zweiten Abend in einem Vorort von Mainz. Die freundlichen Gastgeber sind mir nicht in Erinnerung geblieben. Der Weg führte weiter an Eltville vorbei über Rüdesheim und Assmannshausen. Ich habe den Rhein erlebt wie etwa die Romantiker, als sie ihn erwanderten und besangen. Kein Schiff fuhr, keine Bahn, kein Auto. Nur amerikanische Kriegsfahrzeuge und Militärtransporte belebten hin und wieder die Straßen; dann war wieder alles still, und der Rhein floss lautlos und ruhig zwischen den Bergen dahin. Meine Wanderung wurde andauernd von gutem Wetter begünstigt; ich erinnere mich an keinen Regentag. Aber es ging keineswegs immer glatt ab. Die erste gefährliche Situation ergab sich auf einsamer Rheinstraße kurz hinter Assmannshausen, als mir plötzlich mehrere soeben freigewordene polnische Kriegsgefangene hasserfüllt entgegentraten: «Du SS!» Meine Erwiderung, dass ich zu jung und vom Wehrdienst zurückgestellt gewesen sei, fand keinen Glauben. Sie blieben dabei: «Du SS!» und wollten mich tätlich angreifen. Was mögen diese armen Menschen von ihren SS-Peinigern zu ertragen gehabt haben. Sie machten Miene, mich zu lynchen und mich wohlmöglich in den Rhein zu werfen. Zeugen waren nirgend in der Nähe. Da rollte plötzlich ein Konvoi mit amerikanischen Negertruppen von Norden her über die Straße heran. Die Polen stellten sich an den Straßenrand und jubelten ihnen zu. Und ich stellte mich neben sie und jubelte nach Kräften mit, während die Neger ihre Mützen schwenkten, winkten und vorüberfuhren. Plötzlich waren nun meine polnischen Feinde zu Freunden geworden; sie schüttelten mir die Hand, offensichtlich davon überzeugt, dass ich kein SS-Mann sein könne, da ich den Negertruppen zusammen mit ihnen zugejubelt hatte. Ich bot ihnen von meinen Zigaretten an, die ich bei der Frankfurter Depotplünderung mitgenommen hatte; sie aber lehnten bescheiden ab in der Meinung, es seien meine letzten. Erst als ich ihnen versicherte, dass sich im Karton auf meinem Rücken noch gute Vorräte befänden, griffen sie dankbar zu, und wir schieden wie gute Freunde.

Der Sicherheit halber wandte ich mich am Abend, wenn ich ein Nachtquartier benötigte, an den katholischen Pfarrer des jeweiligen Ortes und machte dabei die unterschiedlichsten Erfahrungen: von freundlicher, liebenswürdiger Aufnahme und herzlicher Gastfreundschaft bis zu herber, ja barscher Abweisung. Unvergesslich ist mir die Einkehr im Pfarrhaus zu Sankt Goarshausen; wenn ich nicht irre, beim Pfarrer Bernhardt. Er kümmerte sich darum, dass meine mit Blasen wundgelaufenen Füße versorgt wurden, schenkte mir ein Paar weicher heller Wollsocken und einen heiteren Plauderabend bei gutem rheinischen Wein. Dabei waren auch der Bischof Clemens August von Galen und Augustin Wibbelt, damals noch im ganzen katholischen Deutschland als Volksschriftsteller bekannt,

Gegenstand des Gespräches. Ich trug Wibbelts Briefe, die er mir bis dahin geschrieben hatte, als kostbaren Schatz bei mir und las dem Pfarrer daraus vor.

Am folgenden Morgen ging es auf wunden Füßen weiter ins Ungewisse, angewiesen auf Verständnis und Gastfreundschaft fremder Menschen; denn Hotels und Gasthöfe oder Herbergen waren damals sämtlich geschlossen, abgesehen davon, dass ich dort keine Übernachtung hätte bezahlen können.

Begegnung mit Konrad Adenauer in Rhöndorf

Meine Wanderung war nicht ganz ungefährlich, weil sich niemand gemäß Verfügung der Militärregierung von seinem Wohnort weiter als drei Kilometer entfernen durfte. Ich aber war ohne Ausweis unterwegs, konnte keinen Wohnort nachweisen und musste ständig damit rechnen, von den Amerikanern aufgegriffen und in ein Gefangenenlager gesteckt zu werden.

Nicht an jede Übernachtung und auch nicht an jede Einzelheit meiner Wanderung kann ich mich heute noch erinnern, auch nicht an jede Wegstrecke, jedoch daran, dass ich kilometerweit am Rhein entlang über die Eisenbahnschienen von Schwelle zu Schwelle gelaufen bin, um der Gefahr zu entgehen, auf der Rheinstraße außerhalb geschlossener Ortschaften von amerikanischen Streifen angehalten und mitgenommen zu werden.

Hin und wieder schloss sich mir ein Heimkehrer an, der ebenfalls der Gefangenschaft entgehen wollte, so vor dem großen Rheinknie bei Boppard. Mein Begleiter wollte den Umweg über die Straße am Rhein entlang vermeiden und schlug mir vor, stattdessen mit ihm den Richtweg durch die Weinberge direkt von Kamp-Bornhofen nach Osterspay und Spay zu nehmen. Ich warnte ihn, da ich wusste, dass die Weinberge von den Deutschen vermint worden waren, um den Vormarsch der alliierten Truppen zu gefährden und aufzuhalten. Er schlug meine Warnung in den Wind. Als ich auf der Straße am Rheinknie entlangging, hörte ich vom Berg her eine Detonation, die durch das ganze Rheintal schallte. Ob er es war, der auf eine Mine geraten ist, habe ich nie erfahren.

Als ich die Lahn erreichte, stellte sich heraus, dass die Brücke von Ober- nach Niederlahnstein von den Deutschen auf ihrem Rückzug gesprengt worden war. Für die Bevölkerung war ein Bootsdienst eingerichtet, und so gelang es mir, trotz zerstörter Brücke die Lahn zu überqueren.

Die Einzelheiten der Wanderung über Uslar, Vallendar, Neuwied und Leutesdorf bis Hönningen sind mir nicht mehr in Erinnerung. In Hönningen aber hatte ich das Pech, dass ein amerikanischer Soldat meinen Fotoapparat, die bewährte Agfa Billy-Record, die ich als Zwölfjähriger für 19,80 RM gekauft hatte und die mir immer gute Dienste getan, in der Gesäßtasche meiner grauen Hose entdeckte. Er klopfte und tastete sie ab, zog den Apparat heraus und konfiszierte ihn. Ein Protest hätte nur Schlimmeres zur Folge haben können, also fand ich mich mit dem für mich damals schmerzlichen Verlust ab. Ich war wieder einmal mit dem Schrecken davongekommen. Mir war bekannt, wie die Amerikaner im linksrheinischen Rheinwiesenlager bei Sinzig mit deutschen Gefangenen verfuhren. Sie lagen durchnässt, hungernd und frierend im Schlamm unter freiem Himmel und suchten in selbstgeschaufelten Erdlöchern Schutz vor Wind und Kälte. Viele von ihnen starben. Darüber gibt es inzwischen erschütternde Dokumentationen. Um einem solchen Schicksal möglichst zu entgehen, suchte ich nach Beschlagnahme meiner Kamera in Hönningen unverzüglich das dortige Stadtamt auf und beantragte einen Personalausweis, den man mir ohne weiteres im Vertrauen auf meine Angaben ausfertigte. Das erforderliche Passbild befand sich noch in meinen wenigen Habseligkeiten. Immerhin war ich nun in der Lage, mich jederzeit ausweisen zu können.

Die Übernachtung in einem kleinen Häuschen an der Rheinstraße zwischen Erpel und Unkel hat sich mir besonders eingeprägt. Das Häuschen selbst war wenig beschädigt, aber der Ziegenstall war den guten Leuten weggeschossen worden, als die Amerikaner von Remagen aus über den Rhein gesetzt waren; die Ziege aber hatte überlebt und war vor dem Hause angebunden. Als die Frau mich meines Weges ziehen sah, rief sie mir zu: «Jung, wo willste denn hin?» Sie hatte gleich erkannt, dass ich auf der Heimreise war. «Jung, komm herin!» rief sie. «Isch han auch so ne Jung, wie du bist, un mer wisse jarnich, wo er is.» Die Sorge dieser Frau um ihren Sohn, die Ungewissheit seines Schicksals bewogen sie dazu, ihre ganze Liebe auf mich zu übertragen. Sie und ihr Mann luden mich ein, die Nacht bei ihnen zu bleiben, und ich willigte gern ein, da es schon auf den Abend zuging. Sie hatten wenig zu geben, aber das wenige gaben sie mit einer Herzlichkeit, die ihresgleichen sucht. Wir tranken zum Abendessen und zum Frühstück Ziegenmilch und verzehrten unter vielen herzlichen Gesprächen eine einfache Mahlzeit. Als wir zur Ruhe gingen, wurde mir oben in einer Kammer, zu der eine schmale Treppe emporführte, eine große behagliche Bettstelle angewiesen, und ich versank in eine Wolke von weichen üppigen Kissen. Aber die Ziege, für die es kein anderes Unterkommen mehr gab, wurde mir an den Bettpfosten gebunden, nachdem mir vorher gesagt worden war: «Jung, aber de Zeech kömmt mit harup un wät dir an's Bett jebunge.» So traulich und urig habe ich nie wieder eine Nacht verbringen können. Am andern Morgen schied ich mit den besten Wünschen für die baldige Rückkehr des Sohnes, und die beiden Alten gaben mir ihre guten Wünsche mit auf die weitere Wanderschaft.

An diesem Tage machte ich auf meinem Wege die Bekanntschaft mit einem Ehepaar und ihren Kindern; und ich bedaure noch heute, dass ich mir ihren Namen nicht gemerkt habe. Wir begegneten uns auf der Rheinstraße und man fragte nach dem Woher und Wohin. Da hieß es plötzlich: «Ach, da kommen Sie auf Ihrem Wege ja durch Rhöndorf. Da besuchen Sie doch unsern Freund Dr. Adenauer, er wohnt am Zennigsweg; wir werden Ihnen das beschreiben. Hier geben wir Ihnen unsere Karte mit. Grüßen Sie ihn herzlich von uns, sagen Sie ihm, dass es uns allen gut geht; und er wird Sie bestimmt eine Nacht bei sich aufnehmen.» Ich hatte damals keine Ahnung, wer Dr. Adenauer war, steckte die Karte vergnügt ein, kam schon gegen Mittag in Rhöndorf an und freute mich, wieder ein Nachtquartier sicher zu haben. Da ich den alten Herrn nicht im Mittagsschlaf stören wollte, setzte ich mich etwa zwei Stunden lang auf eine Bank am Zennigsweg, nicht weit von seinem Hause und schellte dann nach 15 Uhr bei ihm an. An der Tür erschien Adenauer persönlich, fragte nach meinem Begehr, nahm Karte und Grüße kühl entgegen und wünschte mir einen guten Heimweg, ungeachtet dessen, dass ich ihn die Empfehlung seiner Freunde, mich für eine Nacht bei sich zu beherbergen, hatte wissen lassen. Enttäuscht setzte ich meinen Weg fort. Zwei kostbare Stunden hatte ich verloren.

Zweimal von den Amerikanern aufgegriffen

Als ich nach Beuel kam, stand ich vor der Entscheidung, entweder dort ein Quartier zu suchen, bis der sogenannte Ruhrkessel, der sich damals noch östlich bis Kassel ausdehnte und immer noch gegen die Alliierten verteidigt wurde, geschmolzen und zusammengeschrumpft sein würde, oder ihn zu umgehen auf einer Wanderung über das Rheinische Schiefergebirge und den Westerwald in östlicher Richtung.

Ich entschied mich für das Letzte, zumal es schwierig sein würde, ein längeres Unterkommen in Beuel zu finden. Zudem wollte ich keine Zeit verlieren und konnte, wenn der Ruhrkessel geschrumpft sein würde, jederzeit den direkten Weg nordwärts nehmen.

Unvergesslich ist mir der dann folgende Abend im Pfarrhaus zu Stieldorf geblieben. Der Pfarrer, Josef Palm, begabt mit köstlichem Humor und herzerquickender Fröhlichkeit, wusste das Gespräch so originell und amüsant zu würzen, dass wir Tränen gelacht haben. Leider sind mir Einzelheiten nicht in Erinnerung geblieben.

Am folgenden Tag wurde ich bei Oberpleis von der amerikanischen CIC aufgegriffen und einem jungen Offizier zum Verhör vorgeführt. Es stellte sich heraus, dass seine Eltern deutscher Abstammung waren und er am Erlernen der deutschen Sprache interessiert war. Zwischen ihm und mir spielten bald einige Sympathien, so dass wir ein längeres Gespräch führten, in dem er deutsch sprach und ich englisch. Er stellte mir, obwohl das eigentlich gegen die Verfügungen der amerikanischen Militärregierung verstieß, aufgrund meines Personalausweises einen Passierschein aus, der besagte, dass ich mit Wissen und Billigung der amerikanischen Militärregierung nach Hause unterwegs sei und dass man mich überall passieren lassen möge. Nach einem herzlichen Abschied machte ich mich unbesorgt auf den weiteren Weg, suchte die amerikanischen Posten und Kontrollen nun nicht mehr zu meiden, wurde auch von ihnen nach Vorweisen des Passierscheins ungehindert durchgelassen und ging wohlgemut und sicher meines Weges.

Als ich die Gegend von Siegen erreichte, war der Ruhrkessel so weit geschrumpft, dass ich nun meine Route nordwärts durch das Sauerland nehmen konnte, und zwar über Hilchenbach und Kirchhundem. Aber während man am Rhein die Straße nicht verlassen durfte, war es Deutschen im Sauerland aus militärischen Gründen nicht gestattet, sie auf längeren Strecken zu begehen. So wanderte ich auf den vom Sauerländischen Gebirgsverein gut ausgezeichneten Höhen- und Wanderwegen nordwärts und ging nur zur Übernachtung ins Tal und in die Ortschaften hinunter. Bei einer solchen Gelegenheit widerfuhr mir ein unangenehmes Missgeschick. Ich war über Schmallenberg bis auf die Höhe von Fredeburg gekommen und stieg hinunter in den Ort. Man ließ mich in die Stadt hinein; als ich sie aber nördlich Richtung Meschede wieder verlassen wollte und die Wache passierte, nahm man mir meinen von der CIC ausgestellten Passierschein ab und fuhr mich in einem Jeep zum Stadtkommandanten, der auf einer Treppe – vielleicht des Rathauses? – stand, sich den Passierschein aushändigen ließ und ihn dann konfiszierte. Nach seiner Physiognomie vermutete ich jüdische Abstammung. Er ließ mich in einen in den Berg eingetriebenen Stollen bringen, in dem verschiedene andere Leute gefangengehalten wurden, auch Frauen. Eine Bewachung verhinderte das Entkommen, und in der Nacht schliefen wir auf Strohsäcken, die an den Wänden entlang lagen. Wie lange diese Gefangenschaft dauern sollte, war niemand klar, aber es gelang mir am folgenden Morgen in einem günstigen Augenblick, als die Aufmerksamkeit der Wache abgelenkt war, zu entwischen. Da aber Fredeburg an allen Straßen, die aus dem Ort führten, von Amerikanern bewacht war, die jeden Passanten kontrollierten, schien es fast unmöglich, aus der Stadt zu entweichen.

Da kam mir der Umstand zu Hilfe, dass an dem Tage in Fredeburg Markt war, der auch von Gleidorfern besucht wurde. Als ich ein altes Mütterchen ihre schweren Markttaschen in Richtung Gleidorf schleppen sah, machte ich ihr den Vorschlag, ihr beim

Tragen zu helfen; dafür solle sie mich bei der Wache als ihren Sohn ausgeben. Die schwerste Tasche trugen wir gemeinsam. Der Trick gelang, wir konnten ungehindert passieren, und von Gleidorf aus entwich ich wieder in die Wälder, um den Höhenweg nach Norden einzuschlagen. Ich hatte inzwischen erfahren, dass man in dieser Gegend besonders unnachsichtig verfuhr, weil sich noch versprengte Einheiten der Waffen-SS in den Wäldern versteckt halten sollten. Ich bin ihnen nicht begegnet, wohl aber wiederum amerikanischen Soldaten. Ich dachte mir: Jetzt nicht ausweichen oder verstecken, sondern offensiv werden. In der Hand hielt ich blütenweißes amerikanisches Weißbrot, das ich am Wege gefunden hatte. So etwas galt damals als köstliche Delikatesse. Ich biss herzhaft hinein, ging auf die Amerikaner zu und rief ihnen entgegen, dass man mit solchem Brot den Krieg allerdings wohl gewinnen könne. Ob es denn wahr sei, dass Goebbels Rattengift genommen habe und endlich tot sei. Die Amerikaner konnten das nicht bestätigen, es amüsierte sie aber, und sie ließen mich ziehen. Dieser Vorfall ereignete sich vor Mitte April, Goebbels verübte Suizid am 1. Mai. Ich kann heute nicht mehr sagen, ob ein entsprechendes Gerücht den Grund für meine Äußerung abgegeben hat oder ob ich damals die Todesart von Goebbels vorausvermutet habe. Jedenfalls habe ich die Szene in der geschilderten Weise in Erinnerung behalten.

Ankunft in der Heimat

Nun ging es über Bödefeld und Remblinghausen nach Meschede und von dort über den Stimm-Stamm und über Hirschberg weiter nach Norden. In Meschede warnte man mich dringend, über den Stimm-Stamm zu gehen, da die Wälder vollägen mit ehemaligen russischen Kriegsgefangenen, die als Wegelagerer jedem Deutschen gefährlich wären und zudem plündernd und marodierend in der Gegend umherzögen, ringsum alles unsicher machend. Welchen Umweg aber sollte ich nehmen? Westlich über Arnsberg, östlich über Velmede und Bestwig? Ich vertraute auf mein gutes Glück und schlug den Weg über den Stimm-Stamm ein. Wie aber erschrak ich, als ich die rachedurstigen Horden dieser grausam versklavten, nunmehr freigelassenen, zur Gewalt entschlossenen Menschen vor mir sah. Sie lagerten sich ringsum im Wald. Als ich mich ihnen näherte, erhob sich ein bedrohliches Gemurmel, das zu lauten Stimmen anschwoll, und gleich einer aufgestörten Herde von zischenden und fauchenden Gänsen kamen sie auf mich zu, um handgreiflich zu werden. Ein kalter Schauder durchfuhr mich, aber auch ein rettender Gedanke. Fröhlich winkend rief ich ihnen entgegen: «Hollander, na Huis heen gaan!» und schwadronierte dann in meiner plattdeutschen Mundart unter Beimischung einiger holländischer Brocken scheinbar unbekümmert auf sie ein. Die schon zum Angriff erhobenen Arme sanken, die aggressive Anspannung der Körper erschlaffte wie nach einer erleichternden Mitteilung, die Gesichter wurden freundlich, man winkte mir kameradschaftlich zu, und ihre besten Wünsche begleiteten meinen weiteren Weg.

Von hier an ist nicht mehr viel zu berichten, aber dennoch einiges Bemerkenswerte. Auf meiner dreiwöchigen Wanderung durch den Rheingau, die Rheinlande, den Westerwald und das Sauerland habe ich jede Nacht ein gemachtes Bett vorgefunden und bin wie ein Gast aufgenommen und behandelt worden. Als ich aber in die geliebte und auf langen Wegen ersehnte Heimat kam, in mein mir vertrautes Münsterland, da gab es kein Bett mehr, das mir angeboten worden wäre. Misstrauisch verwiesen mich die Bauern in die Scheune. Zum Glück habe ich vergessen, wo und wie oft das war. Ich schätze zwei- oder höchstens dreimal. Die Orte und die Namen sind vergessen, zum Glück.

Aber es gab auch eine andere Besonderheit. Zwischen Westkirchen und Freckenhorst nahm mich ein Bauer eine Strecke auf seinem Pferdewagen mit. Er bot es von sich aus an. So bin ich denn auch ein Stückchen auf dem langen Heimweg gefahren.

Um nicht etwa noch im letzten Augenblick vor der Heimkehr von der englischen Besatzungsmacht inhaftiert und gefangengesetzt zu werden, näherte ich mich unserem damaligen Wohnort, der Stadt Warendorf, nicht auf der Landstraße, sondern auf dem alten Römerweg von Freckenhorst her, der beim Friedhof in Warendorf ausläuft. Übervorsichtig durchquerte ich die Stadt und kam dann über die Milter Straße zum Sandknapp, wo wir unsere kleine

Evakuiertenbehausung im Tovarhäuschen hatten. Während ich mich dem Sandknapp näherte, sah ich meinen um vier Jahre jüngeren Bruder, den Milchtopf in der Hand, die Milter Straße überqueren, um Milch vom Milchhändler zu holen. Aus einiger Entfernung rief ich ihn laut bei Namen. Er sah mich entgeistert an, stutzte, erschrak, ließ den Milchtopf fallen, der in Scherben auf dem Pflaster zerschellte, und begriff dann erst allmählich, dass die Erscheinung Wirklichkeit war. Man hatte mich in Regensburg vermutet und fürchtete, ich möchte dort in den Kämpfen umgekommen oder in Gefangenschaft geraten sein. Postkarten und Briefe, die ich an vielen Stationen meiner Wanderung bei den Leuten hinterlassen hatte, mit der Bitte, sie nach Wiederaufnahme der Postzustellung abzuschicken, konnten bis dahin noch nicht befördert sein. Später ist davon auch nur eine einzige Postkarte angekommen.

Am 31. März war ich von Frankfurt weggegangen, am 19. April, genau 20 Tage später, erreichte ich Warendorf.

Die erste Zeit nach der Heimkehr

Die Heimkehr hätte noch ein böses Nachspiel haben können, wenn ich auf meine Mutter gehört hätte. Wenige Tage nach meiner Ankunft in Warendorf erging von der Besatzungsmacht ein Aufruf an alle Männer. Sie hatten sich an einem bestimmten Tage auf dem Marktplatz einzufinden, um dort eine Bescheinigung in Empfang zu nehmen, die als zusätzlicher Ausweis vorgeschrieben wurde. Das Nichterscheinen war mit Strafe bedroht worden. Ich weigerte mich, dem Aufruf zu folgen, obwohl meine Mutter mich immer wieder in größter Sorge bedrängte.

Als die Warendorfer Männer zum Empfang der vorgeschriebenen Bescheinigung auf dem Marktplatz versammelt waren, hat man sie scharenweise auf Lastwagen geladen und in belgische und französische Bergwerke verfrachtet, wo sie viele Monate oder gar ein bis zwei Jahre Sklavenarbeit leisten mussten. Viele von ihnen sind krank und für ihr Leben geschädigt zurückgekehrt. Nach jenem Aufruf und Abtransport war nie wieder von dieser Bescheinigung die Rede;

Kontrollen bei denen, die sie ausgehändigt bekommen hatten, gab es meines Wissens nicht.

Am 8. Mai 1945 war der Krieg zu Ende, aber die Bedrohung im Lande durch freigewordene marodierende Kriegsgefangene hielt noch längere Zeit an. Von ihnen galten die Russen als die gefährlichsten. In den Nächten überfielen sie Bauerngehöfte, plünderten, misshandelten und erschossen, wo ihnen Widerstand entgegengesetzt wurde. In vielen Fällen wird auch Rache für schlechte Behandlung oder Missachtung während der Zeit der Versklavung eine Rolle gespielt haben; es wurde aber auch blindlings geplündert und gemordet.

Im Mai 1945 stellte ich mich dem amerikanischen Überfallkommando in Warendorf als Dolmetscher zur Verfügung. Wir fuhren in den Nächten durch die Bauerschaften, kontrollierten, kehrten auf den Höfen ein, wo man über unsere Anwesenheit froh war. Die Bauern tischten reichlich auf, und die Amerikaner spendierten Zigaretten, Kaugummi und Schokolade. Wo wir umherstreunende Russen oder Polen fanden, wurden sie festgenommen, ins Polizeigefängnis nach Warendorf gebracht, jedoch am nächsten Tag wieder freigelassen. Erst als sie in ihre Heimat zurückkehren konnten, traten allmählich Ruhe und Sicherheit wieder ein.

Aber viele Städte lagen in Trümmern; mein Elternhaus in Münster war am 12. September 1944 in Schutt und Asche gesunken; eine Rückkehr dahin gab es nicht.

Mehr als ein halbes Jahrhundert ist über all das hinweggegangen. Diejenigen, die den Krieg und das Kriegsende erlebten, werden von Jahr zu Jahr weniger, diejenigen, für die das alles Geschichte ist, werden mehr. Sind Völkerhass und Rassenhass, Ächtung und Ausgrenzung des Andersdenkenden seltener und weniger geworden, seit Hitler tot ist und sein Tausendjähriges Reich zusammenbrach? Es sieht nicht danach aus. Aber wohin sollen wir desertieren, wenn wir es nicht ändern können?

ALS EVAKUIERTER IN WARENDORF

Der Krieg war zu Ende, aber nur allmählich stellte sich ein geregeltes Leben ein. Irgendwann nahmen Bahn und Post ihren Betrieb wieder auf, und auch die Schulen konnten schließlich wieder mit ihrem Unterricht beginnen. Mein Elternhaus in Münster war nur noch ein Trümmerhaufen; in Warendorf, einem Kreisstädtchen von damals etwa 15 000 Einwohnern, lebten wir, meine Mutter, mein Bruder und ich, als Evakuierte auf zwei kleinen schrägwandigen Mansarden unter dem Dach des Tovarhäuschens am Sandknapp. Ein Raum war zugleich Küche, Wohnraum und der Schlafraum meiner Mutter, die auf der Couch nächtigen musste, der andere Schlafraum und Studierzimmer für meinen Bruder und mich.

Warendorf war von Kriegszerstörungen unbetroffen geblieben. Die biederen Bürger hatten die Zwangsbeschlagnahme von Wohnraum für Evakuierte und Ausgebombte schon während des Krieges widerwillig auf sich nehmen müssen, jetzt wehrten sie sich auch gegen die Aufnahme von Ostflüchtlingen.

Das Häuschen, in das wir eingewiesen worden waren, gehörte Oma Tovar, die als Witwe mit ihrer Tochter Maria und deren Tochter Anni dort lebte. Diese drei Personen mussten sich im Untergeschoss mit Wohnraum, einem Schlafzimmer und der Küche begnügen, nachdem sie die Räume unter dem Dach an uns und einen Herrn von Bruchhausen hatten abtreten müssen. Die einzige Toilette des Hauses befand sich im angebauten Stall. Es war ein sogenanntes Plumpsklo mit Senkgrube, die zuweilen geleert werden musste, was jedes Mal einen ätzenden Geruch verbreitete. Der Inhalt, Aal genannt, wurde dann als Dung für die Landwirtschaft abtransportiert.

Um zu dieser Latrine zu gelangen, mussten wir durch Tovars Küche, die zugleich ständiger Aufenthalts- und Wohnraum von Oma, Mutter und Kind war; denn das Wohnzimmer, die sogenannte «beste Stube», wurde herkömmlicherweise nur an Feiertagen benutzt oder wenn besonderer Besuch kam. Der Durchgang durch die Küche musste allerdings erst behördlich erzwungen werden;

denn anfangs wurde uns zugemutet, außen um das Haus herumzugehen und die Stallung mit Toilette von außen her zu betreten. Dort wurde aber abends abgeschlossen, so dass uns die Toilettenbenutzung am späten Abend und in der Nacht verwehrt war.

Tovars hielten sich ein Schweinchen, das aber so wenig zu fressen bekam, dass es stundenlang vor Hunger quiekte und unwillig gegen die Futterklappe des Holzverschlages stieß. In dieses Quieken mischte sich nicht selten das aufgeregte Gekreisch der rothaarigen Maria, die – wenn sie missgestimmt war – ihre Mutter und ihre Tochter anzuschreien pflegte. Mein Fahrrad durfte ich im Stall oder Schuppen des Tovarhäuschens nicht unterstellen. Oma Tovar begründete ihre Ablehnung: «Do kann jä jüst so guett en Mann met'n Motorrad kuemmen oder met'n Auto. Nee, nee, dat geiht nich!»

Unsere Nachbarn Schwunk, gebürtige Siegerländer, mit denen wir bald Freundschaft geschlossen hatten, gestatteten mir daraufhin, mein Fahrrad bei ihnen im Keller unterzustellen.

Oma Tovar, die gegen uns nur übelgelaunt war und sich betont unfreundlich, ja nicht selten aggressiv verhielt, war mit einem etwa fünfmarkstückgroßen eitrigen Geschwür auf der Stirn behaftet, das niemals abheilte. Sie trug es offen mit sich herum, ohne je ein Pflaster darauf zu legen. Daran knüpfte sich eine heitere Episode, aus der ersichtlich wird, dass wir trotz unserer eingeschränkten Lebensverhältnisse Humor und Frohsinn nicht verloren. Meine Mutter hatte meiner Tante nach Gladbeck von den Verdrießlichkeiten unseres Evakuiertendaseins geschrieben, und nun erwarteten wir zum ersten Mal deren Besuch. Meine Mutter holte sie vom Bahnhof in Warendorf ab; statt sie aber zu uns in das Tovarhäuschen zu führen, ging sie mit ihr zu Schwunks. Dort hatte ich mit der immer zu Späßen aufgelegten Frau Schwunk einen besonderen Auftritt vorbereitet. Meiner Tante war mitgeteilt worden, dass auf Oma Tovars Stirn ein dickes Geschwür prangte. Ich praktizierte der Frau Schwunk ein halbiertes Radieschen vor die Stirn, befestigte es mit Klebstoff und bestrich es mit einer Zahnpasta. Dann ging ich der Tante entgegen, begrüßte sie und teilte mit, dass Oma Tovar wieder besonders übelgestimmt sei. Wir schellten, bei Schwunks eingetroffen, an der Haustür. Drinnen erhob Frau Schwunk verabredungsgemäß ein fürchterliches Gezeter und Gepolter, ein Geschimpfe und Gestampfe, dass meine Tante, die wir sonst als ausgesprochen couragiert kannten, irritiert, ja entsetzt dreinblickte. Nun erhob meine Mutter, da die Haustür nicht geöffnet wurde und sich drinnen das Gezeter fortsetzte, ebenfalls ein empörtes und wütendes Rufen, mit dem sie dazu aufforderte, sofort die Tür zu öffnen. Meine Tante suchte sie zu beschwichtigen und gab ihr zu bedenken, dass sie durch ihr Verhalten alles doch nur noch schlimmer mache. «Ach was!» entgegnete meine Mutter, «da soll einer noch ruhig bleiben, dieses unverschämte Weib ...» Wieder suchte meine Tante sie zu beruhigen, da wurde die Haustür von innen aufgerissen. Frau Schwunk stand vor uns mit einem Besen in der Hand, als wolle sie damit auf uns einschlagen. Ungeachtet dessen verschaffte sich meine Mutter unter aufgeregtem Wortwechsel Zugang ins Haus. Noch standen wir unter fortwährenden gegenseitigen Beschimpfungen, als sich plötzlich mitten in diesem Streit das Radieschen von der Stirn der vermeintlichen Oma Tovar löste und herunterfiel. Verdutzt sah es meine Tante und fiel dann in unser herzliches Lachen ein.

Damals reizte es mich, angeregt durch Theo Strotmanns Verkleidungskünste, Ähnliches auch in Warendorf zu inszenieren. Als Frau Schwunk irgendwann von einer Reise zurückkam, wurde ihr unbekannter Besuch vorgestellt, der gekommen sei. Ich hatte mich als Frau verkleidet, ihren Sohn Franz als Fräulein Soundso, während im Sessel unbeweglich ein von mir ausgestopfter Mann saß. Die Verkleidungen waren so täuschend echt gemacht, dass Frau Schwunk zunächst überrascht und irritiert den fremden Besuch begrüßte, den ihr Tochter Lore vorgestellt hatte, bis sie dann aber bald ihren Sohn Franz und mich in der Verkleidung erkannte. Auch diese Szene löste Heiterkeit aus.

Als ausgesprochen evakuiertenfeindlich erwiesen sich die Nachbarn Rybayczek. Sie wollten eines Tages ein möbliertes Zimmer vermieten und hatten es annonciert. Ich verkleidete mich daraufhin als älteren einarmigen Herrn, indem ich einen Ärmel meiner Anzugjacke schlaff herabhängen ließ, wie damals Armamputierte zu tun pflegten, schellte bei Rybayczek an und mietete nach kurzer Verhandlung das Zimmer. Man erkannte mich nicht, und der möblierte Herr hat sich nie wieder gemeldet. Schwunks, die in den Scherz eingeweiht waren, hatten an solchen Schabernacks ihren Spaß, und das regte mich immer wieder zu derartigen Streichen an.

Für Kriegsteilnehmer, deren Schulausbildung durch die Einberufung zum Reichsarbeitsdienst oder zur Wehrmacht unterbrochen worden war, richtete man damals an den höheren Schulen sogenannte Förderkurse ein, die im Schnellverfahren zum Abitur führen sollten. Die Nebenfächer wurden weggelassen, für die Hauptfächer gab es zwei getrennte Kurse, einen sprachlichen und einen mathematischen. Unterricht wurde in Deutsch, Englisch, Französisch, Latein, Mathematik, im naturwissenschaftlichen Kurs auch in Chemie, Physik und Biologie erteilt.

Das Schulgebäude des Laurentianum in Warendorf war damals noch von der Besatzungsmacht beschlagnahmt, so dass der Unterricht auf verschiedene Gebäude des Städtchens verteilt werden musste. Da gab es die Baracken zwischen den beiden Emsarmen auf der Emswiese, Klassenräume in einer Volksschule in der Klosterstraße, ja sogar in der Gaststätte Buller am Emstor unterrichtete Dr. Hüppe im Französischen. Das Lehrerkollegium war zunächst wegen der noch nicht durchgeführten Entnazifizierung einigermaßen gelichtet. Der ehemalige Direktor Dr. Donnermann war als entschiedener Nationalsozialist, wie auch manche seiner Kollegen, vom Schuldienst dispensiert. Dafür führte Dr. Ernst kommissarisch die Geschäfte des Direktors. Manche Lehrer des Kollegiums waren keine Parteigenossen gewesen, so Dr. Franz Rohleder, der sich zwar im nationalsozialistischen Sinne der Brun-Warendorp-Forschung verschrieben hatte, aber sonst kein Parteigänger der Nazis gewesen war. Sein etwas trockener Geschichtsunterricht ist mir als Langweilerei in Erinnerung geblieben. Auch diesen Mann habe ich nie lachen gesehen. Wenn er hin und wieder ein gezwungenes Lächeln zuwege brachte, wirkte es eher mokant als erheiternd.

Unfreiwillig erheiterte uns dagegen Franz Beste, ein gebürtiger Sauerländer. Wir freuten uns, wenn er, was häufig geschah, von seinem Unterrichtsstoff abschweifte und sich in Erinnerungen an seine Kinder- und Jugendzeit verbreitete. Bei allen Schülern geläufig war folgende von ihm oft wiederholte Unterrichtspassage, die er in leicht polterndem Tonfall vortrug: «Als ich noch ein kleiner Junge war, da war ich nicht so unartig wie ihr. Da sagte meine Mutter zu mir: Franz, komm, komm, Buttermaschine drehen, hoho, hoho!»

Ein besonderes Original war Jans Lübbers, der gern einen Schluck aus der Flasche nahm, ein Hüne von Mann. In seinem Unterricht klopfte es zuweilen an die Tür, und der Hausmeister stand draußen. Jans ging dann jedes Mal vor die Tür und kam bald wieder herein. Man behauptete, der Hausmeister stehe dann jeweils mit der Flasche bereit, aus der Lübbers einen kräftigen Zug getan haben soll, um dann seinen Unterricht fortzusetzen. Gesehen haben wir das nie. – Jans Lübbers pflegte in seiner breiten westfälischen Aussprache nachlässigen Schülern zu sagen: «Schmeiß doch dein Schulgeld in de Ems, dann hörste't wenigstens plumpsen!»

Deutschunterricht gab damals Anton Aulke, ein aus Senden stammender, in Westfalen bekannter plattdeutscher Autor. Als Pennäler gab ich schon meine ersten öffentlichen plattdeutschen Vortragsabende, was er offensichtlich ungern sah und etwas befremdet als «Novum» bezeichnete für einen jungen Menschen in meinem Alter. In späteren Jahren, als ich nicht mehr sein Schüler war, hat er meine Rezitationsabende gelten lassen, besonders dann, als ich aus seinen Schriften vortrug. Meine deutschen Aufsätze wurden von ihm durchweg mit «gut» oder «sehr gut» bewertet, wenn er sich auch mit meiner für ihn schwer leserlichen Handschrift abquälen musste. Unter einen meiner Aufsätze schrieb er: «Die nur mit größter Mühe zu entziffernde Schrift ist eine Rücksichtslosigkeit gegenüber dem zensierenden Lehrer. Sehr gut».

Ein besonderer Fall war der «Tiger», Studienrat Diederich, den alle fürchteten wegen seiner unerbittlichen Schärfe, seines Zynismus, seiner leicht zischenden Aussprache und seiner eisgrauen, bissig dreinblickenden Augen. Er stellte unnachsichtige Anforderungen, ja überforderte uns und kannte dabei kein Pardon. Bei uns gab er Latein. Als scharfer Nazi, wenn auch nach meiner Erinnerung nicht Parteigenosse, hatte er bis zum Kriegsende ganz und gar hinter dem Führer und dessen Kriegsführung gestanden. Ich hatte seinen Unterricht mit nazistischen Hetzparolen im vorletzten Kriegsjahr erlebt. Damals hatte er in seiner bissig-fanatischen Art mit der ihm eigentümlichen heiseren Stimme in die Klasse gerufen: «Besser, die ganze deutsche Jugend geht im Felde zugrunde, als dass wir den Krieg verlieren!»

Nun gab der «Tiger» wieder Latein bei uns im Förderkursus. Unerbittlich stellte er seine Anforderungen, ohne Rücksicht darauf, dass wir durch Einberufung zu Reichsarbeitsdienst und Wehrmacht aus der Schulausbildung gerissen worden waren und nicht den Wissens- und Kenntnisstand im Lateinischen haben konnten, den er bei uns als Primanern voraussetzte und verlangte. Er triezte und schikanierte uns, er zwiebelte uns und stürzte sich wie ein Tiger auf diejenigen, die seinen unerbittlichen Anforderungen nicht entsprechen konnten. In der Klasse gärte und brodelte es bereits unterschwellig. Ich hielt unserem gewählten Klassensprecher Bernhard Dreischulte, Sohn einer alteingesessenen Warendorfer Bäckersfamilie, vor, er müsse sich dafür einsetzen, dass der Tiger seinen Unterrichtsstil und seine Überforderungen aufgebe. Dreischulte traute sich aber nicht. Der «Tiger» tobte weiter. Bei Klassenarbeiten wimmelte es von «mangelhaft» und «ungenügend». Eines Tages fuhr er die Klasse an: «Was sich hier zusammengefunden hat, das geht auf keine Kuhhaut!» Ich kochte vor Zorn, dann hob ich den Arm und meldete mich. Er fuhr mich an: «Was wollen Sie?» Ich erhob mich von meinem Platz und sprach langsam, klar und deutlich, wenn auch mit klopfendem Herzen, in die Klasse hinein, gegen ihn gerichtet: «Was sich hier zusammengefunden hat, das sind diejenigen, die von der Schule weg in den Krieg abkommandiert worden sind.» Der Tiger erbleichte; er bebte vor Wut. Dann stieß er hervor: «Erklären Sie sich näher! Was wollen Sie damit sagen?» Ich erwiderte ihm in aller Ruhe, dazu sei ich bereit, aber es sei vielleicht besser, das unter vier Augen zu erörtern. Über der Klasse lag gespanntes Schweigen. Der Tiger wurde erkennbar schlaffer. Dann forderte er mich auf: «Gut, kommen Sie nach dem Unterricht zu mir.» Der Rest der Stunde verlief einigermaßen moderat. Nach der Stunde schlug ich ihm eine Unterredung in seiner Wohnung vor. Er war dazu bereit.

Wir hatten in der Klasse einen Mitschüler mit besonderen Beziehungen zur Militärregierung. Nach meiner Erinnerung hieß er Sonneborn. Der hatte schon mehrfach angedeutet, diese Beziehungen spielen und den Tiger verschwinden und als nazistischen Scharfmacher internieren zu lassen. Auch diesmal sagte er mir: «Wenn du beim Tiger nichts erreichst, ist er fällig.» Ich bat ihn, mit seiner Denunziation noch zu warten. Der Tiger empfing mich in seiner Wohnung am Münstertor ungewöhnlich freundlich, erkennbar unsicher. Ich machte ihm unsere Situation klar, ebenso sein dieser Situation unangemessenes pädagogisches Fehlverhalten, erinnerte ihn an seine Durchhalteparolen, die er im Unterricht vor Kriegsende verkündet hatte und an die sich meine Mitschüler deutlich erinnerten: «Besser die ganze deutsche Jugend stirbt, als dass wir den Krieg verlieren», verschwieg auch nicht die Gefahr, in der er schwebte, falls er sein Verhalten nicht grundsätzlich ändere. Der harte Mann wurde kreidebleich, seine Hände zitterten. Wie dankend und bittend zugleich hob er sie empor, versprach, seine Methoden zu ändern, auf unseren Wissensstand Rücksicht zu nehmen und bat nochmals händeringend, die Intervention des – von mir namentlich nicht genannten – Mitschülers zu verhindern. Wir saßen in Clubsesseln an seinem Rauchtisch in der Wohnzimmerecke einander gegenüber. Es dauerte lange, bis sich der Tiger beruhigt hatte. Schließlich verabschiedeten wir uns in bestem Einvernehmen. Der Tiger änderte sich von diesem Tage an völlig, erteilte rücksichtsvoll und verständnisvoll einen ausgezeichneten Unterricht. Wir gaben uns Mühe, lernten viel bei ihm und hatten mit ihm nie wieder Schwierigkeiten.

Die Folge meiner Intervention war, dass die Klasse Bernhard Dreischulte abwählte. Statt seiner wurde ich zum Klassensprecher gewählt.

Inzwischen war Dr. Ernst, ein ehemaliger Parteigenosse, von seiner kommissarischen Schulleitung abgelöst und Dr. Paul Schultz zum Direktor der Schule ernannt worden. Dieser hatte einen Düsseldorfer Erlass unrichtig ausgelegt und – statt zwei Förderkurse, einen sprachlichen und einen mathematischen, einzurichten – der Wahl der Mehrheit entsprechend nur einen sprachlichen Kurs eingerichtet, der nun schon mehrere Monate bestand. Das war plötzlich in Düsseldorf aufgefallen, und nun wurde von dort die Einrichtung eines mathematischen Kurses neben dem sprachlichen Kurs angeordnet. Unsere Klasse war empört und bat mich, tätig zu werden. Vergeblich verhandelte ich mit Direktor Schultz, der sich bürokratisch an die Düsseldorfer Bestimmungen hielt. Daraufhin organisierte ich eine Unterschriftenaktion sämtlicher Eltern zugunsten des sprachlichen Förderkurses und leitete die vollständigen Listen über den Direktor an die Regierung in Düsseldorf. Die Aktion hatte Erfolg und es blieb bei der vorher irrtümlich von Schultz genehmigten Einrichtung.

In den Baracken auf der Emswiese gab es damals keine Schulschelle. Der Unterricht musste nach der Armbanduhr begonnen und beendet werden. Damals unterrichtete bei uns ein aus dem Osten geflohener oder vertriebener Studienrat Schaffenroth, dem wir wegen seines wunderlichen Aussehens und noch verwunderlicheren Auftretens unter Anwendung der Metathesis den Spitznamen «Affenschroth» anhängten. Wie sich herumsprach, hatte er bei seiner Flucht nur mitnehmen können, was er auf dem Leibe trug, nicht einmal seine Examenspapiere, worauf wir uns wegen seines merkwürdigen Unterrichts die Vermutung zutuschelten, dass er solche vielleicht nie besessen habe. Affenschroth verfügte auch nicht über eine Uhr und bat mich als Klassensprecher, ihm jeweils ein Zeichen zu geben, wenn die Unterrichtsstunde zu beenden sei. Sein langweiliger Unterricht veranlasste mich dazu, ihm jeweils schon einige Minuten vor der festgesetzten Zeit ein Zeichen zu geben. Ich hob dann jeweils die Hand und sagte gleichzeitig laut und vernehmlich in die Klasse hinein: «Herr Studienrat, ich glaube ...», worauf er den Unterricht beendete. Mit der Zeit brauchte ich nur die Hand zu heben, worauf dann die Klasse unisono einfiel: «Herr Studienrat, ich glaube ...» Und Affenschroth brach seine Langweilerei ab.

In die Warendorfer Evakuiertenzeit fällt auch mein erstes fürchterliches Besäufnis. Das war vermutlich noch vor Wiederaufnahme des Unterrichts.

Eines Tages traf ich im Städtchen meinen ehemaligen Mitschüler aus Münster, Horst Reidenbach, der auch mit mir als Luftwaffenhelfer in der Flakbatterie gewesen war. Er wohnte gegenüber dem Bahnhof und hatte Beziehungen zu Schwarzbrennern, die den üblen berüchtigten «Balkenbrand» herstellten. Alkoholika gab es damals noch nicht, man musste sie unter der Hand besorgen. Reidenbach lud mich auf einen Abend zu sich ein. Es war noch zur Zeit der Sperrstunde, als sich kein Bürger mehr nach 22 oder 23 Uhr auf der Straße blicken lassen durfte. Ich fuhr mit dem Fahrrad zu Horst und war neugierig auf seinen «Balkenbrand», ohne zu ahnen, welche verheerende Wirkung dieses hochprozentige Gesöff hatte, besonders auf jemand, der seiner ungewohnt war. Als ich schließlich mein Fahrrad bestieg, um nach Hause zu fahren, merkte ich plötzlich, wie verändert alles war. Ich bestieg es auf der einen Seite und fiel sofort auf der andern Seite wieder herunter. Schließlich gelang mir der Start unter dem Gelächter Reidenbachs, der als balkenbranderfahrener Alkoholkonsument gegen dieses Teufelszeug ziemlich trinkfest war. Als ich – die Sperrstunde war überschritten – durch die Freckenhorster Straße fuhr, kam mir ein Auto mit vier Scheinwerfern entgegen, je zwei übereinander; darüber wunderte ich mich.

Zwischen den beiden Emsbrücken sprang mir die Kette vom Zahnrad. Wie lange ich montiert habe, bis sie wieder funktionsfähig war, kann ich nicht angeben. Als ich zu Hause angekommen war, sah ich meine Mutter doppelt im Bett liegen. Da ich unter Alkoholeinfluss meist heiter gestimmt bin, hielt ich ihr vor, das gehöre sich aber nicht, dass sie gleich zweimal im Bett liege. – Am andern Tag war mir hundeelend, und auf dem kurzen Weg zu meinem Freund Helmut Seipel musste ich zweimal oder dreimal den Magen in die Hecke entleeren.

Übrigens bin ich als Kind schon einmal angetrunken gewesen, ohne dazu selbst Veranlassung gegeben zu haben. Damals war meine Tante Tine, die als Fürsorgerin immer zu wissen glaubte, was gesundheitlich guttat, der Ansicht, der Junge müsse gekräftigt werden, und dazu eigne sich am besten ein Glas Pepsinwein am Abend, der mir denn auch verabreicht wurde, als die Fürsorgerin Rosa Messing bei uns zu Besuch war. Sie teilte offenbar die Gesundheitsauffassung ihrer Kollegin, meiner gönnerhaften Tante. Der Pepsinwein mundete mir ausgezeichnet, so dass ich zur Kräftigung noch ein zweites, vielleicht ein drittes Glas verlangte. Dabei wurde ich immer heiterer gestimmt, bis ich vergnügt feststellte: «Es ist hier alles so anders. Ich finde es hier so lustig!» Da fiel es den fürsorglichen Damen wie Schuppen von den Augen, und zu meiner Überraschung kam unvermittelt die Verfügung: «Nun aber schnell ins Bett mit dem Jungen!»

IRRWEGE

Die christliche Lehre von der Willensfreiheit, auf die sich die These von Schuld und Sünde gründet, ist von den klarsten und schärfsten Denkern widerlegt worden, aber auch von der empirisch-wissenschaftlichen Astrologie, die wie die moderne Physik zu dem Ergebnis gekommen ist, «dass wir untrennbare Teile des Kosmos sind, in den wir eingebettet sind», wie Fritjof Capra es treffend formuliert hat.

Dass es sich bei der Lehre von der Willensfreiheit um eine Irrlehre handelt, habe ich oft in meinem Leben bestätigt gefunden, vor allem aber, was meinen eigenen Lebensweg betrifft. Immer wieder bin ich vom Schicksal daran gehindert worden, die mir selbst gesteckten Ziele zu erreichen, auch wenn es mir damals in Warendorf so scheinen wollte, als sei mit Gottvertrauen, begleitet von frommen und gläubigen Gebeten, ein klarer und sicherer Lebensweg zu beschreiten. Ich stand noch fest und unerschütterlich im Glauben an die sogenannten Wahrheiten der Katholischen Kirche und beantwortete sie innerlich mit einem entschiedenen und uneingeschränkten Ja.

So waren es auch religiöse Gewissensverpflichtungen, die mich in falscher Weichenstellung auf jenen Irrweg führten, der den äußeren Verlauf meines späteren Lebens bestimmen sollte.

Mein Vater war in Burgsteinfurt wegen seiner Zugehörigkeit zur Nazi-Partei als Studienrat vom Dienst suspendiert worden und zwar ohne Dienstbezüge. Er hatte seine Wohnung, die von der britischen Besatzungsmacht beschlagnahmt worden war, räumen müssen und eine Wohnung im Obergeschoss des Hauses mit den zwei Löwen am Markt bezogen, wo er mit seiner Haushälterin, Margret Kriener, wohnte. Unten im Haus befand sich damals das Haushaltswarengeschäft Lammering; dem kinderlosen Ehepaar Lammering gehörte das Haus.

Mein Vater musste befürchten, als ehemaliger Nationalsozialist und «alter Kämpfer», d. h. NSDAP-Parteimitglied vor 1933, interniert und in das für Nationalsozialisten eingerichtete Lager in Recklinghausen gesteckt zu werden, in dem übrigens damals auch der bekannte Publizist und Rezitator Dr. Friedrich Castelle gefangengehalten wurde.

Für mich als Sohn ergab sich daraus die selbstverständliche ethische Verpflichtung, nach Möglichkeit für meinen Vater einzutreten und zunächst bei der katholischen Geistlichkeit in Burgsteinfurt um Fürsprache für ihn einzukommen. Er selbst hatte dergleichen schon versucht bei dem damaligen Dompropst Echelmeyer in Münster, einem ehemaligen Kollegen von ihm am Knickenbergschen Institut in Telgte, und bei seinem früheren Konabiturienten, Pfarrer Vornefeld von St. Erpho in Münster, hatte aber von den Herren die Erklärung erhalten, dass sie keine Einflussmöglichkeit sähen. Ich versuchte es nun über den in Burgsteinfurt tätigen Kaplan Konermann, der aus Warendorf stammte und mit dessen gütig-schlichter Mutter wir in freundschaftlicher Beziehung standen. Meine Intervention stieß jedoch bei dem Sohn, einem ausgesprochenen Fanatiker, auf offene Ablehnung, und auch der damals noch in Burgsteinfurt residierende katholische Pfarrer Hammerschmidt, unter dem ich 1936 zur Erstkommunion gegangen war, zeigte sich zu keiner Vermittlung bereit. Dass damals zu gleicher Zeit prominente Nazi-Verbrecher von Bischof Dr. Aloys Hudal, Rektor der Santa Maria dell'Anima in Rom, mit Wissen des Vatikans auf dem später so genannten «Rattenpfad» über Rom nach Argentinien und in andere südamerikanische katholische Länder ausgeschleust wurden, konnte ich weder wissen noch ahnen. Ich erfuhr es erst Jahrzehnte später.

Nun konvertierte mein Vater, der unter Hitler aus der katholischen Kirche ausgetreten war, zur evangelischen Kirche und erhielt Sukkurs durch die Geistlichkeit der reformierten Kirchengemeinde in Burgsteinfurt, für die übrigens der «Heidelberger Katechismus» maßgeblich ist.

Damals bin ich häufig mit dem Fahrrad von Warendorf über Münster nach Burgsteinfurt gefahren, um den Vater, der ein elendes Hungerdasein führen musste, mit den nötigsten Lebensmitteln zu versorgen und ihm seelisch beizustehen. Dabei erhoffte ich mir eine mögliche Versöhnung oder doch freundliche Annäherung meiner Eltern, allerdings auch die eventuelle Rückkehr meines Vaters zur Katholischen Kirche, was dann nach dem feindseligen Verhalten des Kaplans Konermann bald aussichtslos erschien.

Übrigens waren meine Fahrradfahrten nicht ungefährlich; denn es kam immer wieder vor, dass Radfahrer auf unbelebten oder einsamen Strecken von marodierenden ehemaligen Kriegsgefangenen überfallen und beraubt, hin und wieder auch ermordet wurden. Als Scheinwaffe hatte ich mir deshalb einen ausgedienten Fahrraddynamo eingesteckt, um ihn in einem möglichen Gefahrenmoment wie einen Revolver hervorzuziehen und auf etwaige Angreifer zu richten. Zusätzlich befestigte ich, um unbehelligt zu bleiben, an der rechten Lenkstange meines Fahrrads ein weißes Pappschild mit der Aufschrift «Military Government», wie es zivilpolizeiliche Hilfskräfte mit sich führten. Eine deutsche Polizei gab es damals noch nicht wieder. Trotz dieses Schildes versuchten mich eines Tages auf der Radfahrt von Warendorf nach Burgsteinfurt zwischen Telgte und Handorf zwei Russen anzuhalten, indem sie sich mir in den Weg stellten. Ich zog augenblicklich meinen Dynamo aus der Tasche und richtete diesen, ihn wie einen Revolver haltend, auf sie. Sofort sprangen sie erschrocken zur Seite und verschwanden im Gebüsch.

Meine Besuche beim Vater waren der Schwester meiner Mutter nicht nur wegen der Gefährdung, der ich mich damit aussetzte, ein Dorn im Auge, sondern vor allem, weil sie einen tiefen Hass gegen ihn hegte. Sie vermochte meine Mutter dahin zu bestimmen, mir diese Besuche ganz zu verbieten, hauptsächlich mit der Begründung, ich würde durch den kirchenabtrünnigen Mann negativ beeinflusst, und zwar sowohl religiös als auch moralisch; denn dieser hatte nach der Scheidung von meiner Mutter wieder geheiratet und war somit exkommuniziert, d. h. von der Katholischen Kirche ausgeschlossen worden. Jene während des Krieges auf der Veste Coburg standesamtlich geschlossene Ehe war allerdings schon nach kurzer Zeit gescheitert. Die Frau, eine Dr. Hildegard Behr, war Rasseforscherin am Thüringischen Landesamt für Rassekunde gewesen.

Das Verbot der Besuche beim Vater empörte mich und rief meinen Widerstand hervor. Ich war nicht bereit, Folge zu leisten und fand darin schließlich auch die Unterstützung meines geistlichen Freundes Dr. Augustin Wibbelt, der mehrfach vergeblich versucht hatte, in dem sich ständig zuspitzenden Konflikt zu vermitteln. Da sich meine Mutter diesen Auseinandersetzungen nicht mehr gewachsen fühlte, ließ sie sich vom Amtsgericht in Warendorf als Erziehungsbeistand den Studienrat Dr. Wilhelm Hüppe, meinen Französischlehrer, zur Seite stellen, der ein für meinen Vater vernichtendes Gutachten erstellte, in dem auch ich nicht besonders gut wegkam. Dieses Gutachten, das einem Pamphlet glich, brachte mich erst recht auf die Seite meines Vaters. Auch Dr. Wibbelt verurteilte es als ethisch verwerflich und bat seinen Freund und literarischen Berater, den Bearbeiter des Westfälischen Wörterbuches, Dr. Erich Nörrenberg, ein Gegengutachten abzufassen, das dem Vormundschaftsgericht zugeleitet wurde. Augustin Wibbelt selber verfasste Stellungnahmen zur Vorlage beim Vormundschaftsgericht in Warendorf und stimmte schließlich meinem Entschluss zu, zum Vater nach Burgsteinfurt überzusiedeln. Die Spannungen zwischen der Mutter und mir waren unerträglich geworden. Der ständige Unfriede und die dauernden familiären Auseinandersetzungen drohten den erfolgreichen Abschluss meiner Gymnasialstudien zu gefährden.

Ich war damals 19 Jahre alt, also noch nicht volljährig, setzte mich aber schließlich mit Hilfe von Augustin Wibbelt und Erich Nörrenberg bei Gericht gegen die Mutter und ihren Erziehungsbeistand Dr. Hüppe durch und siedelte zum Vater nach Burgsteinfurt über.

Damit begann, was ich damals weder erkennen noch ahnen konnte, ein Irrweg, der mir für das spätere Leben zum Nachteil ausschlug. Die kümmerlichen Lebensverhältnisse im unterversorgten Haushalt meines Vaters kannte ich und nahm sie entschlossen auf mich. Während wir in Warendorf schon zu Kriegszeiten gute Beziehungen zu Bauern und Köttern aufbauen und uns bei ihnen auf den sogenannten Hamsterfahrten mit zusätzlichen Lebensmitteln versorgen konnten, lebte mein Vater fast nur von den kargen Rationen seiner Lebensmittelkarten. Es gab derzeit auch keine Versorgung mit Brennstoff, da die Kohlenbergwerke von den Alliierten beschlagnahmt und zu Reparationszwecken ausgebeutet wurden. In der Burgsteinfurter Wohnung stand nur ein kleiner Behelfsofen, dessen Heizkraft selbst bei normaler Kohle- und Holzbefeuerung für die großen hohen Räume bei weitem nicht ausgereicht haben würde. So mussten wir in dem außerordentlich strengen Winter 1946/47 mit dem Bollerwagen bei klirrender Kälte in die Wälder ziehen, dort Bäume mit Axt und Säge fällen, die Stämme im Wald mühsam auf passende Länge zersägen, den mit diesen zersägten Baumstämmen beladenen Handwagen nach Hause ziehen, das gefällte

Holz dort abermals mit der Säge in spaltbare Stücke schneiden. Das frisch geschlagene hartgefrorene feuchte Holz war nur schwer im Ofen zum Flammen und Glühen zu bringen, meist schwelte und dampfte es nur und erwärmte kaum mehr als die obere flache Ofenplatte, über die wir in den kalten Winterwochen gebeugt saßen und wenigstens die Hände ein wenig zu wärmen suchten, während der Raum so kalt blieb, dass wir unseren Atem sehen konnten.

Schon in Warendorf hatte ich zusammen mit meinem Freund Seipel in den Wäldern der Remonte Kiefern gefällt, zersägt und zerhackt, aber das war ein Kinderspiel gewesen gegen die Holzbeschaffung während des erbarmungslos kalten Winters in Burgsteinfurt. Übrigens waren damals, als es nirgends Hausbrand zu kaufen gab, fast überall bestimmte Waldgebiete für die Bevölkerung zum Abholzen freigegeben.

Schlimmer noch als das Frieren und Hungern in Burgsteinfurt wirkten sich für mich die Verhältnisse aus, die ich dort auf dem Gymnasium vorfand. Obwohl man mich schon in Warendorf davor gewarnt hatte, kamen sie für mich überraschend und dämpften bald meinen jugendlichen Optimismus. Zunächst stieß ich bei den ehemaligen Kollegen meines Vaters, die als Nicht-Nationalsozialisten im Schuldienst verblieben waren, auf Distanz und kaum verhehlte Abneigung, war ich doch der Sohn ihres dispensierten Nazi-Kollegen, der viele Jahre als stellvertretender Direktor über ihnen gestanden hatte. Der bisherige Direktor, Chef Rosenthal, der kein Parteigenosse gewesen war, sich aber dem System gegenüber stets linientreu verhalten hatte, war zwar von der Schulleitung dispensiert, konnte aber als Lehrer weiter an der Schule tätig bleiben.

Anders als in Warendorf gab es in Burgsteinfurt keinen sprachlichen, sondern nur den sogenannten mathematischen Kurs, in dem ich mich wegen des andersartigen Lehrstoffes und infolgedessen erheblich differierender Anforderungen zunächst nur schwer zurechtfand, insbesondere in den naturwissenschaftlichen Fächern. Manche Lehrer – um nicht zu sagen Lehrer-Typen – kannte ich noch aus meiner Sextaner- und Quintanerzeit in Burgsteinfurt, wenn auch nicht aus ihrem Unterricht. Andere waren nicht mehr da, so etwa der überzeugte Nationalsozialist Dr. Flume, ehemals Angehöriger der SS und ein gefährlicher Scharfmacher, der sich bei den Pogromen der sogenannten Reichskristallnacht aktiv beim Zertrümmern jüdischer Geschäfte und Wohnungen sowie bei der Brandstiftung in der jüdischen Synagoge eingesetzt haben soll. Er war als politisch gefährlich gefürchtet und befand sich nach meiner Erinnerung nun im Internierungslager für Nazis in Recklinghausen. – Auch mein früherer Klassenlehrer aus der Sexta und Quinta, Dr. Koller, war nicht mehr im Lehrerkollegium. Wenn mich mein Gedächtnis nicht täuscht, war er im Krieg gefallen. Dagegen unterrichtete nach wie vor in Mathematik Dr. Köther, nomen est omen, und darum war sein Name zugleich sein Spitzname. Er war als scharf und bissig gefürchtet, wenn auch bei weitem nicht so wie der «Tiger» in Warendorf. Er ging auf eine subtile, ironische bissige Art vor. Köther war kein Parteigenosse gewesen, einer der wenigen Katholiken im Kollegium, darum – und wohl nicht nur darum – hegten er und mein Vater gegeneinander ausgesprochene Antipathien, und diese übertrug Dr. Köther offensichtlich nun auf mich, was nicht zur Förderung meiner Leistungen und Zensuren in Mathematik beitrug.

Dann gab es da immer noch den ernsten, seinen Stoff sachlich-trocken vermittelnden Dr. Neumann, der bei uns Latein gab. Er war stark kurzsichtig und trug eine Brille mit derartig dicken Gläsern, dass man seine Augen kaum erkennen konnte; dazu sprach er, obwohl deutlich artikulierend, ständig in leicht murmelndem Tonfall, was ihm den Spitznamen «Mummel» eingebracht hatte. Sein korrekter, systematisch durchdachter Unterricht war jedoch nicht geeignet, seine Schüler für den Stoff zu erwärmen. Sie entsprachen seinen Anforderungen nur, um mit guten oder auch ausreichenden Noten zu bestehen.

Eine einzige Katastrophe war und blieb durch die Jahrzehnte seiner Lehrtätigkeit hindurch Dr. Paul Siebel, von uns «Päule» oder «Päule Siebel» genannt. Er gab bei uns Französisch und Englisch, war aber absolut unfähig, seinen Stoff adäquat zu vermitteln, schon deshalb, weil er außerstande war, in der Klasse Ruhe und Aufmerksamkeit durchzusetzen. In seinen Stunden rief oder schrie oder redete alles durcheinander. Jeder verließ seinen Platz, wie es ihm passte, und «Päule» machte nicht den geringsten Versuch, das alles abzustellen, sondern unterrichtete unbekümmert darum gegen

Lärm und allgemeines lautes Gelächter an, ständig schwadronierend und ununterbrochen dozierend, egal, was um ihn her vorging. So war er auch unfähig, Leistungen durchzusetzen, und es ist nicht nur zu verwundern, sondern muss geradezu als Skandal bezeichnet werden, dass man einen solchen Mann jahrzehntelang im Lehramt belassen hat. Das ganze Städtchen wusste von diesen Missständen, alle lachten darüber, aber niemand unternahm etwas. Dabei war «Päule» eigentlich gutmütig und lächelte meist hilflos in die Klasse, wobei seine kostbaren Goldzähne sichtbar wurden. Er konnte aber auch boshaft werden und die lautesten Randalierer mit ungenügenden Noten unnachsichtig bestrafen, obwohl deren Leistungen nicht schlechter waren als die ihrer Mitschüler.

Hilflos wirkte auch Studienrat Bindernagel, der als kommissarischer Schulleiter fungierte und ständig den Eindruck machte, als möchte er vor Verlegenheit am liebsten in das nächste Mauseloch kriechen.

Den Deutschunterricht gab Dr. Karl Hoß, damals noch Studienassessor, später Schuldezernent und Beigeordneter der Stadt Münster, ein junger engagierter Mann, der uns zuweilen die Philosophie des Katholiken Josef Pieper nahzubringen suchte. Meine deutschen Aufsätze wurden von ihm durchgängig mit «gut» oder «sehr gut» bewertet; ich erinnere mich an einen Aufsatz über Conrad Ferdinand Meyers Novelle «Die Versuchung des Pescara», den ich am Küchentisch auf beengter Tischfläche bei Eiseskälte und störendem Küchengeklapper hatte schreiben müssen, der aber nach dem Urteil von Hoß besonders gut gelungen war.

Damals gab es noch die aus dem Marshall-Plan finanzierte sogenannte Schulspeisung, die meinem Vater, seiner Haushälterin und mir über den ärgsten Hunger hinweghalf. Aus zwei großen Gulaschkanonen, die auf den Schulhof fuhren, wurden in der Zehnuhrpause die Portionen an Schüler und Lehrer verteilt. Einer der beiden Kessel enthielt eine Art Kakaobrühe, der andere Maissuppe. Der Weg von der Schule zu unserer Wohnung beanspruchte nur zwei bis drei Minuten, so dass ich in der Pause nach Hause eilen und einen zwei Liter fassenden Emailletopf holen konnte, um ihn bis zum Rand füllen zu lassen. Dann eilte ich damit nach Hause, um dort mit Vater und Margret Kriener die Suppe – oft das einzige

Frühstück – heißhungrig zu verspeisen. Obwohl wir diese Suppe mit der Zeit leid wurden und sie uns zuwider geworden war, waren wir doch froh, damit wenigstens den ärgsten Hunger stillen zu können.

Das Abitur rückte heran, die schriftlichen Arbeiten waren geschrieben, die mündliche Prüfung folgte. Als sie beendet war, wurde ich von Bindernagel beiseite genommen, der mir – sich verlegen windend – mit bedauernder Miene mitteilte, dass ich als einziger die Prüfung nicht bestanden hatte. Das kam für mich wie aus heiterem Himmel. Der Schock, der mich traf, ist nicht zu beschreiben. Er hinterließ ein bleibendes Trauma und als Nebenprodukt eine unüberwindliche Prüfungsscheu. Als ich wie gelähmt nach Hause kam, stand dort ein großer Blumenstrauß für mich, als Glückwunsch gedacht zum bestandenen Abitur.

Ich war nicht nur enttäuscht und verletzt, ich war auch erzürnt und schrieb flammende Protestbriefe mit Freiligrath-Zitaten nach Vorhelm an Wibbelt und Nörrenberg. Mir war klar, dass vor allem mein Vater getroffen werden sollte, zumal der Religionslehrer, Kaplan Konermann, dabei erkennbar seinen Einfluss geltend gemacht hatte.

Nun musste ich den folgenden Sonderkurs besuchen, um mich dann ein Vierteljahr später wieder der Prüfung zu stellen, um das Abitur nachzumachen; eigentlich nichts als eine Farce.

Zu dieser Zeit gab den Englischunterricht Dr. Rübel, ein kleiner, unscheinbar gewachsener, mit einer leichten Gehbehinderung behafteter Mann, der eher einem Gnom glich als einem Gymnasiallehrer und an Körpergröße, wenn er vor den ersten Bänken der Klasse stand, kaum die Köpfe der vor ihm sitzenden Schüler überragte. Er war Ostflüchtling und erst vor kurzem als Lehrer an das Arnoldinum gekommen. Rübel sprach nur leise, so dass man genau hinhören musste, aber von dem, was er sagte und wie er es sagte, ließen wir uns nichts entgehen. Dieser Mann verfügte nicht nur über fundierte Sprach- und Literaturkenntnisse, auch über ein umfassendes Wissen und ein hohes Maß an Humanität; er wusste den Lehrstoff – und mehr als diesen – pädagogisch geschickt, dabei packend und dazu erkennbar wohlwollend und freundlich-konziliant zu vermitteln. Sein Unterricht zu Shakespeare, Milton und anderen englischen Autoren bleibt mir unvergesslich.

Inzwischen war es – veranlasst durch Margret Kriener – zum Zerwürfnis zwischen meinem Vater und mir gekommen, so dass ich seine Wohnung verließ und bis zum Wiederholungsabitur im Hause des geistlichen Studienrats Heitmann aufgenommen wurde, den ich vom Warendorfer Gymnasium her kannte. Dr. Heitmann, ein betont frommer, aber auch grundgütiger Mann, lebte inzwischen im Ruhestand in Burgsteinfurt zusammen mit seiner Schwester und seinen Nichten. Bevor ich zu ihm übersiedelte, bei dem ich auch zum Mittagstisch geladen war, aß ich – um der Kriener auszuweichen – mittags meist in einem Gasthof gegenüber dem Gymnasium in der Wasserstraße. In diesem Gasthof hatte auch Dr. Rübel seinen Mittagstisch; er forderte mich auf, mit ihm gemeinsam zu essen, was ich dankbar als besondere Bevorzugung annahm. Die Gespräche mit ihm bedeuteten für mich eine Bereicherung sowohl in menschlicher als auch fachlicher Hinsicht. Auch hier wusste er mir völlig unaufdringlich in vielen interessanten Gesprächen den Geist englischer und auch deutscher Dichtung zu erschließen. Dieser persönliche Kontakt zu Dr. Rübel und meine Hochschätzung seiner Persönlichkeit weckten erkennbar die Eifersucht meines Vaters und wirkten sich infolgedessen ungünstig auf das ohnehin gespannte Verhältnis aus.

In die Burgsteinfurter Zeit fällt einer der großen Verluste, die ich im Leben hinzunehmen hatte: am 14. September 1947 starb Augustin Wibbelt nach längerer Alterskrankheit, fünf Tage vor seinem 85. Geburtstag. Ein großer, zuverlässiger Freund war für immer dahingegangen.

Erich Nörrenberg benachrichtigte mich durch ein Telegramm, und ich fuhr sofort nach Vorhelm und blieb dort bis zum Tag der Beerdigung. Viele Stunden habe ich an jenem heißen Septembertag am Sterbebett des Freundes zugebracht und mir das Antlitz des Toten, das von der Würde und Weihe des Todes gezeichnet war, einzuprägen gesucht. Wie Nörrenberg später zutreffend schrieb, hatten die Gesichtszüge eine seltsame Ähnlichkeit mit denen des Erasmus von Rotterdam. Nachdem der Verstorbene dann in den Sarg gebettet war, habe ich diesen mit drei anderen Männern in die nahe Kapelle des Hofes, in der Wibbelt bis zu seiner letzten schweren Krankheit täglich zelebriert hatte, zur Aufbahrung hinübergetragen. Von meiner Absicht, die Nacht hindurch am offenen Sarg die Totenwache zu halten, wurde ich schließlich nach intensivem Zureden seiner Schwester, der gütigen klugen «Tante Hanna», abgehalten.

Nach Wibbelts Tod schlossen sich Erich Nörrenberg und ich in enger und herzlicher Freundschaft einander an. Beide, Wibbelt und Nörrenberg, gehören zu den wertvollsten und vornehmsten, innerlich adligsten und zugleich schlichtesten Menschen, die ich kennenlernen und denen ich nahestehen durfte.

Am 13. Dezember 1947 absolvierte ich das Wiederholungs-Abitur und verließ Burgsteinfurt, um nach Vorhelm zu ziehen, wo mich Erich Nörrenberg für ein halbes Jahr, bis zu seinem Umzug nach Münster, bei sich aufnahm. Er wohnte in der dortigen Vikarie und arbeitete in einem großen Raum des Adelssitzes Haus Vorhelm am Archiv des Westfälischen Wörterbuches, das durch Wibbelts Vermittlung im Kriege nach Vorhelm zum Grafen Droste zu Vischering ausgelagert und dadurch vor der Kriegszerstörung gerettet worden war. Als dieses Archiv wieder nach Münster zurückkehren konnte, verließ auch Erich Nörrenberg Vorhelm, so dass für mich wieder die Wohnungsfrage akut wurde. Der freundliche Pfarrer Aloys Dönnebrink in Vorhelm überließ mir ein möbliertes Mansardenzimmer unter dem Dach seines Pfarrhauses mit Blick auf den parkartigen Garten vor dem Hause, das ich allerdings nur ein halbes Jahr bewohnen konnte, da es nicht heizbar war.

Als Nörrenberg nach Münster umzog, hinterließ er mir zur Verwaltung das von ihm und Wibbelt so genannte «Wibbelt-Schränkchen» mit seinem Inhalt, einem Teil des handschriftlichen Nachlasses von Augustin Wibbelt. Dieses niedrige dunkle Schränkchen aus Nörrenbergschem Familienbesitz in Iserlohn mit seiner säulengeschmückten Tür, zu dem ein mit Widderhörnern schwungvoll verschnörkelter Schlüssel den Zugang öffnet, das später mein Eigentum werden sollte, ist mir bis heute ein kostbares Vermächtnis geblieben.

Da ich damals wegen des Numerus clausus, den die Universitäten sogleich nach Wiederaufnahme ihres Lehrbetriebs eingeführt hatten, noch auf einen Studienplatz warten musste, war ich vorübergehend durch Vermittlung Nörrenbergs in der Geschäftsstelle des Westfälischen Heimatbundes in Münster als Hilfskraft tätig geworden, dessen Geschäftsführer Dr. Wilhelm Schulte-Ahlen war. Der Aufgabenbereich, den er und sein Nachgeordneter, Wilhelm

Brockpähler, mir zuwiesen, entsprach in keiner Weise meinen Vorstellungen und ließ mir Geschäftsstelle und Organisation des Westfälischen Heimatbundes als eine ziemlich rückständige und verstaubte Angelegenheit erscheinen. Vor allem störte es mich, dass man meine Anwesenheit und das Absitzen der Bürostunden auch dann von mir verlangte, wenn es nicht das Geringste mehr für mich zu tun gab und ich nur noch tatenlos hätte herumsitzen können. Ich verließ dann jeweils die Geschäftsstelle und fuhr mit der Bahn nach Vorhelm zurück, was mir freilich äußerst übel vermerkt wurde.

So blieb ich auch an meinem 21. Geburtstag, dem Tag meiner Volljährigkeit, dem Westfälischen Heimatbund fern, ja kündigte dies tags zuvor ausdrücklich an, was bei den Damen der Geschäftsstelle sowohl Heiterkeit wie Missfallen erregte. Ich feierte den Geburtstag zusammen mit Erich Nörrenberg in seiner Wohnung in der Vikarie in Vorhelm, war es doch unter den damaligen Verhältnissen für mich ein wichtiger Tag, an dem ich die endgültige Selbstbestimmung erlangte.

Nach einiger Zeit des Verdrusses beendete ich die mir nutzlos erscheinende Tätigkeit beim Westfälischen Heimatbund in der Hoffnung auf baldige Zulassung zum Universitätsstudium. Ursprünglich wollte ich Arzt werden und also Medizin studieren; jedoch hatte mir mein Vater in seiner bestimmten und bestimmenden Art vorgehalten: «Das ist unmöglich; denn du hast keine ruhige Hand.» In der Tat zeigten meine Hände damals ein leichtes vibrierendes Zittern, vermutlich eine Folge nervlicher Überreizung aus der Kriegs- und Nachkriegszeit mit den psychischen Belastungen durch die Auseinandersetzungen mit Vater und Mutter. Jedenfalls war ich so naiv und töricht, der Aussage meines Vaters zu glauben und mich für ungeeignet zu halten, zuverlässig und verantwortlich ärztliche Manipulationen auszuführen.

So entschied ich mich für das Studium der Philologie in den Fächern Deutsch und Englisch, mit dem Ziel, später als Lehrer an einer höheren Schule tätig zu werden. Damit schlug ich, wie sich später herausstellen sollte, einen weiteren Irrweg ein oder setzte vielmehr den einmal eingeschlagenen Irrweg fort.

Zunächst musste ich, als die Herbsttage kühler wurden und der Winter bevorstand, das nicht beheizbare Dachzimmer im Pfarrhaus zu Vorhelm aufgeben und wurde wieder in die kleine Evakuiertenwohnung meiner Mutter in Warendorf aufgenommen. In dieses Interim fallen zwei wichtige Ereignisse, ein äußeres und ein inneres. Das äußere war die sogenannte Währungsreform, die den inflationären Missständen und dem überall florierenden Schwarzmarkt ein Ende setzte. Die wertlos gewordene Reichsmark wurde von der Deutschen Mark abgelöst, einer zunächst harten und zuverlässigen Währung. Von den Sparguthaben wertete man nur zehn Prozent auf, von denen aber vorerst nur der halbe Betrag verfügbar war. So blieben auf meinem Sparkassenbuch nur ein paar D-Mark übrig, mit denen fast nichts anzufangen war. Jeder Bürger aber, gleich welchen Alters, bekam damals in bar vierzig Deutsche Mark ausbezahlt, die sogenannte Kopfquote, mit der man für die erste Zeit auskommen musste. Für diesen Betrag gab es damals viel zu kaufen, und mit diesen vierzig Mark unternahmen mein Freund Helmut Seipel und ich eine Radtour auf unbestimmte Zeit. Wir fuhren zunächst in westliche Richtung, dann rheinaufwärts bis etwa auf die Höhe von Köln, danach ostwärts durch das Sauerland bis nach Ostwestfalen in die Gegend von Bad Driburg und von dort aus wieder westwärts nach Warendorf zurück. Auf dieser Fahrt besuchten wir Verwandte und Bekannte, erhielten jeweils Unterkunft für eine Nacht, auch Beköstigung, brachen am folgenden Morgen auf und steuerten unser nächstes Ziel an. Angemeldet hatten wir uns nirgends, wurden aber überall freundlich und gastfrei aufgenommen. Wie viel von unseren 40,- DM nach der Heimkehr nach Warendorf noch übrig geblieben war, weiß ich heute nicht mehr zu sagen.

Das innere Ereignis war eine weltanschauliche Weichenstellung, der Beginn eines gleichsam evolutionären geistigen Vorgangs, dessen Bedeutung als Beginn einer neuen Lebensrichtung und dessen Ausmaß mir damals noch nicht bewusst werden konnte. Noch war ich fest im Glauben der katholischen Kirche verankert, ja, wurde in diesem sogar noch gestärkt und vermeintlich gefestigt durch eine wichtige Begegnung, die ich auch heute noch zu den bedeutendsten menschlichen Begegnungen zähle, die mir das Leben geschenkt hat. Schon als Gymnasiast, sogar in den Tagen der mündlichen Reifeprüfung, hatte ich öffentliche Vorträge gehalten, und zwar ausschließlich aus den Werken Augustin Wibbelts, vor allem plattdeutsche

Abende, die damals überall im Münsterland beliebt waren und von den Leuten scharenweise besucht wurden. Ich habe mehrfach vor Hunderten von Menschen in überfüllten Kinosälen gesprochen; vor der Währungsreform konnte ich für mein Honorar übrigens allenfalls ein Pfund Butter auf dem Schwarzmarkt kaufen.

Diese Vortragsfahrten führten mich an den Niederrhein, in das Westmünsterland, auch in das östliche Westfalen und – wie gesagt – in viele Dörfer und Städte des Kernmünsterlandes. Eines Tages kam ich mit einem Wibbelt-Abend auch nach Borken und lernte dort zwei junge Mädchen kennen, die in der Buchhandlung Hoebink als Töchter des Inhabers tätig waren und mich auf Augustinus Winkelmann aufmerksam machten, der als Pfarrer in Marienthal bei Wesel tätig war, einem ehemaligen Augustiner-Eremiten-Kloster. Ihn müsse ich unbedingt kennenlernen, zumal er Augustin Wibbelt persönlich gekannt und mit ihm in Verbindung gestanden habe. Bald wurde von den Hoebink-Töchtern ein Wibbelt-Abend in Marienthal vermittelt und damit meine erste Begegnung mit Augustinus Winkelmann. Dieser hatte seit 1928 die alte Klosterkirche und den sie umgebenden Friedhof zu einer Stätte moderner christlicher Kunst gestaltet, indem er viele Jahre hindurch junge Künstler nach Marienthal berufen und ihnen dort Aufträge erteilt oder ihnen Auftraggeber in der Gemeinde vermittelt hatte. Von der Persönlichkeit Winkelmanns ging eine fesselnde Faszination aus, die mich bald in ihren Bann zog. Seine Führungen durch die Kirche und über den Friedhof mit seiner schlichten und dennoch rhetorisch geschliffenen und zugleich tiefsinnigen Deutung der Glaubensgeheimnisse, die sich in den darstellenden Kunstwerken aussprachen, sind mir unvergesslich geblieben und ebenso die Abende in Winkelmanns Pfarrhaus; seine geistvollen und kenntnisreichen Gespräche erschlossen mir immer mehr das Wesen und die Bedeutung dieses von seinem Beruf und seiner Berufung erfüllten Mannes. Wie vor Zeiten die jungen Künstler, die in Marienthal ihre Werke schufen, bezog ich dort während meiner Besuche jeweils eine der auf das Dürftigste eingerichteten alten Mönchszellen. Am Morgen wusch man sich unter kaltem fließenden Wasser in den als Herberge eingerichteten unteren Räumen des Pfarrhauses und wanderte dann schon vor dem Gottesdienst in den strahlend sonnigen Morgen hinaus entlang der

Issel, dem damals noch glasklaren Flüsschen, das an Kirche und Pfarrhaus vorbeiführt. Ich erlebte, wie Winkelmann im Kreise seiner Pfarrkinder, einfacher schlichter Landleute, ihnen Kunst und Literatur nahezubringen wusste, während sie, gespannt und ihre Alltagssorgen vergessend, ihm mit ungeteilter Aufmerksamkeit zuhörten. Mit Winkelmann führte ich auch eine lebhafte Korrespondenz, und er schenkte mir die Skripte einiger Theaterspiele, die Wibbelt ehemals für ihn und seine Gemeinde verfasst hatte.

Die Begegnungen mit Wibbelt und Winkelmann hatten meinen religiösen Glauben vertieft und gefestigt, und doch begannen sich damals schon erste Zweifel und kritische Gedanken dagegen aufzulehnen. Mein um vier Jahre jüngerer Bruder hatte sich entschlossen, nach dem Abitur katholische Theologie zu studieren und Priester zu werden. Schon während seiner letzten Gymnasialjahre, mehr aber noch nach Aufnahme seiner theologischen Studien in Münster, ergaben sich für ihn und auch für mich Probleme in Glaubensfragen, die wir bis dahin nicht gekannt hatten, insbesondere bei der Lektüre des Alten Testaments. Auf langen abendlichen Spaziergängen in der kleinen Promenade um das Franziskanerkloster in Warendorf sowie durch Felder und Wälder rings um die Stadt, häufig in hellen Mondnächten, diskutierten wir suchend und um den Glauben ringend über den Sinn des Lebens und der vermeintlichen Schöpfung. Mich befielen damals die ersten Glaubenszweifel, da wir in Bibel und theologischer Lehre Widersprüche entdeckten, die mit meiner ethischen Auffassung unvereinbar waren. Vor allem ein Problem wussten wir nicht zu lösen: Wie verträgt sich das Leid in der Tierwelt mit der Existenz eines allmächtigen und allgütigen sowie allwissenden Schöpfers? Wie kann Gott es zulassen, dass die von ihm erschaffenen Tiere leiden müssen, ohne erlöst zu werden? Warum die unbeschreiblichen Qualen der nicht vernunftbegabten und zugleich unschuldigen Geschöpfe, Qualen, die weder zu leugnen noch zu rechtfertigen sind? Wir fanden keine Antwort, da wir sie damals noch unter falschen Prämissen suchten, nämlich im unverbrüchlichen Festhalten am Gottesglauben. Mein Bruder befragte katholische Theologen, erhielt aber Antworten, die ihn nicht befriedigen und mich nur empören konnten, zum Beispiel, dass Tiere, die angeblich keine Seele und keinen Verstand haben, mangels Einsicht nicht in gleichem Maße leidensfähig seien wie der mit einer unsterblichen Seele und mit Vernunft begabte Mensch. Dieser theologische Zynismus widerte mich an und stieß mich ab.

Dennoch war ich damals noch bereit, das Leid der Menschen unter dem Zeichen des Kreuzes und der Erlösung zu sehen und als göttlich verfügte gerechte Sündenstrafe zu akzeptieren. Der Gedanke an die unschuldig leidende Tierwelt ließ mich viele Jahre hindurch nicht los und führte schließlich zum Agnostizismus, zum großen Fragezeichen gegenüber Gott und dem Sinn seiner angeblichen Schöpfung. Gott wurde mir suspekt, im Alten Testament erschien er mir nur noch als blutrünstiger Moloch. Aber das Glaubensfundament stand immer noch zu fest, als dass ich es ganz hätte aufgeben können oder aufgeben wollen, darum wich ich aus in den Agnostizismus, in eine Haltung der Skepsis und Unentschiedenheit gegenüber allen religiösen Glaubensfragen. Diese Entwicklung ging freilich sehr langsam und sehr allmählich vor sich, sie dauerte viele Jahre und führte, worauf noch einzugehen sein wird, zu recht kuriosen widersprüchlichen Lebensumständen. Dem Gewissensterror, den die Kirche seit meiner Kindheit mit Beichte und Predigt auf mich ausgeübt hatte, konnte ich mich vorerst noch nicht entziehen; ich wagte es nicht, mich ihrer Indoktrination zu widersetzen. Diese war noch zu sehr verinnerlicht, als interne Gewissensinstanz institutionalisiert, als dass ich mich davon hätte befreien können.

Mit diesen Vorgängen habe ich eigentlich vorausgegriffen auf innere Entwicklungen der folgenden Jahre und komme zurück auf den äußeren Ablauf meines damaligen Lebens. Der Numerus clausus galt allgemein an den Universitäten und versperrte mir zunächst noch den Zugang zum Studium. Da erreichte Erich Nörrenberg, der als niederdeutscher Sprachforscher und als Gelehrter in der germanistischen Wissenschaft hohes Ansehen genoss und viele Hochschullehrer persönlich kannte, bei den Professoren Dr. William Foerste und Dr. Jost Trier in Münster sowie den Professoren Dr. Walther Niekerken und Dr. Ulrich Pretzel in Hamburg meine Zulassung zum Studium an beiden Universitäten. Durch Nörrenbergs Vermittlung hatte ich zuvor einen Wibbelt-Abend in Hamburg im großen Saal des Völkerkundemuseums gestaltet, zu dem die plattdeutsche Vereinigung «Quickborn», die in ihrer Tradition auf

Klaus Groth zurückgeht, eingeladen hatte. Es war in der Zeit des Hungerns und Darbens, und «Tante Hanna», die gütige Schwester Augustin Wibbelts, versorgte mich für diese Vortragsreise reichlich mit Nahrungsmitteln vom Wibbelthof, so etwa mit Schinkenbutterbroten, mit Eiern, Brot und anderen nahrhaften Produkten. So fuhr ich – da es Kleidung noch nicht zu kaufen gab – in dem mir viel zu weiten und schon etwas abgetragenen dunkelblauen Anzug meines Vaters, den dieser mir überlassen hatte, einen Rucksack mit Büchern und Nahrungsmitteln auf den Rücken geschnallt, nach Hamburg und wurde dort, da der «Quickborn» kein Hotelzimmer auftreiben oder bezahlen konnte, in der Familie Rothfritz in der Gneisenaustraße freundlich aufgenommen. Margarita (Gretl) Rothfritz war Geschäftsführerin des «Quickborn» und hatte mich eingeladen, bei ihr zu Hause zu logieren. Sie lebte in einer großen Altbauwohnung zusammen mit ihren jüngeren Schwestern Merri und Thea und ihrem verwitweten Vater. Man stellte mir das Zimmer der Tochter Thea zur Verfügung, die für die eine Nacht oder zwei Nächte mit ihrem Vater dessen Schlafzimmer teilte. Wie erstaunt und beglückt waren die Rothfritz-Leute, als ich ihnen aus meinem Rucksack die köstlichen und nahrhaften Schmackhaftigkeiten vom Wibbelthof auftischte. So etwas hatten sie seit Jahren nicht zu Gesicht bekommen, viel weniger genießen können.

Da mir die hübsche Thea Rothfritz mit ihrem heiteren Gemüt und ihrem hellklingenden Lachen mehr als nur sympathisch war, lud ich sie zu einem meiner Vorträge nach Westfalen ein, nämlich nach Olfen, wo wir in einem Gasthof gemeinsam übernachteten. Zu jener Zeit wurde das im katholischen Münsterland geradezu als frivol angesehen. Als ich die unbeschwert-fröhliche Thea anschließend mit nach Warendorf nahm und meiner Mutter vorstellte, stieß ich dort auf harsche Ablehnung. Ein Großstadtmädchen – und dazu noch evangelisch – war alles andere als willkommen und wurde schon aus moralischen Gründen – und zudem als für mich verfrüht – rundweg abgelehnt. Diese in meinen Augen durch nichts gerechtfertigte Ablehnung, die kurz darauf von der moralischen Familieninstanz in Gestalt meiner Tante Tine, Schwester meiner Mutter, noch verschärft wurde, erregte abermals meinen Widerstand und legte mir den Gedanken nahe, der Einladung Theas Folge zu leisten, zu ihr nach

Hamburg zu kommen und dort mein Studium zu beginnen. Als ich diese Absicht in Warendorf zu erkennen gab, setzten gegen mich entschiedene Repressalien meiner Mutter und ihrer Schwester ein, die von mir apodiktisch verlangten, mein Studium von Warendorf aus in Münster anzutreten, andernfalls würden mir keinerlei Studienmittel zugewendet werden. Ich hatte bereits im Wintersemester 1949/50 in Münster Literatur belegt, nun aber lehnte ich es ab, mich noch weiterhin unter Druck setzen zu lassen, zog nach Hamburg und ließ mich dort zum Sommersemester 1950 an der philosophischen Fakultät der Universität Hamburg immatrikulieren. Da auch mein Vater mir jeglichen Unterhalt verweigerte, hatte ich gegen ihn durch zwei Instanzen einen Prozess zu führen, in dem mich jeweils Erich Nörrenberg bei Gericht vertrat. In erster Instanz wurde mir durch Urteil ein monatlicher Unterhalt von 60,- DM, in zweiter von 80,- DM zugesprochen. Den weiteren Lebensunterhalt und das Studiengeld verdiente ich mir durch öffentliche Vortragsabende in den Semesterferien in Westfalen und mit vorwiegend plattdeutschen Beiträgen für die in Oelde erscheinende Tageszeitung «Die Glocke». Deren Mitinhaber und Chefredakteur Josef Holterdorf war auf mich aufmerksam geworden und suchte den jungen Mann, der ihm wegen seiner Heimatverbundenheit, seiner Vortragstätigkeit und seiner Kenntnis und Beherrschung der plattdeutschen Sprache für die heimatverbundene Zeitung besonders geeignet schien, für seine Redaktion, ja, als seinen späteren Nachfolger zu gewinnen. So bot er mir zunächst an, in den Semesterferien in der Redaktion der «Glocke» in Oelde zu volontieren, so dass ich auch durch diese Tätigkeit meinen Lebensunterhalt nennenswert aufbessern konnte. Ich mietete dann jeweils ein von Holterdorf vermitteltes möbliertes Zimmer im Hause der Familie Wiemann.

Während der Semesterferien traf ich mich von Oelde aus häufig mit meinem Bruder und setzte den theologischen Gedankenaustausch mit ihm fort, blieb aber immer noch ein kirchenhöriger frommer junger Mann und besuchte sogar in Hamburg an jedem Sonntag pflichtgemäß die Messe in der katholischen Kirche an der Oberstraße. Allerdings bin ich nicht mehr zur Beichte gegangen nach einem Beichterlebnis besonderer Art in der St. Bonifatiuskirche am Weiher in Eimsbüttel. Nach meiner Erinnerung beichtete ich dort kurz nach meiner Übersiedlung nach Hamburg bei einem Redemptoristenpater, der mich sogleich, ehe ich mein Sündenbekenntnis ablegen konnte, fragte, wie lange ich mich schon in Hamburg aufhalte. Als ich ihm die Zeit nannte – es kann sich höchstens um wenige Wochen gehandelt haben –, stellte er sofort die Frage, ob ich schon ein Mädchen kennengelernt hätte. Als ich dies bejahte, verlor der Pater die Contenance und ließ in ausfälliger Weise ein geistliches Donnerwetter auf mich herabhageln. Ich wurde von ihm in einer so indezenten groben Weise heruntergemacht, dass ich empört und belustigt zugleich laut auflachte und den Beichtstuhl spontan verließ, auf Sündenbekenntnis und Absolution konsequent verzichtend.

Dennoch wagte ich auch danach nicht, mich der sogenannten Sonntagspflicht zu entziehen und war den ganzen Sonntag hindurch verstimmt und unglücklich, wenn ich den Wecker überhört und dadurch den Sonntagsgottesdienst verpasst hatte. Mein Gewissen quälte mich und verfinsterte mir den ganzen Tag und den Wochenbeginn dazu. Später gestand mir Thea, dass sie hin und wieder diesen Wecker heimlich abgestellt hatte, damit ich wenigstens am Sonntag ausschlafen konnte und der Sonntagmorgen von allen Verpflichtungen frei blieb. Das aber hatte jeweils zur Folge, dass ich den ganzen Tag unter Gewissensdruck litt und deshalb unleidlich war. So gewöhnte sich Thea nolens volens ihre gutgemeinte Heimtücke bald wieder ab und ließ mich brav am Sonntagmorgen zur «Oberkirche» traben und dort die Messe besuchen.

Das Studium in Hamburg währte – entgegen meiner ursprünglichen Absicht – nicht lange, da ich mich auf einen weiteren Irrweg von dort weglocken ließ, und zwar nach Oelde. Aber davon wird später die Rede sein.

Zunächst darf ich meine akademischen Lehrer nicht übergehen, deren Wissen und Weisheit ich in den wenigen Semestern in Hamburg eingesogen habe. Mit einiger Faszination hörte ich die Vorlesungen des Professors Pyritz über deutsche Literatur, insbesondere über die Literatur des 19. Jahrhunderts. Er vermittelte geistvoll eine souveräne Übersicht, insbesondere auch unter Einbeziehung von Philosophie, Natur- und Geschichtswissenschaft sowie Musikgeschichte. Pyritz bestach auch durch seine geschliffene Sprache, seine kunstvoll abgezirkelten gedankenreichen Perioden. Der kleine schlanke Mann mit seinem aschblonden zurückgekämmten Haar, stets korrekt in einen grauen Anzug gekleidet, verkörperte in der Philosophischen Fakultät so etwas wie eine Graue Eminenz. Er hielt seine Studenten möglichst auf Distanz, und zwar in einer seltsam würdevollen Überheblichkeit. Sein Auftreten auf dem Katheder wirkte geziert, affektiert und eitel, dabei keineswegs lächerlich, sondern in ernster Attitüde seiner Autorität angemessen. In nähere persönliche Berührung mit ihm bin ich leider nie gekommen. –

Pädagogik und Philosophie hörte ich bei dem berühmten Wilhelm Flitner, den ich nur in braunen Anzügen in Erinnerung behalten habe. Sein Vorlesungsstil war ausgesprochen trocken und in nüchterner Weise sachbezogen. – Furore machte damals in Hamburg der frisch aus den USA importierte Psychologe Professor Bondy. Wenn er las, war der große Hörsaal im überkuppelten Universitätsgebäude gegenüber dem Dammtor bis auf den letzten Platz gefüllt. Die Studenten saßen sogar in Reihen auf der erhöhten Bühne und ließen die Beine baumeln. Bondy sprach laut und expressiv, anschaulich, meist frei und locker-salopp. Diese Art des Vortrags war ungewöhnlich, bisher unbekannt, und begeisterte seine Zuhörer.

Da ich mich innerhalb der philologischen Studien vor allem auch dem Niederdeutschen zuwendete, hatte ich den intensivsten Kontakt mit Professor Walther Niekerken, zumal dieser, veranlasst durch Nörrenbergs Empfehlung, meine Zulassung zum Studium in Hamburg hauptsächlich bewirkt hatte. Niekerken war ein einfach strukturierter, fast simpler Mann, der etwas kleinkariert wirkte und seine niederdeutsche Philologie wie ein Erbsenzähler vermittelte. Von seinen Kollegen im Hochschullehramt wurde er – wie man munkelte – nicht ganz für voll genommen. Dabei war er ausgesprochen gutmütig, von süßlich-saurer distanzloser Freundlichkeit und bemühter Hilfsbereitschaft, jedoch in einem erkennbar eingeschränkten Gesichtskreis befangen. «Nedderdütsch» war für ihn eine Art Weltanschauung, und über diese blickte er nach meinem Eindruck nie hinaus. Seine Äußerungen zur Literatur erschienen mir ausgesprochen dürftig, und wenn man aus einer der geistvollen Pyritzschen Vorlesungen kam, fühlte man sich bei Niekerken wie in eine simple Dorfschule versetzt. Tatsächlich war er zunächst

Volksschullehrer gewesen und hatte sich von dort aus hochstudiert. Dabei war er alles andere als ein homo novus, vielmehr blieb er ein «kleiner Mann» im sozialironischen Sinne des Wortes; insofern ebenso liebens- wie bedauernswert.

Abgesehen von meinem Kommilitonen Ludwig Deike, dem ich mich freundschaftlich anschloss und der später als Universitätsdozent und Historiker früh verstorben ist, lernte ich durch Thea, die im Städtischen Chor der Hansestadt Hamburg sang und übrigens damals einer Ausbildung als Konzert- und Oratoriensängerin (Sopran) nachging, viele ihrer Chormitglieder, meist Studenten und Studentinnen, kennen.

Es wurden gemeinsame Ausflüge in Hamburgs Umgebung unternommen, so in die Walddörfer und in die Harburger Berge. Wir hörten fast regelmäßig die Konzerte unter der Leitung von Hans Schmidt-Isserstedt, dem Dirigenten des Sinfonieorchesters des Nordwestdeutschen Rundfunks, in der Hamburger Musikhalle und sahen Aufführungen im Hamburger Schauspielhaus. Als besonders eindrucksvoll ist mir eine Aufführung des Dramas «Mord im Dom» von T. S. Eliot in der Johanniskirche am Harvesterhuder Weg in Erinnerung geblieben.

Damals erregte der Film «Die Sünderin», in dem Hildegard Knef die Hauptrolle spielte, alle moralischen Gemüter wegen einer darin nur leise angedeuteten Nacktszene. Besonders die Kirchen protestierten auf das heftigste und hatten damit den Erfolg, dass der Film vom Publikum geradezu bestürmt wurde. In Hamburg standen die Menschen zu jeder Aufführung Schlange vor einem Kino an der Ecke des Stephansplatzes.

Zu der Zeit nahm ich Kontakt zur Niederdeutschen Abteilung des NWDR auf und wurde mit der Abfassung einer Sendung über Augustin Wibbelt beauftragt, die über die damals neu eingerichtete Ultrakurzwelle ausgestrahlt werden sollte. Als Sprecher meines Rahmentextes wurde damals Eduard Marks beauftragt, dem ich bei dieser Gelegenheit zum ersten Mal begegnet bin. Er war als Schauspieler tätig am Hamburger Schauspielhaus, spielte später die Rolle des Wagner in Gustaf Gründgens' Faust-Film und gab Schauspielunterricht. Ich hielt ihn schon damals für einen unübertrefflichen hervorragenden Rezitator in seiner schlichten, warmherzig-natürlichen, völlig unverkünstelten Art des Vortrags. In der Sendung, die im Studio aufgenommen wurde, sprach ich Wibbelts plattdeutsche Texte, darunter sein Gedicht «Moder». Wenn ich während der Proben, die der endgültigen Aufnahme vorausgingen, die Verse sprach:

Still blaihet ächter'n Hagen
Dat kleine Blao-Vigölken;
O Moder, midden in mien Hiätt
Dor steiht din gollen Stöhlken,

leuchteten Eduard Marks' Augen auf und er nickte mir jeweils wie beglückt zu.

Da Eduard Marks am Eppendorfer Weg zusammen mit Theas Großmutter und Großtante in einem Altbau in der Etage gegenüber wohnte, sind wir uns des Öfteren noch wieder persönlich begegnet. Er ist mir in seiner überaus sympathischen menschlichen Ausstrahlung unvergessen geblieben und wurde, ohne es zu ahnen, mein Vorbild und Lehrer beim Sprechen von Texten in Vorträgen, im Rundfunk und im Fernsehen.

Während meines Studiums in Hamburg nahm ich gastweise teil an einem Seminar für Sprecherziehung und Rezitation, das von der damals hoch im Kurs stehenden Vortragskünstlerin Wilma Mönckeberg durchgeführt wurde. Sie pflegte alle Texte allein vom Rhythmischen her aufzufassen und ging so weit, diese ihren Studenten rezitierend vorzutanzen, was wir zu imitieren hatten, um auf diese Weise sozusagen ganzkörperlich in den Geist einer Dichtung eingeführt zu werden und diese auf solche Weise auszudrücken. Diese Methode stieß auf meine heftige Ablehnung, so dass ich dem Seminar nach der zweiten Sitzung ferngeblieben bin.

Damals – in der ersten Nachkriegszeit – herrschte bei den meisten Rezitatoren noch das von heldischer und patriotischer Auffassung herrührende Pathos vor, das mir von jeher zuwider war. Beispiele für diese Art lebensfremder, in Ausdruck und Betonung übertriebener Rezitationsdarbietung gaben der an der Universität Münster für Sprecherziehung zuständige Peter Otten, dessen Sylvesterrezitationen im Stadttheater Münster alljährlich überlaufen waren, und andere, so etwa der vielgehörte Albin Skoda. Diesen Stil vertrat auch der hochbegehrte Matthias Wiemann, dessen Vortrag mir immer unerträglich war, wenn auch eine eher salbungsvolle Tonart hier überwog.

Eine Art Vorläufer dieser Mimen war der zur Zeit des Nationalsozialismus an Reichssendern und in Vortragssälen tätige Friedrich Castelle, der die Gedichte der Annette von Droste-Hülshoff nach einem Wort Erich Nörrenbergs gestikulierend geradezu tottrampelte und sich gemäß einer Bemerkung von Karl Wagenfeld damit zum «Apenköster» machte, also zu einer Art Narren.

Warum sind gute Schauspieler selten zugleich auch gute Rezitatoren? Nach meiner Auffassung liegt der Unterschied beider im Rollenverständnis. Der Schauspieler spielt in der Regel sich selbst, wenn auch in unterschiedlichen Rollen, mit denen er sich jeweils zu identifizieren hat. Er steht mit seiner Person auf der Bühne im Blickfeld vieler Zuschauer. Seine Rolle lebt nicht nur vom Wort, sondern mindestens ebensosehr von der Bewegung, der Gestik, vom vollen körperlichen Einsatz. Anders der eine Dichtung vermittelnde Rezitator. Sein Vortrag, sein Auftritt darf sich nicht vor das Werk stellen, das heißt er darf sich dem Hörer nicht persönlich aufdrängen, sondern er hat bescheiden hinter den Text des von ihm vermittelten Werkes zurückzutreten, dieses aber durch seine Stimme und deren Modulation transparent zu machen und zugleich aktuell lebendig. Die Transparenz wird vermittelt durch das anschauliche wohlakzentuierte Sprechen des etwa erzählenden oder berichtenden Textes, die Verlebendigung durch gekonnte Stimmenimitation der sprechenden, zitierten Personen, wobei der Rezitator, anders als der seine Rolle durchspielende Schauspieler, in viele unterschiedliche, oft kontroverse Rollen zu schlüpfen hat, die er realitätsnah vermitteln muss, dabei sich selbst stets zurückhaltend. Mit andern Worten, es ist nicht seine Aufgabe, die Blicke des Publikums an sich zu ziehen und sie auf sich heften zu lassen, sondern die Phantasie der Zuhörer zu beflügeln, die ihnen die in der Dichtung auftretenden Gestalten bildhaft und plastisch vor Augen stellt. Insofern ist dem guten Rezitator eine feinere, subtilere Aufgabe gestellt als dem guten Schauspieler. – Das ehemalige übertriebene Pathos der Sprecher ist – wohl nach dem Gesetz des Pendels – in neuerer Zeit einer für mich unerträglichen Monotonie gewichen, mit der moderne Autoren ihre Texte in manieristisch gestelzter, kaum verhehlter Arroganz mit gespielter Distanzierung daherleiern oder in stets gleichbleibender Tonart und im beachtet sein wollenden Singsang von sich geben, wie es sich etwa der Literaturkritiker Jürgen P. Wallmann angewöhnt hatte.

Zu meiner Studienzeit in Hamburg gab es noch den NWDR, der auch den Bereich des heutigen WDR mitumfasste und dessen Mittelwelle im gesamten Sendegebiet empfangen wurde. Im Programm dieser Mittelwelle stand regelmäßig der unterhaltsame, lustige Samstagnachmittag, der vor großem Publikum im Sendesaal des NWDR an der Rothenbaumchaussee life ausgestrahlt wurde und meist eine niederdeutsche Note hatte, so am 6. Januar 1951 mit der Sendung «Die Landkarte». Mitwirkende waren damals die bekannten Sprecher Richard Germer, Walter Voscherau, Alma Rogge und andere. In dieser Sendung trug ich von Augustin Wibbelt das heitere Gedicht «De hillige Striet» vor, und zwar frei, ohne Textvorlage. In der Generalprobe unterlief mir ein Versprecher, so dass die Regie mir dringend riet, in der Life-Sendung den Text zur Hand zu nehmen. Ich lehnte das ab, weil ich meiner Sache sicher war, und absolvierte die Rezitation fehlerfrei, während alle anderen Sprecher Textvorlagen in der Hand hielten.

DIE WEICHENSTELLUNG

Durch meine Weigerung, gemäß dem Drängen, ja den bestimmenden Bedingungen meiner Mutter und ihrer Schwestern das Studium in Münster aufzunehmen und mich stattdessen in Hamburg immatrikulieren ließ, dort mit einem evangelischen Mädchen zusammenlebte, ja mich mit ihr Weihnachten 1949 verlobte und sie am 3. Februar 1951 in Hamburg – wenn auch mit katholischer Trauung in der Bonifatiuskirche Am Weiher – heiratete, hatte ich eine wichtige und folgenreiche Weiche für das Leben gestellt: Meine Angehörigen, Mutter und Tanten und selbst mein Bruder blieben der Hochzeit fern. Von meiner Seite nahm nur mein alter Freund Dr. Erich Nörrenberg teil, dem ich zuerst bei Augustin Wibbelt begegnet war, der mir Wibbelts Nachlass im Wibbelt-Schränkchen überlassen hatte und mein Trauzeuge wurde. Es wurde eine fröhliche Hochzeit im kleinen Familienkreis und mit einigen Freunden an einem eiskalten Wintertag.

In der Zeit meiner Hamburger Studiensemester fuhr ich jeweils in den Semesterferien nach Westfalen, um dort Vorträge zu halten und in der Redaktion der «Glocke» in Oelde zu volontieren. Überhaupt war ich zur Durchführung meines Studiums auf eigene Einnahmen angewiesen, die ich mir nicht wie viele meiner Kommilitonen als sogenannter Werkstudent verschaffte, sondern durch geistige Arbeit, insbesondere durch Vorträge und Zeitungsbeiträge. Dazu kam ein geringfügiger Unterhalt von achtzig Mark, den mir mein Vater zu zahlen hatte, wofür ich – wie schon erwähnt – aber zunächst einen Prozess durch zwei Instanzen gegen ihn zu führen hatte. Das zuständige Amtsgericht in Burgsteinfurt hatte mir nur 60 D-Mark monatlich zugebilligt, das Landgericht in Münster, wo Erich Nörrenberg mich vertrat, den höheren Betrag. Über den Verhandlungsverlauf dort erhielt ich von ihm köstliche, die Gegenseite, deren Anwalt und deren Zeugen trefflich karikierende Berichte, die noch existieren.

Im Sommer 1949 unternahm ich mit Thea gegen den moralischen Protest meiner Mutter und ihrer Schwestern eine Wanderung durch das Sauerland von Altena bis Wuppertal. Sie begann mit einem Wibbelt-Abend auf der Burg Altena, veranstaltet von der Gesellschaft der Freunde der Burg, am 6. August. Dann wurde mein Anzug, in dem ich den Vortrag gehalten hatte, auf die Post gegeben, Wanderkleidung angezogen und losmarschiert. Wir liefen die vom Sauerländischen Gebirgsverein ausgezeichneten Höhenwege und übernachteten abends in den am Wege liegenden Jugendherbergen, allabendlich in fröhlicher Gesellschaft mit Gesang und anregenden Rundgesprächen. Die Wanderung endete mit einem Besuch des Zoologischen Gartens in Wuppertal.

REDAKTEUR IN OELDE

In Oelde erscheint seit 1880 die Tageszeitung «Die Glocke», der nach dem letzten Krieg 1945 von der Besatzungsmacht die Lizenz entzogen wurde, die sie erst Ende 1949 zurück erhielt, so dass sie erst wieder am 2. November 1949 erscheinen konnte. Gleich in der ersten Ausgabe erschien von mir ein plattdeutsches Eröffnungsgedicht mit dem hochdeutschen Titel «Die Glocke», danach in fast jeder Ausgabe folgten Beiträge von mir unterschiedlicher Art. Wie diese Verbindung damals zustande kam, kann ich heute nicht mehr sagen, jedenfalls bestand sie zu dem damaligen Verleger und Chefredakteur Josef Holterdorf, Sohn des eigentlichen Gründers Engelbert Holterdorf.

Holterdorf schätzte meine damalige freie Mitarbeit auf das höchste und suchte mich für seine Zeitung als jungen Redakteur zu gewinnen und von Hamburg nach Oelde wegzulocken. Er bot mir für die Semesterferien eine bezahlte Volontärstätigkeit in Oelde an, für den Fall meiner Heirat eine Dienstwohnung in Oelde «An der dicken Linde» in einem für Redakteure errichteten Vierfamilienhaus und garantierte, ja erwartete gar von mir die Fortsetzung meines Universitätsstudiums in Münster mit dem Ziel der Promotion.

Das war damals für den jungen, fast mittellosen Studenten eine ungeheuer wirksame Verführung, auf die ich mich gegen den entschiedenen Rat meiner Tante Tine und gegen einige Bedenken meines alten treuen Freundes Erich Nörrenberg leider eingelassen habe.

Wie utopisch Holterdorfs Plan und meine Zusage tatsächlich waren, stellte sich erst nach der Übersiedlung nach Oelde heraus; denn nun war ich als Redakteur für Heimatpflege und Feuilleton voll und ganz beansprucht, zeitlich wie kräftemäßig. Wie sollte ich unter diesen Umständen ein Studium in Münster mit Forschungsarbeiten zur Abfassung einer Dissertation leisten, zumal ich über keinen Wagen verfügte und es von Oelde nach Münster keine direkte Bahnverbindung gab? Das hätte der damals 69-jährige Josef Holterdorf von sich aus sehen und einsehen müssen, machte mir jedoch später zum Vorwurf, dass ich das vereinbarte Studium in Münster nicht einmal aufgenommen habe.

Holterdorf ließ sich noch andere psychologische Fehler zuschulden kommen. Er avisierte mich als seinen späteren Nachfolger in der Chefredaktion und wies mir, solange er nicht selbst in der Redaktion anwesend war, seinen opulenten Schreibtisch im Chefzimmer an, den ich bei seinem Eintreffen jeweils räumen musste, um im allgemeinen großen Redaktionszimmer an meinem dortigen Arbeitsplatz die Arbeiten fortzuführen. Das erregte verständlicherweise den Neid und die Missgunst meiner Redaktionskollegen, die nun darauf erpicht waren, dem jungen unerfahrenen Mitarbeiter jeden auch noch so kleinen Fehler, jedes Versehen und auch ihm zugeschobene Fehler vorzuhalten und dem Chef zu melden.

Dazu kam, dass Holterdorfs Schwiegersohn, der Assessor jur. Karl-Friedrich Gehring, der mit seiner Familie in der Villa seines Schwiegervaters am Kleygarten wohnte, über die Wagen der Firma verfügte und sie zu Dienstfahrten einteilte. Wenn ich zu Dienstfahrten nach auswärts musste, teilte er mir gern den Wagen des Chefs, nach meiner Erinnerung einen feudalen Opel Kapitän, zu. Wenn dann der Chef mit seinem Wagen wegfahren wollte, erklärte ihm sein Schwiegersohn: «Tut mir leid. Damit ist gerade der junge Herr Schepper losgefahren.»

Der alte Holterdorf, ohnehin cholerischen Temperaments, tobte und richtete seinen Zorn, zunächst unausgesprochen, gegen mich. Hinzu kam noch, dass für die «Glocke» damals ein für den Bereich Beckum verantwortlicher Redakteur tätig war, der zum Trunk neigte und seine meist in volltrunkenem Zustand verfassten und nur schwer leserlichen Berichte an die Redaktion in Oelde schickte, wo ich für das Redigieren des Lokalteils Beckum verantwortlich war. Dabei entging mir in einem Fall das Korrigieren von «avisiert» in «arriviert» oder umgekehrt, so dass diese Verwechslung im Zeitungsbericht erschien. Das alles wurde mir zunächst nicht vorgeworfen, sondern einer späteren Aufrechnung vorbehalten, über die noch zu berichten sein wird.

Zunächst bezog ich mit meiner jungen Frau eine bereitgestellte Wohnung für Redakteure der «Glocke» im neu errichteten Vierfamilienhaus an der «Dicken Linde» im Untergeschoss. Angrenzend an meine Wohnung hatte der politische Redakteur Josef Giesenkirchen mit Familie seine Wohnung, über mir der Sportredakteur

Wegener und neben ihm das Ehepaar Wenzel. Wenzel war zuständig für Lokales.

Für die Möblierung der Wohnung sorgte Josef Holterdorf. Er stellte mir für das Arbeits- und zugleich Wohnzimmer einen mächtigen Schreibtisch und einen massiven Bücherschrank zur Verfügung und finanzierte die Anschaffung eines damals modernen Schlafzimmers, das ich in Ratenzahlungen von monatlich 50 DM zinslos abzubezahlen hatte. Mein Anfangsgehalt betrug damals 500,- DM. Später, nach meiner Entlassung im Jahr 1952, konnte ich die Schulden durch Beiträge für die «Glocke» abtragen, was sich mehrere Jahre hinzog. Da diese Beiträge meist aus Witzen für das Unterhaltungsblatt der «Glocke» bestanden, wurde unser Schlafzimmer lange Zeit als das «witzige» bezeichnet.

Zunächst hatte ich den sogenannten Einstand zu geben, an dem vor allem Metteur und Setzer aus der Druckerei teilnahmen, wobei Bier und Oelder Spirituosen in unbegrenzter Menge durch die Kehlen flossen. In später Nacht taumelten wir dann Arm in Arm, der Metteur, ein Setzer und ich heimwärts. Meine Frau war auf alles gefasst und verhielt sich mäuschenstill in ihrem Bett. Zunächst setzte ich mich an den Schreibtisch und soll kopfschüttelnd und vor mich hinlächelnd in einem fort gesagt haben: «Es musste ja mal sein, es musste ja mal sein, es musste ja mal sein.» Dann blickte ich auf und fand, dass alle Bilder an den Wänden schief hingen. Mühsam richtete ich mich auf und torkelte die Wände entlang, die Bilder geradezuhängen. Am anderen Morgen hingen sie alle schief an der Wand. Dann sank ich ins Bett, fing bald zu schnarchen an, schoss dann plötzlich hoch, um mich zu übergeben. Meine Frau, die damit gerechnet hatte, fasste blitzschnell meinen Kopf und hielt ihn neben das Bett. Sie fürchtete um die neuen seidenbezogenen Steppdecken, ein Hochzeitsgeschenk von ihrer Oma Böge aus Hamburg, die schon einmal leicht lädiert worden waren, als der Kaplan Köster unsere Wohnung eingesegnet und mit Weihwasser besprengt hatte.

Der Sommer rückte allmählich näher und damit die Urlaubszeit der Außenredakteure in Warendorf und Wiedenbrück, deren Vertretung ich zu übernehmen hatte. Da ich über keinen eigenen Wagen verfügte, fuhr ich wochenlang Tag für Tag mit dem Fahrrad nach

Warendorf und Wiedenbrück und wieder zurück. Zeit für die von Holterdorf erwartete Weiterführung meines Universitätsstudiums blieb dabei nicht.

Meine redaktionelle Tätigkeit vor allem auf dem Sektor Heimatpflege verschaffte mir einige Sympathien in der Bevölkerung, und es ergaben sich ganz von selbst allerlei Bekanntschaften und auch Freundschaften. Mit dem heimatverbundenen und kundigen Heinrich Baum wanderte ich weite Strecken, etwa durch den Bergeler Wald, bis Möhler, oft bei strömendem Regen. Ich lernte Josef Wittelmann und Frau und den Altenfelder Heimatkreis kennen, unternahm mit diesem eine Fahrt zur Mosel und Ahr, hielt auch Kontakt zur Geistlichkeit, vor allem zu Kaplan Köster und Vikar Karl Austrup, der oft und gern bei uns verkehrte und übrigens ein Auge auf meine Frau geworfen hatte und gern mit ihr flirtete. Da ich nie Eifersucht gekannt habe und ich mir selbst meiner Wirkung auf Frauen leider viel zu sicher war, ließ ich das alles gönnerhaft zu, ja, hatte meinen heimlichen Spaß an diesen Spielchen, die später dann ernste Folgen hatten, die ich jedoch voll und ganz mitgetragen habe.

Das Wohnhaus der vier Redakteure hieß damals bald im Städtchen «Das Haus der vier feindlichen Brüder», obwohl von einer Feindschaft nicht die Rede sein konnte. Josef Giesenkirchen, zugleich stellvertretender Chefredakteur, ein fachlich und sachlich äußerst qualifizierter Mann, war von seinen Kollegen gefürchtet, weil er einmal – es war vor meiner Zeit – den Redakteur Mertenskötter in der Redaktion in Gegenwart der Kollegen kräftig geohrfeigt hatte, ohne deswegen von den Holterdorfs gerügt worden zu sein. Dagegen wurde Mertenskötter in eine Außenredaktion versetzt.

Ich kam mit Giesenkirchen gut zurecht, obwohl ich mich vor ihm nie geduckt habe. Hin und wieder spottete er über die Unwissenheit des jungen Kollegen, der zum Beispiel über Raiffeisen und andere Sachgebiete nicht das Geringste wusste. Jahre später, als Giesenkirchen, wie 1952 schon ich, aus der Redaktion gefeuert worden und am Westdeutschen Rundfunkt tätig war, waren wir miteinander befreundet, und ich verdanke ihm viele Berichte und Berichterstattungen über mich.

Mit Sportredakteur Wegener gab es wenige Berührungen außer gegenseitigen Einladungen als Antrittsbesuche. Bei der Einladung zu ihm, die bis in die späte Nacht dauerte, floss reichlich Gin, der mich anschließend zur Übelkeit brachte und den ich seither verabscheue.

Wenzel, der durch sein ständiges nervöses Gesichtszucken auffiel und nicht selten zerstreut und unkonzentriert schien, haben wir – meine Frau und ich – nie ernst genommen, Berührungspunkte gab es nicht.

Ein freundschaftlicher Kontakt ergab sich jedoch mit dem damaligen Vertriebsleiter der «Glocke», Bernhard Rusche, auch mit seiner Frau, der vor allem in gegenseitigen Besuchen gepflegt wurde.

Damals entstanden auch wieder Kontakte zu meinem um vier Jahre jüngeren Bruder Ewald, der das Studium der Theologie aufgenommen hatte und durch die Lektüre der Bibel in erste Glaubenszweifel geriet. Auch ich las nun im Alten Testament und stieß auf Stellen, die mein bisheriges Gottesbild von Grund auf erschütterten und in Frage stellten. Vor allem war das Leid in der Tierwelt für mich ein Problem geblieben. Das Leid des Menschen schien mir als Strafe Gottes für sündiges Verhalten noch gerechtfertigt, aber wie konnte ein allwissender, allmächtiger, allgütiger, allgerechter Gott es zulassen, dass unschuldige Tiere, seine Kreaturen, so furchtbare Leiden und Qualen zu erdulden hatten, ohne je dafür in einem glorreichen Himmel belohnt zu werden.

Gott erschien mir nun als ein grausamer, abscheulicher Moloch. – Als ich bei verschiedenen Geistlichen Rat und Erklärung suchte, erhielt ich nur zynische, gefühlskalte Antworten, etwa die, dass Tiere keine Seele hätten und schon deshalb nicht leidensfähig seien und ähnliche pfäffische Ausreden mehr. Mein bis dahin noch recht stabiler, seit früher Kindheit indoktrinierter Glaube erhielt einen heftigen Stoß, und wenn ich mich auch nicht zum Atheismus entschließen konnte, so doch zum Agnostizismus, d. h. ich setzte statt des bisherigen klaren Ja zum Glauben in Distanzierung von ihm ein großes Fragezeichen.

Damals traten auch zum ersten Mal Fragen nach Schuld und Verantwortung des Menschen auf, an denen ich viele Jahrzehnte hindurch zu knacken und zu beißen hatte, und zum ersten Mal dämmerte es mir, dass es zwischen Moral und Ethik einen fundamentalen Unterschied geben müsse.

Viele Jahrzehnte später habe ich diese Probleme – jedenfalls für mich selbst – einer Lösung zuführen können. Mit ihnen soll dieser Lebensreport enden.

Eines Tages, das Datum weiß ich nicht mehr zu benennen, bestellte mich Chefredakteur und Verleger Holterdorf zu sich und brüllte mich unvermittelt an, machte mir Vorwürfe über Vorwürfe und erklärte, ich sei nach einer von ihm genannten, wahrscheinlich gesetzlich vorgeschriebenen Frist, entlassen. Ich war wie gelähmt und versuchte, dies und das zu meiner Verteidigung vorzubringen, wurde aber von ihm lautstark niedergebrüllt.

Nach meiner Erinnerung brachte ich dann zu meiner Rechtfertigung meine Argumente schriftlich vor, wobei ich vor allem rückhaltlos die von mir beobachteten Missstände in der Redaktion offenlegte, aus denen sich ergab, dass nicht mir, sondern andern die gegen mich gewendeten Vorwürfe zu machen waren. Daraufhin wurde mir das Betreten der Redaktion ab sofort untersagt.

Um meine Rechte zu wahren, strengte ich einen Prozess vor dem Arbeitsgericht an, der mit einem Vergleich endete. Danach musste mir Holterdorf noch mehrere Monate über den Kündigungstermin hinaus das volle Gehalt weiterzahlen, mir die Dienstwohnung für die gleiche Zeit zur Verfügung lassen und meine bei ihm verbliebenen Schulden als Textbeiträge für die Zeitung abtragen lassen.

Die Entlassung traf meine Frau und mich umso heftiger, als wir im Mai 1952 unser erstes Kind erwarteten und zu Arbeitslosengeldempfängern wurden. Ich versuchte einige Bewerbungen als Redakteur bei anderen Zeitungen, wurde aber abschlägig beschieden, so dass ich auf andere Weise versuchen musste, die Existenz meiner jungen Familie zu sichern.

Am 8. Mai wurde in Münster in der Raphaelsklinik unsere erste Tochter Annette geboren, getauft von meinem Vetter Dr. Wilhelm Schlagermann. Als Taufname wurde Annette nicht anerkannt, da es keine heilige Annette gebe. So wählten wir den Namen Anna Margarita. Taufpaten waren mein Bruder Ewald und die älteste Schwester meiner Frau, Margarita Rothfritz.

Bald nach Rückkehr von Frau und Kind nach Oelde stellte sich ein ärztlicher Kunstfehler heraus, der nach der Geburt unterlaufen war. Meine Frau hatte einen Dammriss erlitten, der genäht werden musste, aber zu eng genäht worden war. So wurde eine chirurgische Korrektur erforderlich, die kostenfrei in der Raphaelsklinik vorgenommen werden musste. Da ich keinen Dienst mehr zu tun hatte, konnte ich derweilen mein Töchterchen selbst versorgen. Sie bekam ihre Ernährung mit Kuhmilch aus der Flasche, nach Waerlands Empfehlung auch abgekochtes Kartoffelwasser. Die Säuglingspflege übernahm ich allein, nur für das Windelwaschen stellte ich eine Hilfe ein. Nicht lange nach Rückkehr meiner Frau aus der Klinik erkrankte diese an einer Magen- und Darminfektion, die einen lebensgefährlichen Flüssigkeitsverlust zur Folge hatte, so dass sie nur durch eine Infusion im Oelder Krankenhaus gerettet werden konnte. Während dieser Zeit fuhr ich die kleine Annette mehrmals täglich zur Mutter ins Krankenhaus oder brachte ihr die von der Mutter abgepumpte Milch in einer Flasche.

Annette, ein hochbegabtes, aber leider wenig lebenstüchtiges Kind, stand mir in ganz besonderer Weise innerlich sehr nahe. Sie starb nach einem ungewöhnlich schnell und fast schmerzfrei verlaufenen Krebsleiden am 3. November 2014, nachdem sie kurz vorher in Jena mit einer richtungweisenden Arbeit über «Das Soziale im Vorgeburtlichen» promoviert worden war.

STUDENT IN DORTMUND

Nachdem Bewerbungen um eine Redakteursanstellung bei verschiedenen Zeitungen fehlgeschlagen waren, entschloss ich mich, meine Studien wiederaufzunehmen, wobei mir mein geistlicher Vetter, Werner Schepper, damals noch Kaplan, später Pfarrer in Duisburg, finanziell helfen wollte. Eine solche Belastung wollte ich ihm nicht zumuten, fand auch die in Aussicht gestellten Mittel nicht ausreichend und entschloss mich, zunächst ein anderes Berufsziel als ursprünglich anzustreben und das Lehrerstudium an einer Pädagogischen Akademie aufzunehmen. Durch meine freundschaftliche Beziehung zu dem damaligen Warendorfer Museumsleiter Josef Goeken, der zuvor an der Pädagogischen Akademie in Dortmund als Dozent für Kunsterziehung tätig gewesen und wegen seiner bekannt gewordenen homosexuellen Veranlagung aus dem Dienst entlassen worden war, jedoch noch gute Verbindungen zum Rektor Professor Emil Figge hatte und mich diesem nachdrücklich empfahl, wurde ich bewogen, mich um die Zulassung zum Pädagogikstudium in Dortmund zu bemühen.

Inzwischen war ich mit meiner noch kleinen Familie nach Münster in eine Zweizimmerwohnung in der Hornstraße umgezogen und hatte nach Aufnahme des Studiums in Dortmund dorthin täglich mit der Bahn zu fahren. Die Wege zum Bahnhof in Münster sowie Hin- und Rückweg zur Pädagogischen Akademie am Rheinlanddamm in Dortmund waren ebenfalls zu Fuß zurückzulegen, was täglich insgesamt nahezu zwei Stunden in Anspruch nahm.

In Dortmund hatte ich zunächst beim Rektor der Akademie Professor Figge zu einem Aufnahmegespräch zu erscheinen, das sehr locker und fast freundschaftlich verlief. Er verwies mich dann an Professor Alfons Perlick, einen gebürtigen Schlesier, der das Fach Geographie vertrat, aber auch stark volks- und heimatkundlich orientiert war. Für seine Befürwortung meiner Zulassung zum Studium, für das ich damals laut Bestimmungen eigentlich schon zu alt war, stellte er die Bedingung, dass ich innerhalb seines Faches einen plattdeutschen Arbeitskreis als Dozent übernehmen solle, der jeweils montags morgens, noch vor dem allgemeinen Vorlesungsbeginn, ins Verzeichnis aufgenommen werden solle, aber nicht als Prüfungsfach ins Gewicht fallen könne. Die Teilnehmer mussten aber am Montagmorgen früheres Aufstehen und oft auch frühere Anreise nach Dortmund in Kauf nehmen.

Trotz dieser Hürden gelang es mir, für das Seminar eine genügende Anzahl von Kommilitoninnen und Kommilitonen zusammenzubringen. Es wurde gründlich und fleißig gearbeitet mit Seminaren und Seminararbeiten, wie ich sie von meinem Universitätsstudium her kannte, ohne dass sie mit Noten bewertet werden konnten, aber umso eifriger diskutiert wurden.

Im Sommer feierte unser Seminar ein Gartenfest, im Winter einen vorweihnachtlichen Abend mit dementsprechenden Zutaten. Dazu kamen Exkursionen zu sehens- und erlebenswerten Literaturstätten, etwa zum Rüschhaus bei Nienberge, zu Schloss Hülshoff, auch nach Cappenberg zum Freiherrn vom Stein und dergleichen mehr.

Das Seminar gewann auf diese Weise immer mehr Attraktivität bei den Kommilitonen, so dass auch gebürtige Sachsen und andere Nichtwestfalen dazukamen. Ich habe es vier Semester lang, also durch meine ganze Studienzeit hindurch, erfolgreich veranstalten können.

Bevor ich im Einzelnen auf die Dozenten eingehen muss, ist hier Inzidierendes einzuschalten. Zunächst ist zu sagen, dass ich den Lebensunterhalt hauptsächlich durch Vortragshonorare und Einnahmen aus Presseveröffentlichungen, auch Tantiemen aus den Aufführungen von mir ins Westfälische übersetzter Theaterstücke zu bestreiten hatte. Hinzu kamen monatliche Zuwendungen geringfügiger Beträge von der Schwester meiner Mutter, Fürsorgerin Christine Schulte-Lippern, und der mir verwandten Familie Schlagermann, die ich später zurückzuzahlen hatte.

In dieser beengten finanziellen Situation konnten wir uns vorerst kein zweites Kind leisten, und entsprechend vorsichtig verhielt ich mich, dennoch stellte sich plötzlich zu meiner Überraschung heraus, dass meine Frau schwanger war, was ich mir überhaupt nicht erklären konnte. Danach blieb ich lange arglos, und zwar viele Jahre hindurch, bis sich sehr viel später herausstellte, dass diese Schwangerschaft nicht durch mich verursacht war, sondern durch jenen in

Oelde bei uns regelmäßig verkehrenden erwähnten Geistlichen, der, während ich ahnungslos in Dortmund studierte, sich meiner Frau mit nicht nur seelsorglichen Hausbesuchen annahm.

Inzwischen wohnten wir in Münster, und mir fiel auf, wie widervernünftig und rücksichtslos sich meine Frau gegen sich selbst in ihrem hochschwangeren Zustand verhielt, ungeachtet der Vorhaltungen, die ich ihr deswegen ständig machen musste. Sie erlitt eines Tages nach achtmonatiger Schwangerschaft einen Fruchtblasensprung, ohne dass Geburtswehen einsetzten.

Nach tagelangem Warten, das sich auch in der Klinik fortsetzte, wurden Wehen künstlich durch drei Injektionen eingeleitet, die eine geradezu explosionsartige Geburt bewirkten, so dass meine Frau einen Symphysenriss erlitt, während das Kind, ein Junge, lange im Brutkasten liegen musste, um überleben zu können.

Vor Einsetzen der Wehen hatte man mich nach Hause geschickt, aber dort angekommen, erfuhr ich bei einer telefonischen Anfrage, dass ein Sohn geboren worden sei.

Da meine Frau wegen des sehr schmerzhaften Symphysenrisses, der nur sehr langsam heilte, zur Säuglingspflege unfähig war, übernahm ich diese voll und ganz, zumal ich die Möglichkeit hatte, für eine Zeit dem Studium in Dortmund fernzubleiben, wo man größtes Verständnis zeigte.

Schon bald stellte ich beim Wickeln des kleinen Raimund fest, dass seine Beine sich nicht strecken ließen, sondern verkrampft angewinkelt waren. Jedem Streckungsversuch trat unüberwindlicher Widerstand entgegen. Die Ärzte der Raphaelsklinik auf der Station Dr. Vonnegut, nach meiner Erinnerung waren es die Doktoren Plümpe und Ballauf, hatten diesen Zustand des Säuglings verschwiegen, ebenso der in der Klinik zuständige Kinderarzt Dr. Kemper.

Als meine Frau schließlich die Säuglingspflege des kleinen Raimund, der übrigens in der Kapelle der Raphaelsklinik von meinem geistlichen Vetter, Dr. Wilhelm Schlagermann, getauft worden war, selbst übernehmen konnte, fuhr ich wieder täglich zum Studium nach Dortmund.

Irgendwann war ich in den AStA, den Allgemeinen Studentenausschuss, gewählt worden und genoss damit verschiedene Privilegien. Abgesehen von dem ständigen Kontakt zu Rektor und Dozenten war ich nicht mehr strikt an die Teilnahme an den Vorlesungen gebunden, die ich denn auch wahlweise ausließ, insbesondere die langweiligen und relativ unergiebigen des Prof. Dr. Hugo Reiring (Pädagogik) und der Psychologie-Dozentin Dr. Maria Dorndorf, die ihre Vorlesungen oft aus einem uns bekannten Lehrbuch ablas. Einer meiner Kommilitonen, ich erinnere mich nur an seinen Vornamen Fritz, setzte sich in die erste Bankreihe vor die Dorndorf hin, schlug das nämliche Buch auf, aus dem sie vorlas, und fuhr mit dem Zeigefinger ostentativ die Zeilen entlang, die sie gerade daraus las. Als sie es bemerkte, verbat sie sich das mit hochrotem Kopf, worauf sich ein kaum verhaltenes Gelächter im Auditorium erhob.

Damals wurde, vom Kultusministerium in Düsseldorf, eigentlich von Ministerialrat Dr. Klein begünstigt, eine Studentenzeitung für die Pädagogischen Akademien des Landes NRW ins Leben gerufen, für die man mich aufgrund meiner beruflichen Vergangenheit als Redakteur gewinnen wollte. So fuhr ich denn zu den vom Kultusministerium einberufenen Studententagungen nach Kronenburg in der Eifel, lernte viele Kommilitonen anderer Pädagogischer Akademien kennen, so vor allem der katholischen Akademie in Paderborn und der evangelischen Akademie in Wuppertal, während ich als Student der Simultanakademie Dortmund als relativ liberal galt.

Als die katholischen Bischöfe entschieden gegen die Simultanakademie und für die konfessionellen Akademien öffentlich Stellung nahmen, bin ich in einem Schreiben an den Bischof von Münster in Übereinstimmung mit dem katholischen Theologieprofessor Grütters und nach langen Auseinandersetzungen im AStA, insbesondere mit dem Kommilitonen Heinrich Thomas, für den Erhalt und Bestand dieser Akademie eingetreten.

AStA-Vorsitzender war damals mein Freund Paul Gerhard Prolingheuer, ein überzeugter evangelischer Christ, gegen den ich einen ziemlich lockeren Katholizismus vertrat, was zu manchen heiteren, gegenseitig spöttischen und ironischen, aber nie verletzenden Auseinandersetzungen führte. Er war später Rektor in Herscheid, wo er auch die Volkshochschule leitete und hat mich öfter zu Vorträgen dorthin verpflichtet. Er ist als starker Raucher an einem Lungenemphysem gestorben.

Der Studienbetrieb der Pädagogischen Akademie erschien mir, verglichen mit meinem vorausgegangenen, leider abgebrochenen Universitätsstudium wenig interessant. Rektor Figges Vorlesungen in Historischer Pädagogik wurden nicht sehr ernst genommen, zumal man den Eindruck gewann, dass er sich – allerdings auf sympathische Weise – selbst nicht ganz ernst nahm. Perlick arbeitete gründlich und verlangte es auch von seinen Studenten.

Der Biologe Dr. Alfons Beiler zeigte fundiertes Wissen und stellte entsprechende Anforderungen.

Der Mathematiker Koch galt als verschlossen, vielleicht gar intrigant und wenig wohlwollend. Ich habe mit ihm nie Schwierigkeiten gehabt.

Vorlesungen und Übungen des Musikdozenten Busch habe ich nie besucht, gleichwohl begünstigte er mich hilfreich im Stadtschulpraktikum in Lünen gegen meinen Mentor.

Die katholische Theologie vertrat Prof. Dr. Fritz Grütters, der mir immer als ein ziemlich finsterer Mann erschienen ist mit seinen dunklen, stechenden, durchdringenden Augen. Er vertrat sehr dogmentreue Grundsätze und stellte zum Beispiel den Glauben über humane Qualitäten. Für mich bildete er einen unangenehmen Kontrast zu dem von mir hoch verehrten und geliebten, viel liberaleren gütigen Augustin Wibbelt.

Der eigentliche wissenschaftliche und philosophische Kopf des Dozentenkollegiums war Professor Raskop, dessen Vorlesungen, obwohl sie mich nach Inhalt und schlichter, fast salopper Vortragsweise damals fesselten, mir sonst leider nicht in Erinnerung geblieben sind.

Da ich meine Examensarbeit im Fach Deutsch schreiben wollte, war für mich Professor Dr. Wilhelm Menzel zuständig, der «Menzel Willem» aus Schlesien, ein sangesfreudiger, seine geliebte schlesische Mundart pflegender und auch öffentlich vortragender Mann, mehr ein Literaturschwärmer als Literaturkritiker. Bei ihm hatte ich auch ein Seminar in «Sprecherziehung» mitzumachen. Als er mich dort einen Text vorsprechen ließ, zog er geradezu eine Grimasse und prophezeite, ich werde nie Texte ordentlich sprechen können. Er wusste nicht, dass ich damals schon als Rezitator meine öffentlichen Erfolge gehabt hatte.

Meine ziemlich umfangreiche Examensarbeit mit dem Titel: «Das Plattdeutsche im Unterricht der Volksschule», zu der ich auch ein umfangreiches Lesebuch für alle acht Jahrgänge erarbeitet und vorgelegt hatte, wovon später vier Lesebogen im Verlag Aschendorff in Münster für den Gebrauch in Schulen erschienen, wurde mit «sehr gut» benotet.

Während des Studiums waren an verschiedenen Volkschulen im Stadtbereich Dortmund Unterrichtsproben unter Aufsicht je eines Fach-Dozenten zu absolvieren, ferner ein mehrwöchiges Stadtschul- und auch Landschulpraktikum. Das erste absolvierte ich in Lünen an einer Schule, wo mir der Mentor Offen – oder ich ihm und seiner Klasse – zugeteilt wurde, nach meiner Erinnerung ein kombiniertes 5./6. Schuljahr. Natürlicherweise ergeben sich in solchen Fällen, wenn sie der Lehrer nicht zu verhindern weiß oder es nicht will, Machtproben zwischen dem über keine disziplinarischen Rechte verfügenden Studenten und der Klasse, in der es ausschließlich Jungen gab. Ich hatte zunächst keine Disziplinschwierigkeiten, bis ein den Unterricht auffällig und absichtlich störender Junge von mir aufgerufen wurde, eine gestellte Frage, die er nicht beachtet hatte, zu beantworten. Er stand auf, zog seine Jacke aus, hängte sie an einen der an der Wand entlanglaufenden Kleiderhaken, krempelte die Ärmel hoch, stemmte beide Fäuste in die Hüften und sah mich herausfordernd an. Darauf lächelte ich ihm freundlich zu, winkte ihn mit dem Finger und der fast vertraut anmutenden Aufforderung heran: «Du, komm doch mal eben her!» Er kam tatsächlich zu mir, worauf er unverzüglich von mir rechts und links zwei schallende Ohrfeigen erhielt, die ihn völlig überraschten, worauf ich ihm freundlich sagte: «So, jetzt kannst du dich wieder setzen.» Die Klasse war perplex, und nie wieder hatte ich während des ganzen Praktikums die geringsten Schwierigkeiten mit ihr. Aber mein Mentor wies mich anschließend unnachsichtig zurecht und kündigte an, mein Praktikum mit «mangelhaft» zu benoten. Kurz darauf erschien der Musikdozent Busch zur Unterrichtsbesichtigung, dem der Mentor den Fall sofort tadelnd berichtete. In der anschließenden Unterrichtskritik des Dozenten schilderte ich ihm den Fall seinem Hergang entsprechend, worauf dieser etwa sagte: «Das haben Sie vollkommen richtig gemacht. Ich werde Ihre Note abschließend auf eine Zwei setzen», was dann auch geschah.

Das Landschulpraktikum absolvierte ich später an der zweiklassigen Schule Loevelingloe bei Amelsbüren in der Unterstufe, nach meiner Erinnerung bei der Lehrerin und Mentorin Menke. Dorthin fuhr ich täglich von Münster aus mit dem Fahrrad.

Zwei Ereignisse aus meiner Dortmunder Studienzeit seien noch erwähnt, nämlich das Akademiefest im Goldsaal der Westfalenhalle und die Exkursion nach Süddeutschland, Österreich und in die Schweiz mit Studenten und Dozenten der Fachrichtungen Deutsch, Biologie und Erdkunde unter Beteiligung der Professoren Beiler, Koch, Menzel und Perlick.

Das Akademiefest stellten Prolingheuer und ich unter das Motto: «Die neue Zeitbildung» in Abwandlung der damals so genannten «Neuen Bild-Zeitung». Großformatig stand auf der Bühne eine entsprechende, der Bild-Zeitung nachgeahmte Titelseite. Einer der Programmpunkte war eine dort stattfindende Dozentenprüfung, die ich durchführte. Damals galt als pädagogisches Prinzip allen Unterrichtens die praktische Wirklichkeitsnähe, und so stellte ich den Dozenten die Prüfungsaufgabe der Zubereitung eines Pfannkuchens.

Die Prüflinge erhielten eine Schürze vorgebunden, und sie wurden der Reihe nach aufgerufen. Der erste musste die Zutaten zu einem Pfannkuchen aufzählen, der zweite den Pfannkuchen anrühren, der dritte ihn braten, der vierte ihn dem Rektor Figge servieren, und dieser musste ihn essen, wobei er humorvoll bemerkte: «Ich muss ja immer auslöffeln, was die mir einbrocken.»

Wie die Fotos ausweisen, waren als Prüflinge gefordert: Prof. Limper (Psychologie), Prof. Reiring (Pädagogik), Prof. Beiler (Biologie). Die ganze Szene erhielt tosenden Beifall des bis auf den letzten Platz gefüllten Goldsaals.

Die erwähnte Exkursion der drei Fachgruppen führte über Heidelberg, durch den Schwarzwald nach Freiburg, dann durch die Schweiz, an den Bodensee, über Meersburg nach Lindau, durch das Walsertal nach Riezlern, dann über Mittenwald, Garmisch-Partenkirchen, Innsbruck, Salzburg, Passau, Zwiesel, Nürnberg, Würzburg und Lohr im Spessart. Mir war die literarische Führung übertragen, und so sollte ich beim Besuch bei Gertrud von le Fort und Hans Carossa die Regie übernehmen. Leider trafen wir beide nicht an und mussten weiterfahren.

Auf dieser Exkursion wurde ich von Dozent Koch zum Jaika-Strategen ernannt, weil ich, wo immer wir mittags auf der Rast einkehrten, zum Bier nur drei Spiegeleier und drei Scheiben Brot bestellte, um möglichst schnell das Essen hinter mich zu bringen, damit ich den betreffenden Ort oder die Stadt bis zur angesetzten Weiterfahrt besichtigen konnte, während alle anderen auf ihr Mittagessen warten mussten.

Die Zeit der abschließenden mündlichen Prüfung nahte heran, es waren sehr heiße Sommertage, die durstig machten. Da traten erhebliche Verzögerungen der Prüfungsabläufe ein, die wartend überbrückt werden mussten. Der durch die sommerliche Hitze verursachte Durst ließ mich ein Bierchen nach dem andern trinken, so dass ich schließlich fröhlich beschwingt in den Prüfungen erschien, was auch entsprechende Folgen zeitigte. In der Psychologieprüfung bei Prof. Limper und Frau Dorndorf muss ich wohl ständig vom «Interesse» gesprochen haben, so dass Frau Dorndorf schließlich unwillig sagte: «Nun hören Sie doch mal endlich mit Ihrem Interesse auf», worauf ich erwiderte: «Frau Dr. Dorndorf, das Interesse ist die Basis für alles Verstehen und Verständnis, ohne das Interesse ist alles steril und in Frage zu stellen.»

Man entließ mich mit einem nachsichtigen Lächeln und einer guten Note.

Kritisch, sehr kritisch war die Prüfung in Pädagogik, die Professor Figge und Professor Reiring durchführten. Reiring, der sich auf Friedrich Wilhelm Foerster spezialisiert hatte, von dem ich aber so gut wie nichts wusste, ritt nur auf diesem herum, wobei ich ständig passen musste und darum von Reiring, der mich wohl ebenso wenig mochte, wie ich ihn, eine glatte Fünf erhielt. Danach prüfte mich Figge in Historischer Pädagogik und verpasste mir eine glatte Eins. Fünf plus eins macht sechs, durch zwei geteilt, ergibt das eine Drei, und das wurde meine Zeugnisnote in Pädagogik.

Später gestand mir der liberale Figge, der den pedantischen Katholiken Reiring auch nicht leiden konnte, hinter der Hand: «Das wollen wir dem doch mal zeigen!»

EINKLASSIG

Nach bestandenem Examen ergab sich für jeden Absolventen die Frage, in welchem Regierungsbezirk er sich um eine Anstellung bewerben wollte. Für mich kam nur der Regierungsbezirk Münster in Frage, da ich meinen Wohnsitz in Münster hatte und durch meine plattdeutschen und heimatverbundenen Vorträge mit dem Münsterland vertraut war und schon deshalb in diesem Bezirk tätig werden wollte. Da wurde mir, obwohl ich keine Berufserfahrung hatte, als sogenanntem Junglehrer die einklassige katholische Volksschule in der Bauerschaft Ostbevern-Schirl angeboten, die einsam hinter einem größeren Waldstück einige Kilometer vom Dorf entfernt lag und nur ein großes Bauerngehöft und einige kleinere Kotten als nächste Nachbarn hatte. Mein Vorgänger, der aus Schlesien stammende Josef Bardosch, hatte sich um eine Stelle im Ruhrgebiet beworben. Als meine Frau und ich die Schule besichtigten, die nur einen Klassenraum und unter dem schrägen Dach die Lehrerwohnung hatte, jubelte sie in ihrer impulsiven Art laut, dass es vom Wald her widerhallte, und so war unsere Entscheidung bald getroffen.

Die Stelle trat ich zum 1. November 1954 an und musste zunächst behelfsmäßig in der leeren Wohnung campieren, ehe der Umzug von Münster her ausgeführt werden konnte. Bei Übergabe der Schule an mich hatte mir Bardosch gesagt, die Kinder seien alle in Ordnung, nur ein Schüler sei so schwierig und widersetzlich, dass ich ihn täglich prügeln müsse, wenn ich ihn in Schach halten wolle: «Willi Korte».

Am 2. November nahm ich den Unterricht auf. In dieser weniggegliederten Schule, die übrigens nur sechs Jahrgänge führte, während die Schüler vom 7. Jahrgang an die Dorfschule besuchen mussten, gab es in jeder Jahrgangsstufe nur wenige Kinder, Jungen und Mädchen gemischt. Der Abteilungsunterricht geschah getrennt nach dem 1., 2., dem kombinierten 3. und 4. wie dem kombinierten 5. und 6. Jahrgang.

Natürlich richtete sich mein Augenmerk gleich auf den angeblich so schwierigen blondhaarigen Willi Korte. Ich erkannte in ihm einen offenen, liebenswürdigen Charakter, der nicht das mindeste Anzeichen von Widersetzlichkeit oder gar boshafter Heimtücke zeigte. Um ihm das Gefühl zu vermitteln, geachtet zu sein, Vertrauen zu genießen und dass ihm Verantwortung übertragen werden konnte, betraute ich ihn mit seinem Einverständnis mit dem Ofendienst, also der Versorgung des den Klassenraum heizenden großen Kanonenofens, was er freudig besorgte. Ich habe mit ihm nie die geringste Schwierigkeit gehabt und schätzte seine freimütige Art, mit mir zu reden. Die hatte mein Vorgänger wahrscheinlich als vermeintlich respektlos nicht ertragen können und ihn deswegen geprügelt, so dass sich der Junge, wie ich sehr viel später erfuhr, angstvoll vor dem Lehrer versteckt gehalten und die Schule versäumt hatte, was neue Strafen nach sich gezogen haben wird. Als bezeichnend für unseren saloppen Umgangston sei ein kleines Beispiel angeführt. Vorausgeschickt sei, dass die Kinder der Bauerschaft zum Teil noch ohne Kenntnis des Hochdeutschen, nur ihrer plattdeutschen Muttersprache kundig, in die Schule kamen, so dass ich mit ihnen zunächst möglichst nur plattdeutsch sprach. In den letzten Unterrichtsstunden jeden Tages, wenn die unteren Jahrgänge nach Hause geschickt worden waren, wagten sich zuweilen einzelne Mäuse aus den Spalten zwischen den Bohlen des Fussbodens hervor und huschten durch die Klasse. Darum fragte ich die Kinder, ob sie mir nicht aus dem Wurf junger Katzen ein oder zwei Kätzchen mitbringen könnten. Darauf erwiderte Willi Korte spontan: «Kärl, schaff di doch ne Siegge an, dao häs doch viell mähr von!»

Damals wurde von den jungen Lehrern weniggegliederter Schulen auf dem Lande erwartet, dass sie bei allen Schülern Elternbesuche machten, was ich ausnahmslos tat.

Daraus ergaben sich manche persönlichen Kontakte, die Bestand hatten. Gewarnt wurde ich vor dem Besuch beim Maurermeister Werring wegen dessen sprichwörtlich gewordener Trinkfestigkeit und seiner Vorliebe, andere «unter den Tisch zu trinken». Zur Vorsicht nahm ich meinen großen Schäferhund Tasso mit und durchstreifte dann mit ihm den Wald bis zu Werrings. In der Tat wurde mir ein Schnaps nach dem anderen angeboten, und ich hielt tapfer mit, bis Werring auf einmal einschlief und in sich zusammensackte, worauf ich das Haus verließ und torkelnd und schwankend, von meinem zuverlässigem Schäferhund geführt, nach Hause stapfte, wo ich hundeelend ins Bett sank.

Übrigens erschienen die Kinder, die oft weite Wege durch die Bauerschaft zur Schule hin zu machen hatten, noch in Holzschuhen, die Mädchen mit ihren vorgebundenen Schürzchen.

Mit den Kindern führte ich öfter kleine Theaterstückchen auf, bei denen sie sich nach freier Phantasie kostümieren konnten. Eine Aufführung fand im Dorf im Saal eines Gasthofes statt, wo wir eine von mir für die Bühne umgeschriebene Kurzgeschichte von Augustin Wibbelt aufführten, nämlich «Dat Klennste», wobei ein lebendiges Ferkel in einer Wiege zu den Akteuren gehörte. Der Applaus des Publikums war entsprechend.

Ein besonderer Brauch, dem zuzustimmen und ihn mitzumachen damals dienstlich offiziell untersagt war, betraf den Namenstag des Lehrers. Dann kamen die Kinder in ihren festlichsten Kleidern zur Schule und brachten dem Lehrer Geschenke mit, die sich auf dem damals hohen Lehrerpult, zu dem eine Stufe emporführte, türmten: vor allem ländliche Produkte, wie Eier, Butter, Schinken, Würste, Bauernstuten und dergleichen mehr. Sich dagegen zu wehren oder es abzulehnen wäre einer Beleidigung gleichgekommen, und so musste ich das alles widerwillig dulden, zumal ich diese Zuwendungen als unverdient empfand.

Natürlich wurde an dem Tag, es war jeweils der 17. Juni, nicht unterrichtet, sondern gesungen, gespielt, erzählt und allerlei Kurzweil getrieben, der Unterricht auch vor der Zeit beendet und den Kindern freigegeben.

In strengen Wintern mit viel Schneefall und starkem Frost war die Schule fast wie abgeschnitten und isoliert, zumal ich damals noch nicht über einen Wagen verfügte. Ich erinnere mich an einen besonders strengen Winter, als die Wasserleitung zugefroren war und wir, um Wasser zu haben, in großen Schüsseln den Schnee ins Haus holen und dort auftauen mussten.

Als Schulleiter einer Bauerschaftsschule hatte ich mich auch für die Schulpolitik der Gemeinde zu interessieren und besuchte fast regelmäßig die Gemeinderatssitzungen, über die ich mehrfach kritisch in der lokalen Presse berichtet habe.

Während einer solchen Gemeinderatssitzung, die in einer Gastwirtschaft stattfand, erhielt ich einen Anruf von meiner Frau, die auf den Köpfen der Kinder Kopfläuse gefunden hatte. Ich besorgte in der Apotheke Läusepulver und verständigte das Gesundheitsamt, das sofort Maßnahmen ergriff und die Schule einige Tage schließen ließ. Die Läuse waren von einem Schulkind auf meine noch nicht schulpflichtigen Kinder übertragen worden, die am Musikunterricht, den meine Frau damals gab, teilgenommen und mit den Schulkindern in der Bank zusammengesessen hatten.

Lästig war mir der Kirchenzwang, vor allem die unerlässliche Teilnahme als Lehrer an den Sonntagsgottesdiensten. Ich ging den mehrere Kilometer weiten Weg zur Kirche fast immer zu Fuß, während die anderen Kirchgänger entweder auf Fahrrädern oder in Pferdekutschen und Autos an mir vorbeifuhren.

Mit dem Rektor der Dorfschule, Gerd Tenhumberg, der zunächst mein Mentor war, und seiner Frau Regina verband mich und auch meine Frau bald eine angeregte Freundschaft, und so wurde ich sonntags nach dem Gottesdienst von der Familie Tenhumberg meist zum Mittagessen eingeladen, was immer eine heitere Runde ergab, worauf ich anschließend am frühen oder mittleren Nachmittag auf einem Umweg durch die Bauerschaft nach Hause wanderte.

Auch mit manchen Lehrerinnen und Lehrern der Dorfschule sowie der zweiklassigen Bauerschaftsschule Brock-Ostbevern ergaben sich freundschaftliche Kontakte, in die meist meine Frau einbegriffen war. Das Verhältnis zur Geistlichkeit, dem Pfarrer Greshoff und seinem Vikar, war missklanglos gut. Den Katechismusunterricht an der Schule Schirl gab die Pfarrhelferin Laumann, eine gutmütige, redliche, tieffromme, mit Schwesternhäubchen und Schwesterntracht angetane Frau, die jeweils vom Dorf her zum Unterricht angeradelt kam.

Übrigens blieb mein Kontakt zu den Pädagogischen Akademien und der damit verbundenen Hochschulpolitik bestehen, weil ich weiterhin die Redaktion der «Studentischen Rundschau» beibehielt, Studententagungen besuchte und die maßgebenden AStA-Vertreter häufiger zu Besuchen in Schirl empfing. Daraus ergab sich die kontinuierliche Fortsetzung einer publizistisch bedingten Einflussnahme auf das hochschulpolitische Geschehen.

Die Schulaufsicht lag damals beim Schulrat Dr. Böhmer, der in Warendorf residierte, und seine Unterrichtsbesuche, da er über keinen Wagen verfügte, per Bahn, Omnibus und zu Fuß durchführen musste. Diese Revisionen geschahen jeweils überraschend und unangemeldet. Wenn Böhmer zu mir kam, sah ich ihn auf dem langen, am Wald entlangführenden Weg vom Klassenzimmer her kommen und konnte mich blitzschnell auf den Besuch ein- oder umstellen. Einmal hatte ich ihn nicht rechtzeitig gesehen, zufällig war Tasso nicht angebunden, und empfing ihn mit einem wütenden Gebell, so dass das kleine Männchen hilflos und bleich vor ihm stand. Sofort öffnete ich das Fenster und rief den Hund mit einem Wort zurück, der auch sogleich gehorchte. Erleichtert kam Dr. Böhmer zu mir und sprach mir seine Anerkennung aus, dass ich den Hund so gut im Griff hatte.

Von Ostbevern aus setzte ich meine Vortragstätigkeit fort, was zuweilen mit allerlei Umständlichkeiten verbunden war, da ich noch nicht über einen Wagen verfügte und somit auf Bahn und Omnibusse angewiesen war. Oft musste ich am Vortragsort übernachten und dann in aller Frühe zurückfahren, um den Unterricht pünktlich beginnen zu können.

Nach zwei Jahren hatte ich die Zweite Staatsprüfung abzulegen, für die ich – um die frühere Mangelhaftigkeit zum Thema Friedrich Wilhelm Foerster in der Pädagogik-Prüfung bei Prof. Reiring gutzumachen – das Thema wählte: «Staatsbürgerliche Erziehung in der einklassigen Volksschule», die nach meiner Erinnerung mit «gut» bewertet wurde. Ich habe sie später in mehreren Folgen – wie auch die erste Staatsprüfung – in verschiedenen pädagogischen Zeitschriften veröffentlicht.

Da die Lehrerdienstwohnung in Schirl für eine vierköpfige Familie, zu der noch eine ständige Hausangestellte kam, auf die Dauer zu eng geworden war, bewarb ich mich, inzwischen auf Lebenszeit beamtet, um die Schulleitung einer zweiklassigen Schule. Schulrat Böhmer hatte mir für die Zukunft aufgrund seiner Bewertung meiner Tätigkeit eine erfolgreiche Laufbahn, zumindest bis zum Schulrat, in Aussicht gestellt.

Diese Prophezeiung ist nie in Erfüllung gegangen, weil ich durch ein besonderes Ereignis, das in die Schirler Zeit fiel, auf dem beruflichen Sektor bei meinen Vorgesetzten zu einer persona non grata wurde.

Als Raimund etwa ein Jahr alt war, verfiel er oft in spastische Wein- und Schreikrämpfe, insbesondere nachts, und konnte nur

Ruhe und Entspannung finden, wenn ich ihn zu mir ins Bett nahm und bis zu seiner Beruhigung tröstete. Nicht einmal seine Mutter vermochte das zu bewirken. Um diese Zeit stellte der hinzugezogene Arzt, Dr. Oberwalleney, ein von mir hochgeschätzter tüchtiger Mediziner, zum ersten Mal die zutreffende Diagnose: Little'sche Krankheit, durch Hirnverletzungen bei der Geburt verursacht. Zunächst versuchte ich, die Spasmen konservativ behandeln zu lassen, was zu keinerlei Erfolg führte. Eine Operation war unerlässlich, wenn die spastisch gebeugten Beinchen gestreckt werden sollten, sonst hätte der Junge nie laufen können. Da der in Münster zuständige orthopädische Chirurg Prof. Dr. Hepp nicht bereit war, zugleich die Mutter in die Klinik zur Betreuung des Kindes mit aufzunehmen, wandte ich mich an Prof. Hackenbroich in Köln, der dies zuließ, so dass meine Frau für einige Zeit in Köln verbleiben musste, während ich mit Töchterchen Annette allein in Schirl blieb. In diese Zeit fielen nicht nur mehrere Vorträge, sondern auch mein Besuch der Fahrschule in Glandorf, so dass ich eine abendliche Betreuung für die damals fünfjährige Tochter Annette benötigte. Ich wandte mich dieserhalb an den Kollegen in der zweiklassigen Schule Brock, bei dem zwei Pädagogikstudentinnen aus Münster im Praktikum tätig waren, die täglich von Münster nach Brock zu fahren hatten und sich auf meine Anfrage bereitfanden, bei mir zu übernachten, wenn ich abends zu Vorträgen oder zur Fahrschule unterwegs sein musste. Eine dieser beiden Studentinnen war die ausgesprochen hübsche, mir auch sonst in ihrem Wesen sehr zusagende Hedwig Lösing.

Meine Vorliebe und auch Schwäche für schöne, charakterlich wertvolle Frauen war immer sehr ausgeprägt, und so kam es während unserer langen, behaglichen Abende zu jener natürlichen Annährung und Vereinigung, aus der später meine zweite Tochter Claudia hervorgegangen ist. Das war nur möglich, weil Hedwig das Datum ihrer Menses unwissentlich falsch angab, sonst wäre ich vorsichtiger gewesen.

Als dann am 26. Juli 1958 Claudia in Haltern geboren wurde, war ich Schulleiter in Seppenrade-Emkum, worüber im nächsten Kapitel zu berichten sein wird.

ZWEIKLASSIG

Zu Ostern 1958 übernahm ich als Schulleiter die zweiklassige Bauerschaftsschule Emkum, einige Kilometer westlich von Seppenrade in Richtung Hullern und Haltern gelegen. Die Bauerschaft Emkum gehört zur Gemeinde Seppenrade. Zur Schule gehörte ein zweistöckiges Lehrerhaus, etwa in den zwanziger Jahren erbaut. Wir bezogen die untere Wohnung, während die Familie des bisher in Emkum tätigen Lehrers Löbbert die 1. Etage bewohnte. Löbbert, der an einem nervösen Leiden erkrankt und zeitweise deshalb dienstunfähig gewesen war, war nach Waltrop versetzt worden und fuhr täglich von Emkum aus dorthin. Seine Frau wurde verschiedentlich von ihm verprügelt und wies dann meist tagelang blaue Flecken auf. Ich habe sie mehrmals erfolgreich gegen den Mann in Schutz genommen, wofür sie mir dankbar war und gegen mich eine besondere Anhänglichkeit zeigte, die hin und wieder zu heimlichen Ausfahrten in die westlich von Dülmen liegenden Wälder führte.

Ich übernahm den Unterricht in der Oberstufe der Schule mit den Jahrgängen 5 bis 8, während die Kollegin Hedwig Benker, die täglich vom Dorf her mit dem Fahrrad kam, die Unterstufe mit den Klassen 1 bis 4 unterrichtete.

Pfarrer in Seppenrade war der mir von Oelde her bekannte vormalige Kaplan Westhoff. Mit dem Lehrerkollegium der Dorfschule, die damals der aus Wessum stammende, im Dorf unbeliebte, sehr von sich eingenommene Rektor Reckers leitete, gab es, abgesehen von einigen freundlichen Annäherungen, wenig Kontakte. Mit einer Kollegin unternahm ich damals eine Autofahrt zur Weltausstellung in Brüssel, wo man das berühmte Atomium errichtet hatte, eine andere, Frau Sindermann, verkehrte eine Zeitlang in unserer Familie. Eine gute Beziehung stellte sich auch her zu dem Sportlehrer Peters, Klassenlehrer von Raimund, der etwa 50-jährig eines Tages durch sportliche Überforderung auf seinem Fahrrad mit Herzinfarkt tot zusammenbrach.

Inzwischen hatte Hedwig Lösing ihre Prüfung an der Pädagogischen Akademie in Münster absolviert und ihren Schuldienst als

Junglehrerin in Henrichenburg angetreten. Da wurde ihre Schwangerschaft mehr und mehr sichtbar und auch der Schulbehörde bekannt. Ich glaubte mich zuvor nach eingehender Konsultation des Rechtsanwalts Dr. Deckwitz in Münster gegen eventuelle disziplinarische Folgen sicher. Als ich nach dienstlichen Konsequenzen fragte, sagte mir Deckwitz wörtlich:

«Da kann sich doch nur ein Korinthenkacker drüber aufregen, Folgen hat das nicht.» Deckwitz galt damals als einer der fähigsten und beschlagensten Anwälte in Münster, muss sich aber im Disziplinarrecht der Beamten nicht ausgekannt haben, denn als Hedwig Lösing ihrer vorgesetzten Behörde, die auch die meinige war, völlig arglos meinen Namen als den Vater ihres Kindes angab, wurde ich zu sehr unangenehmen Vernehmungen zur Regierung in Münster bei dem zuständigen Dezernenten Koch vorgeladen, einem fundamentalistisch-katholischen Mann, der seine Vernehmung äußerst zudringlich und indezent durchführte. Ich habe damals die Torheit begangen, auf einen Rechtsschutz der GEW, der ich angehörte, und die Inanspruchnahme eines Anwalts aus falscher Scham zu verzichten und ließ das gegen mich eingeleitete Disziplinarverfahren über mich ergehen. Es endete vorerst mit der Verhängung einer Disziplinarstrafe, die in monatlichen Beträgen von meinen Dienstbezügen einbehalten werden sollten. Das Verfahren wurde zu meinen Personalakten genommen, jedoch die Disziplinarstrafe nie einbehalten. Ich vermute, dass ein mir wohlwollender Regierungsbeamter die Akte auf geschickte Weise aus dem Verkehr gezogen und ad acta gelegt hat.

Nun war aber eine Weiche gestellt, die meine gesamte dienstliche Laufbahn für die Zukunft und für immer blockiert hat.

Das begann mit ausschließlich negativen und zum Teil sogar wahrheitswidrig abgefassten Unterrichtsprotokollen des für mich zuständigen Lüdinghauser Schulrats Dietrich Hagemann, der zudem, was ich damals weder ahnte noch wusste, bei dem Pater Tembrink ein und aus ging, der von der Nichte Augustin Wibbelts zu sich auf den Wibbelthof geholt worden war, um von dort aus Wibbelts Gesammelte Werke herauszugeben, die nicht nur voller Fehler, sondern auch mit erheblichen absichtlichen Textentstellungen erschienen, was ich durch ausführliche Rezensionen in der

Presse und in einschlägigen Organen öffentlich sichtbar gemacht hatte. Der Hass des Paters Tembrink nahm im Laufe der Zeit immer schärfere Formen an und wurde am erfolgreichsten umgesetzt in der heimtückischen Einflussnahme auf meine dienstliche Stellung über den Schulrat Hagemann, gegen den ich übrigens erfolglos Dienstaufsichtsbeschwerde führte.

Inzwischen hatte Hedwig Lösing ihren Schwangerschaftsurlaub angetreten und war nach Marl versetzt worden. Zu ihr erhielt ich weiterhin eine intensive Verbindung aufrecht, zumal Haltern, wo sie wohnte, von Emkum aus leicht zu erreichen war und ich inzwischen über einen Wagen verfügte, den allbekannten «VW Käfer».

Hedwig konnte disziplinarisch nicht belangt werden, da sie zur Zeit des «Ehebruchs» noch Studentin war, somit kein Dienstvergehen nach damaligem Verständnis begangen hatte. Sie ist auch später dienstlich unbehelligt geblieben und hat den Lehrer Norbert Walden geheiratet. Aus der Ehe sind drei Kinder hervorgegangen: Michael, Sylvia und Gudrun.

Am 26. Juli 1958 wurde in Haltern meine zweite Tochter Claudia geboren. Hedwigs Familie lehnte mich aus moralischen Gründen strikt ab; dabei wäre Hedwig ohne den Kontakt zu mir und meine regelmäßigen Besuche ziemlich isoliert gewesen.

Meine Ehe hatte unter der Beziehung zu Hedwig kaum gelitten, vielmehr erklärte sich meine Frau zunächst sogar bereit, Hedwigs und mein Kind gegebenenfalls zu adoptieren, wozu es allerdings nicht gekommen ist, da Hedwig nach Geburt von Claudia nicht auf ihr Kind verzichten wollte.

Meine Frau und ich planten aus verschiedenen Gründen ein weiteres Kind, so dass sie bei der Übersiedlung von Ostbevern nach Seppenrade schwanger war, und ich habe in den Osterferien 1958 mit zwei schwangeren Frauen und zwei Kindern eine Reise durch die Niederlande unternommen, bei der es kaum Disharmonien gab.

Am 21. Oktober 1958 wurde im Krankenhaus zu Lüdinghausen unsere Tochter Friederike geboren. Nach den schlimmen Erfahrungen bei und nach Raimunds Geburt hegten wir die schlimmsten Befürchtungen und baten die Ärzte um äußerste Vorsichtsmaßnahmen, aber die Geburt verlief relativ schnell und glücklich; wir freuten uns über ein gesundes Töchterchen, das ein ungewöhnlich heiteres und glückliches Naturell zeigte, ein wahres Sonnenscheinchen voll Impulsivität und Vitalität. Sie hat später das Studium der Volkskunde mit einer Dissertation über «Beerdigungen und Friedhöfe im 19. Jahrhundert in Münster» abgeschlossen. Mit Rücksicht auf ihre beiden Söhne verzichtete sie auf ein berufliches Tätigwerden und widmete sich – außer verschiedenen wissenschaftlichen Auftragsarbeiten – ganz der Familie. Als ausgebildete Sängerin sehr beliebt, die zunächst einem Jugendchor und seit Jahrzehnten dem von meiner Frau gegründeten Philharmonischen Chor der Stadt Münster angehört, singt sie bei entsprechenden Anforderungen mit ihrer glockenklaren Mezzosopran-Stimme bei Hochzeiten und Beerdigungen.

Meine Tochter Claudia, die als kleines Kind von Norbert Walden nach seiner Heirat mit Hedwig Loesing seinen Namen erhielt, von mir aber jahrelang konsequent getrennt worden war, ist mir nach dem Tode ihres Adoptivvaters sehr bald wieder nahegekommen und bis heute herzlich verbunden geblieben. Sie erlitt das Schicksal, schon in jungen Jahren, vermutlich als Folge der Pockenschutzimpfung, von der Multiplen Sklerose affiziert zu werden. Sie lebt seit vielen Jahren am Bodensee.

Aus der Ehe mit ihrem Mann Lothar, Technischer Direktor der Universität Konstanz, gingen drei Töchter hervor: die extravagante, hochbegabte Lisa, tätig im Lehrberuf in der Schweiz, die mit kaufmännischem Diplom ausgestattete Optikerin Wiebke, die zwei Töchterchen, Nora und Mara, meinen Urenkelkindern, das Leben schenkte, und Judith, eine zuverlässige, charmante, ansehnliche junge Frau, als Erzieherin in einem Kindergarten tätig.

In Seppenrade-Emkum pflegten wir schon bald guten nachbarschaftlichen Kontakt mit der Familie des Bauern Muhle, aber auch sonst in der Nachbarschaft. Ein missklanglos gutes Verhältnis ergab sich auch mit dem schwer kriegsbeschädigten verwitweten Hausmeister Hagemann, der während meiner Zeit in Emkum noch einmal heiratete. Das lustige Hochzeitsfest im Sommer fand fast nur draußen auf dem Schulhof ohne besonderen Aufwand statt. Man lag gesellig beieinander im Gras und trank fröhlich auf das Wohl des nicht mehr ganz jungen Paares.

Übrigens hatte Heinrich Hagemann für mich jeweils in der «großen Pause» ein «Knabbelkümpken» voll Ziegenmilch und einem Guss Kaffee darin mit Knabbeln (zweifachgebackenen trockenen Stutenstücken) bereitstehen. Dabei wurde heiter geplaudert und etwa Anfallendes kurz besprochen.

Von meinen Schülern habe ich damals besonders originelle Aussprüche wörtlich aufgezeichnet. Einige von ihnen sprachen im Elternhaus noch Plattdeutsch und selbstverständlich auch auf dem Schulhof.

Von Seppenrade aus führte ich weiterhin die Redaktion der «Studentischen Rundschau», die inzwischen auf die Pädagogischen Hochschulen Niedersachsens ausgeweitet werden konnte. Für diese Redaktion war Hermann Hebbel verantwortlich, den ich noch von der Studienzeit her kannte und der jetzt als Lehrer, später als Rektor, in Boffzen tätig war, ein äußerst kultivierter geistig hochstehender Mann, der sich eigentlich auf dem Niveau eines qualifizierten Hochschullehrers bewegte und manche wertvollen Anregungen zu geben wusste. Unsere gegenseitigen Besuche in Münster und Boffzen waren angefüllt mit geistvollen Gesprächen, die Hebbel mit seiner feinen Ironie pikant zu würzen verstand.

In jene Zeit fiel die Entziehung des Lehrauftrags der Wuppertaler Dozentin Dr. Renate Riemeck durch den Kultusminister Schütz wegen der von ihr aufgenommenen Kontakte zur DDR, der viel Aufsehen erregte und die Empörung der Studentenschaft hervorrief. Obwohl inzwischen beamteter Lehrer, griff ich den Fall in der «Studentischen Rundschau» in aller Ausführlichkeit, auch mit eigenen umfangreichen Kommentaren, auf und nahm klar und deutlich Partei für Frau Riemeck, deren Adoptivtochter Ulrike Meinhof später die Baader-Meinhof-Gruppe gründete. In Heft 67 der «Studentischen Rundschau» von November 1960 erschien mein Leitartikel «An den Grenzen der Demokratie» unter dem Pseudonym Wilhelm Maria Rasche, montiert aus meinem vollständigen Namen Rainer Wilhelm Maria Schepper, mit den sich daran anschließenden Artikeln «Die Meinungsfreiheit des Beamten und Hochschullehrers», «Herr Schütz und seine Schützlinge», in Heft

68, «Save Our Souls» und folgend «Minister Schütz drohte mit fristloser Entlassung, was ein Minister alles kann», «Gefährdung unserer Demokratie».

Danach schrieb mir der spätere Bundespräsident Johannes Rau, damals Mitglied des Landtags von NRW, in einem Brief vom 18. 11. 1960 u. a.: «Es ist mir ein Bedürfnis, Ihnen zu sagen, dass ich diese Dokumentation und die vorgelegten Stellungnahmen zu dem Besten rechne, was bisher über den Fall Riemeck geschrieben worden ist.»

Die Folgen des Eintretens der «Studentischen Rundschau» für Renate Riemeck blieben nicht aus. Durch seinen Ministerialrat Klein ließ Kultusminister Schütz die bis dahin vom Kultusministerium bereitgestellten Mittel für die «Studentische Rundschau» sperren, und die Zeitschrift musste ihr Erscheinen einstellen. Mit Hermann Hebbel und der Studentenschaft der Pädagogischen Akademien in Niedersachsen und Nordrhein-Westfalen gründete ich dann das in Zeitungsformat erscheinende Protestblatt »Aspekte», von dem aber nur drei Ausgaben erschienen, weil es sich finanziell nicht halten konnte.

In Seppenrade trat damals, vermutlich veranlasst durch den mir von Oelde her bekannten Pfarrer Westhoff, der Katholische Arbeiterverein (KAB) an mich heran, um mich als Schriftführer in seinen Vorstand aufzunehmen. Dieser Bitte konnte ich mich schlecht entziehen und willigte ein. Nach einigen formalistisch und langweilig verlaufenden Sitzungen erklärte ich, nur dann weiterhin mitarbeiten zu wollen, wenn etwas Konstruktives dabei herauskomme. Ich schlug die Gründung einer plattdeutschen Laienspielgruppe aus alten und jungen Mitgliedern der KAB vor, um mit ihnen Theater zu spielen und damit die Kasse des Vereins zu füllen, um Honorare für Referenten zu politisch informierenden oder sonstigen bildenden Vorträgen aufbringen zu können. Auf diese Weise holte ich mit der Zeit manche Vortragende nach Seppenrade, so den Ostbeverner Rektor Gerd Tenhumberg über das Subsidiaritätsprinzip, den Abgeordneten Winkelheide über Arbeiterfragen, meinen Kollegen Heinrich Eickholt aus Ostbevern mit einem Reisebericht mit Lichtbildern aus Skandinavien und andere mehr.

Mit der Laienspielgruppe, mit der ich später auch zu Gastspielen nach Olfen, Hullern und Lüdinghausen fuhr, führte ich zunächst das Lustspiel «Dat Hörrohr» von Karl Bunje auf.

Mit den recht begabten Spielern wurde unnachsichtig stramm und streng geübt und geprobt. Am schwierigsten war es, ihnen den von der Schule her eingedrillten langweiligen Aufsageleierton abzugewöhnen und sie auf natürliches, unbefangen dann auch richtig betontes Sprechen umzuschulen, was schließlich gelang, da ich die Regie möglichst locker und humorvoll zu führen bemüht war. Nach den Proben war behagliches, feucht-fröhliches Beisammensein am Stammtisch, und reichlich spät in der Nacht fuhren alle nach Hause; wobei ich öfters noch Spieler heim fuhr, am liebsten die junge Spielerin Ferdinande nach Olfen, was nie ohne ein zuwendungsfreudiges Anhalten am Straßen- oder Waldrand ablief. Die Aufführungen der Theaterstücke wurden mit großem Beifall bedacht, und ich selbst war mit den schauspielerischen Leistungen meiner Truppe so zufrieden, dass ich die Aufführungen aus ehrlicher Überzeugung teilweise für fernsehreif erklärte. Auch die Presse stimmte in den allgemeinen Beifall ein.

Die Zahl der Schüler in Emkum wuchs, so dass der Bau einer neuen Schule in Angriff genommen werden musste, die drei Klassenräume erhielt. Damit war meine Beförderung zum Hauptlehrer fällig, der eine «Besichtigung» durch den Schulrat vorausgehen musste. Schulrat Hagemann, inzwischen durch die Einflussnahme des Paters Tembrink und aufgrund des zurückliegenden Disziplinarverfahrens sowie meiner Kritik an seinen ungerechten Berichten zu meinem Feind geworden, übermittelte der Regierung, ich sei ungeeignet und unfähig und könne nicht mit der Stelle eines Hauptlehrers betraut werden. Er sprach meine Versetzung an die Ludgerischule in Lüdinghausen aus, so dass ich mit meiner Familie die Lehrerwohnung in Emkum zu räumen hatte und zunächst eine Wohnung im Dorf Seppenrade in der Mollstraße bezog.

Bezeichnend für meine Auseinandersetzung mit Hagemann sind vor allem zwei Vorfälle, die ich hier erwähnen will. In meiner Personalakte bei der Regierung in Münster fand ich in einem Bericht Hagemanns die Behauptung, ich hätte amtliche Schriftstücke mit

Bleistift geschrieben und zu den Schulakten genommen. Tatsache aber war, dass diese Dokumente von einem meiner Vorgänger stammten.

Als mich Hagemann zu einer Dienstbesprechung in sein Dienstzimmer nach Lüdinghausen beorderte, machte er mir die ungeheuerlichsten unwahren Vorwürfe über meine Unterrichtsführung, worauf ich ihm wörtlich sagte: «Entweder sind Sie schizophren, oder Sie lügen bewusst.» Worauf er wütend einen Bleistift ergriff, um das zu notieren, während ich deutlich wiederholte: «Schreiben Sie: entweder sind Sie schizophren, oder Sie lügen bewusst.» Er zitterte und bebte vor Wut, warf dann aber den Bleistift auf den Tisch und notierte nichts, während ich mich erhob und verabschiedete.

DRITTKLASSIG

In Lüdinghausen war ich zum ersten Mal einem Schulleiter unterstellt oder doch untergeordnet; es war der zumindest nach außen hin sehr freundliche Rektor Klötgen, mit dem es keinerlei Schwierigkeiten gab.

Meine mir vom Schulrat Hagemann durch die Versetzung nach Lüdinghausen bescheinigte Nichteignung, die Stelle eines Hauptlehrers zu übernehmen, hatte abgesehen von dem Aufsehen, das damit in der Lehrerschaft des Schulaufsichtsbezirks erregt wurde und den sich daraus ergebenden dienstlichen Folgen auch die Auswirkung, dass meine berufliche Motivation erheblich in Mitleidenschaft gezogen wurde und mich an der Schule nur noch das rein Menschliche, das unmittelbar Pädagogische, also das Wohl des einzelnen Schülers und der Schülerin interessierten. So sind mir an das Kollegium in Lüdinghausen keinerlei persönliche Erinnerungen geblieben, und dass ich dort ein zweites Schuljahr zu übernehmen hatte, ergibt sich nur noch aus zwei Notizen, die ich über den kleinen Alfred gemacht hatte, einen ausnahmsweise evangelischen Schüler in der katholischen Bekenntnisschule.

Um aus dem Aufsichtsbereich des intriganten Schulrats Hagemann wegzukommen, strebte ich meine Versetzung nach Münster an, auch deshalb, weil der spastisch gelähmte Raimund regelmäßig ambulanter orthopädischer Behandlung in der dortigen Universitätsklinik mit therapeutischem Reiten bedurfte und die ständigen Fahrten nach Münster große Schwierigkeiten bereiteten. Dort besuchte er später das Gymnasium Paulinum, machte dort sein Abitur und ließ sich dann auf meinen Vorschlag als Student der Jurisprudenz an der Universität Münster immatrikulieren. Nach dem Staatsexamen ging er als Jurist zur Deutschen Post, war dann viele Jahre in verschiedenen Funktionen in der Außenorganisation der Rechtsabteilung der Deutschen Telekom tätig, zuletzt Gesamtvertrauensperson für schwer behinderte Menschen bei der Deutschen Telekom AG mit Büro in Bonn und Münster, von wo er nach Jahren wegen körperlicher Überbelastung in den Vorruhestand ging.

Es war damals fast aussichtslos, eine Versetzung nach Münster zu erreichen, und so wandte ich mich persönlich an den Regierungsdirektor Prott bei der Bezirksregierung in Münster, einen erklärten SPD-Mann, der auch der GEW angehörte, dem meine Dienstaufsichtsbeschwerden gegen Hagemann bekannt waren und der diesen nicht anders beurteilte als ich, aber wenig Einfluss auf ihn ausüben konnte, was er mit dem markanten Satz ausdrückte: «Ich kann den Leuten keine anderen Köpfe aufsetzen.»

Prott verfügte dann zwar meine Versetzung nach Münster, erwartete aber gleichzeitig von mir, dass ich in die SPD eintrat und riet mir, mich alsdann um die Leitung einer Volkshochschule zu bemühen, nach meiner Erinnerung in Herten, wobei er auch die nötigen Verbindungen zu seinen dort maßgebenden Parteigenossen herstellte. Um in der Sache sicherzugehen, schaltete ich auch über meinen Vetter, den in Recklinghausen tätigen Pfarrer Dr. Schlagermann, den zuständigen Dechanten ein, der ebenfalls meine Bewerbung unterstützen wollte. Genau damit aber schoss ich in meiner Ahnungslosigkeit als unerfahrener politischer Taktiker ein unübertreffliches Eigentor; da sich damals noch Katholiksein und Mitgliedschaft in der SPD nahezu ausschlossen. Als ich dann zum Vorstellungsvortrag erschien und diesen absolvierte, ließen mich beide Parteien, CDU und SPD, voll durchfallen, und mein Mitbewerber erhielt die Stelle.

In Münster habe ich noch längere Zeit der SPD angehört und mich auf den örtlichen Parteiversammlungen für die Aufnahme diplomatischer Beziehungen mit der damaligen DDR und ihre Anerkennung als zweiten deutschen Staat eingesetzt, u. a. gegen den damals als fortschrittlich geltenden Professor Küchenhoff. Schließlich bin ich dann frustriert aus dieser Partei wieder ausgetreten. Erst sehr viel später hat sie unter Willy Brandt genau die Politik der Aussöhnung vertreten und praktiziert, wie ich sie damals schon vorgeschlagen hatte.

Als ich meine Versetzung nach Münster erreicht hatte, wies man mich an die katholische Hauptschule in Mecklenbeck, die der der Peter-Petersen-Pädagogik nahestehende Walter-Rest-Schüler Franz Freitag als Rektor führte, ein etwas undurchsichtiger, von sich selbst stark überzeugter, wenig klar artikuliert sprechender Mann. Zuständiger Schulrat war Josef Schölling, der mir als früherer im Kreis

Warendorf unter Dr. Böhmer tätiger Rektor von Kollegen her als wenig angenehm bekannt war. Mit ihm kam ich denn auch vom Regen in die Traufe, da er offensichtlich von Hagemann her stark gegen mich beeinflusst war und ebenfalls ungünstige, mich negativ beurteilende Unterrichtsberichte in meine Personalakte brachte.

In Mecklenbeck eröffnete sich ein für mich völlig neues und ungewohntes pädagogisches Feld; denn zum Schulbezirk gehörte das an der Weseler Straße gelegene sogenannte Asozialenlager, das aus Barackenunterkünften bestand und später in den Stadtteil Toppheide verlegt wurde.

Nach meiner Erinnerung bekam ich dort ein kombiniertes 5. und 6. Schuljahr zugeteilt, in dem Jungen und Mädchen koedukativ vereinigt waren. Ich fand im Klassenbuch den Namen eines Jungen vor, der nie zum Unterricht erschien, und als ich die Klasse nach ihm befragte, hieß es kurz: «Der kommt nicht zur Schule.»

Ich ging daraufhin zu Rektor Freitag und fragte ihn, was denn mit diesem nie im Unterricht erscheinenden Jungen los sei, worauf mir gesagt wurde: «Seien Sie froh, dass der nicht kommt! Ihre Vorgängerin ist dessentwegen mit einem Nervenzusammenbruch abgegangen.» – Damit gab ich mich jedoch nicht zufrieden und sagte den Kindern: «Bestellt ihm, wenn ihr ihn seht, doch mal einen schönen Gruß, und er solle sich doch mal sehen lassen. Und wenn es ihm hier dann nicht gefällt, kann er ja wieder zu Hause bleiben.»

Schon am nächsten Tag saß ein mir unbekannter Junge in der Klasse, auffallend hübsch, und sah mich erwartungsvoll an. Ich ging auf ihn zu und fragte: «Berni?» Er nickte. Dann streckte ich ihm die Hand entgegen, hieß ihn willkommen und schlug ihm vor, sich «den Laden hier» mal anzusehen, und wenn es ihm hier nicht gefalle, könne er ja wieder zu Hause bleiben. Kurz darauf hatte Berni ein Kaugummi im Mund, worauf ich ihm sagte: «Berni, das kannste hier doch nicht machen. Wenn das nun alle täten. Tu's weg.»

Berni nahm es auch aus dem Mund, ging Richtung Papierkorb und entledigte sich des Kaugummis.

Damals wohnte meine Familie noch in Seppenrade, wohin ich nur am Wochenende fuhr. Während der Woche wohnte ich in Münster bei meiner Mutter und deren Schwester, sah mittags am Schreibtisch erst die eingetroffene Post durch und wurde dann zum

Mittagessen gerufen. Da fragte meine Mutter verwundert:» Was hast du denn da hinten an der Hose?» In der Tat, das sehr dünne und leichte Kissen aus dem Schreibtischsessel klebte an meinem Hosenboden, und zwar mit Kaugummi.

Am andern Tag, Berni war selbstverständlich gekommen, begann ich den Unterricht damit, dass ich etwas Besonderes zu erzählen hätte, schilderte den mittäglichen Vorfall mit dem Kaugummi, erregte damit die Heiterkeit der Klasse und fragte Berni, der fröhlich mitlachte, ob er sich etwa denken könne, wie so etwas möglich sei. Berni verneinte kopfschüttelnd. Ich insistierte: «Nein? Aber du hattest doch gestern ein Kaugummi im Mund.» – «Ja.» – «Wo ist das denn geblieben?» Er: «Hab ich in'n Papierkorb geschossen.» – «Hm. Solltest du das vielleicht aus Versehen auf meinen Stuhl geschossen haben?» Er verneinte: «Mm, mm.» – «Schade, hätte ich nämlich gut gefunden, wär doch mal was Neues gewesen.»

Und nun erzählte ich ausführlich, wie wir früher unsere Lehrer geärgert und auf die Schüppe genommen hatten, zum Beispiel Kohlenklauschildchen an den Hut unter das Hutband gesteckt und dergleichen.

Die Klasse und auch Berni hörten amüsiert zu. Dann kam ich auf das Kaugummi zurück und sagte zu Berni, ich hätte das wirklich gut gefunden und sei doch nun enttäuscht. Und nochmals an ihn die Frage: «Also du hast das wirklich nicht getan?» Nun leuchteten seine Augen, er nickte und sagte nur wieder, aber diesmal zustimmend «Mm, mm!» Darauf reichte ich ihm die Hand, gratulierte ihm zu der guten Idee, fügte dann aber hinzu: «Nur, was meinst du wohl, wie ich wienern musste, bis ich das verdammte Kaugummi aus der Hose gerieben hatte. – Also, machst du das noch einmal, hau ich dir was in die Fresse, klar?» Er nickte, und damit waren wir Freunde.

Er kam nun Tag für Tag in die Schule, störte aber ziemlich planmäßig mit allerdings originellen Bemerkungen, auch durch reichlich direktes verbales «Anmachen» der Mädchen den Unterricht, worauf ich ihm seinen Platz vor meinem Lehrertisch anwies mit der Begründung: «Berni, wir sind doch gute Freunde, und gute Freunde müssen zusammensitzen.»

Mittlerweile besuchte meine Tochter Annette die Marienschule in Münster und fuhr jeweils mit mir von Seppenrade für die Woche dorthin. Ich mietete für uns ein Zimmer bei der Familie Dünhöft in Mecklenbeck an, bis eines Tages meine Familie nach Münster übersiedeln konnte in eine Wohnung im Hause Nr. 20 in der Junkerstraße, wo auch meine Mutter und ihre Schwester in der 1. Etage wohnten.

Von Seppenrade aus hatte ich schon vor meiner Versetzung regelmäßig die Gastspielaufführungen des westfälischen Landestheaters aus Castrop-Rauxel in Lüdinghausen besucht und war mit den Theaterberichten beauftragt. Weil die Berichte möglichst bald erscheinen sollten, verfasste ich sie noch am späten Abend direkt nach den jeweiligen Aufführungen, brachte den Bericht mit dem Wagen nach Lüdinghausen und warf ihn dort im Briefkasten der Redaktion ab. Am andern Morgen fuhr ich dann in aller Frühe nach Münster zum Schuldienst.

An einem Theaterabend im Dezember 1962 hatte es geregnet, in der Nacht war mit Frost zu rechnen, jedoch waren die Straßen spät abends noch regennass und frostfrei. Das Gleiche konstatierte ich am andern Morgen. Als jedoch die Straße bei Senden an einem Waldstück vorbeiführte, geriet ich plötzlich mit meinem VW auf eine aalglatte Eisschicht, so dass der Wagen bei etwa Tempo 90km/h mit mir, ohne dass ich ihn halten konnte, wegrutschte, in den Wald hinein sauste und auf der Seite liegen blieb. Der Schock war so stark, dass ich nur noch automatisch reagieren konnte. Nach meiner Erinnerung bin ich durch die Tür ausgestiegen, was aber unmöglich war. Automatisch bin ich durch die zertrümmerte Windschutzscheibe geklettert und habe in einem nahe gelegenen Bauernhaus um Hilfe gebeten. Ein Krankenwagen fuhr mich ins Krankenhaus in Senden, wo man Schnittwunden im Gesicht und vor allem am Hinterkopf feststellte. Mir war das Blut warm in den Nacken und Kragen geflossen. Die Wunde wurde ohne Narkose vernäht, weil man eine Commotio befürchtete, und man fuhr mich nach Hause, wo sich bald wegen der Prellungen ein sogenanntes Brillenhämatom bildete, blau unterlaufen, so dass ich aussah wie eine Wasserleiche. Das Auto hatte Totalschaden und war nicht zu reparieren. Das Dach war tief eingedrückt; es hatte einen Baum von 14 cm Durchmesser entwurzelt.

Bei Sprechproben für den Rundfunk und für Vorträge bemerkte ich ein vorher nie vernommenes Schnaufen und ließ die Nase von HNO-Arzt Dr. Holtmann in Lüdinghausen untersuchen, der einen Nasenbeinbruch feststellte und eine operative Korrektur vornahm. Dazu musste der inzwischen leicht verheilte Bruch bei Narkose mit einem Holzhammer wieder losgeschlagen werden. So lag ich über den Jahreswechsel im Hospital in Lüdinghausen. Mein Zimmergenosse war ein Gastwirt aus Olfen, der sich reichlich mit Bierflaschen versehen hatte, die er unter seinem Bett verwahrte. So feierten wir, auch unter Beteiligung anderer Patienten, ein recht fröhliches Sylvester, was uns am folgenden Tage eine ernste Rüge von Dr. Holtmann eintrug, der sonst zu allen Scherzen aufgelegt war.

Da meine beruflichen Aussichten durch den Schulrat Schölling und seine Berichte blockiert waren, suchte ich neben dem Schuldienst das Universitätsstudium zwecks Promotion wiederaufzunehmen und wendete mich außer der Germanistik dem Studium der Volkskunde bei Professor Dr. Bruno Schier zu, nahm an seinen Seminaren teil, fertigte auch verschiedene Seminararbeiten an, erhielt aber bei ihm nicht das gewünschte Dissertationsthema, da er auf Feld- und Sachforschung bestand, während ich mit Rücksicht auf den Schuldienst sowie meine publizistische und Vortragstätigkeit ein reines Schreibtischthema benötigte.

So versuchte ich es denn bei Professor Helmut Schelsky, dem Soziologen, bei dem ich auch in der Tat ein literarisches Thema, nämlich über Soziologisches im Werk Augustin Wibbelts erhielt. Inzwischen hatten gegen mich weitere dienstliche Schikanen eingesetzt, und Schelsky nahm einen Lehrstuhl an der neu gegründeten Universität in Bielefeld an, wohin ich unmöglich von Münster aus fahren konnte, so dass ich auch diesen Plan schweren Herzens aufgeben musste. Zudem war 1968 meine große Liebe plötzlich in mein Leben getreten, wovon später die Rede sein soll.

Auch ein anderer Versuch, beruflich eine neue Weiche zu stellen, nämlich ein Studium zum Sonderschullehrer aufzunehmen, scheiterte am Widerstand der Schulbehörde. Zwar konnte ich ein Praktikum im Heinrich-Piepmeyer-Haus in Münster bei Sonderschulkindern erreichen, wo der Lehrer Reddemann mein Mentor war und von wo ich als Lehrer an einer Freizeit auf Ameland teilnahm.

So fröhlich diese Freizeit mit den Kindern und einigen Mitarbeiterinnen verlief, so problematisch mit der Leiterin und verschiedenen ihrer Mitarbeiter, weil gegen die hilflosen spastisch-gelähmten Kinder unvertretbar nachteilige Maßnahmen getroffen wurden. Ich fühlte mich anschließend verpflichtet, diese Missstände dem Leiter des Piepmeyer-Hauses, Dr. Fütterer, zur Kenntnis zu bringen, der – anstatt meinen berechtigten Beschwerden Gehör zu schenken – seinerseits gegen mich bei meiner vorgesetzten Behörde ein Disziplinarverfahren beantragte. Zu dem Verfahren kam es allerdings wegen meiner begründeten Berichte nicht, aber auch nicht zur Genehmigung meiner gewünschten Ausbildung als Sonderschullehrer, für die es einer dienstlichen Beurlaubung bedurft hätte.

Inzwischen war ich an die neuerbaute Poetterhoekschule versetzt worden, eine Jungenschule, die der Rektor Paulig leitete, ein aus Schlesien stammender, wendiger Mann, der höher hinaus wollte, was er zunächst durch eine angestrebte Promotion zu erreichen suchte, die er auch mir angeraten hatte.

Aus dieser Zeit seien zwei Ereignisse berichtet. Auf dem gleichen Schulgelände befand sich die Mädchenschule, die über einen Filmraum verfügte, der auch von der Jungenschule benutzt werden konnte. Als ich einmal meiner Klasse einen Film vorführte und dieser bei irgendeiner misslungenen Umschaltung rückwärts lief, woran die Klasse großen Spaß hatte, so dass ich ihn zum Gaudi der Jungs bis zum Anfang zurücklaufen ließ, schlug ich der erheiterten Klasse vor, geschlossen, wie übrigens damals noch Schulklassen in Reih und Glied geführt wurden, im Rückwärtsgang zur Jungenschule zurückzugehen, und zwar zur Erheiterung aller, die es sahen. Da passierte das Malheur, dass einer der Schüler rückwärts gegen eine große, im Flur der Mädchenschule aufgestellte Blumenvase lief und diese in Scherben brach. Da war unser Spaß in der Tat zu Ende, und die Schulleiterin der Mädchenschule, Liebenberg, hat mir diesen Scherz verübelt und zeigte sich auch in Zukunft sehr reserviert.

Zur offiziellen Einweihungsfeier der Schule hatte ich in Absprache mit dem Rektor, mit dem ich scheinbar gut stand, ein größeres Festspiel mit gereimten Deklamationen und Liedern verfasst, für das Schüler und auch Schülerinnen der unterschiedlichsten Jahrgänge ausgewählt wurden. Allerdings erforderte die Einübung einige Zeit und zog die betreffenden Schüler jeweils aus dem Unterricht ab. Ob dagegen der Schulrat Einspruch erhoben oder ob Rektor Paulig von sich aus glaubte, diesen Aufwand nicht mehr vertreten zu können, vermag ich nicht zu sagen. Jedenfalls mussten die Proben zur großen Enttäuschung aller Beteiligten eingestellt und die Aufführung musste abgesagt werden.

Als dann die Hauptschule im Stadtteil Coerde als erste Gemeinschaftsschule in Münster erbaut und eingerichtet wurde, bewarb ich mich sofort dorthin und trat sobald wie möglich aus der Katholischen Kirche aus. Vorher hätte das meine Versetzung von Münster weg nach sich ziehen müssen, und das wollte ich vermeiden.

Auch Coerde war damals schon ein sozialer Brennpunkt, was sich in manchen Schulklassen deutlich bemerkbar machte. Auch hier interessierten mich in erster Linie die unterprivilegierten, meist psychisch gestörten, schwierigen Kinder, für die ich mich in Konferenzen gegen manche Kollegen schützend einsetzte. Die Schule leitete Rektor Karl Lange, ein aus Ostpreußen stammender geradliniger etwas zurückhaltender korrekter Mann, unterstützt von Konrektor Kurt Baten, der vorwiegend an Sport und Stenographie interessiert war. Ich übernahm meist ein fünftes Schuljahr und führte es bis zur Schulentlassung, also vier Jahre lang, und meine Klasse und ich hielten zusammen wie Pech und Schwefel. Auftretende Schwierigkeiten wurden unter uns intern bewältigt, und nichts drang nach außen.

In manchen anderen Klassen gab es zuweilen erhebliche Disziplinschwierigkeiten, so dass sich manchmal während des Unterrichts ein über das Klassenzimmer hinausdringender störender Lärm ergab, so in der Klasse des damals vor seiner Pensionierung stehenden Dielert, der stets einen Besenstiel mit sich führte und mit diesem bei allzu großem Lärm auf den Tisch schlug. Nach seiner Pensionierung wollte niemand der Kollegen seine Klasse übernehmen, und da meine Klasse gerade aus der Schule entlassen war, bot ich mich an, es zu tun. In der Klasse gab es drei notorische Störenfriede, die in ihrer Vitalität durch nichts zu bändigen und bei allen Kolleginnen und Kollegen fast gefürchtet waren: Konstantin Christ, Dieter Kunze und Hans-Peter Stark, genannt Starki. Ich habe mit ihnen nie eigentliche Schwierigkeiten gehabt, zumal alle drei offene und ehrliche Jungs waren und keinerlei Heimtücke zeigten. Auch mit dieser Klasse war ich bald sozusagen in einem Boot, und wir gingen zusammen durch Dick und Dünn. Später kam Susann dazu, ein unbändiger Wildfang, die man in die Fürsorgeerziehung gesteckt und damit noch aufsässiger gemacht hatte. Ihre Mutter hatte einen Türken geheiratet, von dem Susann zwei Halbbrüder hatte. Sie selbst, im Zeichen des feurigen Widders geboren, war nicht zu bändigen. Um ihr eine Beheimatung zu geben, ließ ich ihr viele Freiheiten wie ehemals auf andere Weise dem Berni Will. Wenn ihr etwas nicht passte, schrie sie mich an: «Arschloch!», rannte zur Tür, um diese hinter sich zuzuknallen und verließ die Schule. Ich konnte ihr noch gerade nachrufen: «Danke gleichfalls. Bis morgen.»

Einmal zündete sie sich während des Unterrichts eine Zigarette an und stellte sich damit provozierend an die Fensterbank, wobei ich nur bemerkte: «Pass auf, dass du da nichts anbrutzelst, das wird teuer», worauf sie kleinlaut die Zigarette ausmachte und sich wieder setzte. Später – wir sind noch heute in freundschaftlicher Verbindung – sagte sie einmal: «Man konnte dich ja nicht provozieren, darum haben wir es gar nicht erst versucht.»

Inzwischen waren die Intrigen, vor allem des Schulrats, gegen mich weitergegangen. Als ich noch Religionsunterricht erteilte, wurde ich von dem Sohn meines ehemaligen Mentors Reddemann etwas Überraschendes gefragt, weil er bis dahin von seinen Eltern nicht aufgeklärt worden war und die Funktion seines Vaters im Hinblick auf seine Existenz nicht kannte. Ich ließ den Unterrichtsstoff fallen und nahm die Gelegenheit wahr, die Klasse dezent zu informieren. Daraufhin beschwerte sich der Vater beim Schulrat, weil ich dem Elternhaus unzulässigerweise vorgegriffen hätte. Ich wurde zum Schulrat Schölling bestellt und hörte mir die Vorwürfe an. Dann erklärte ich, dass, wenn Kinder im Unterricht an mich eine Frage richteten, ich mich verpflichtet fühlte, sie offen und ehrlich und gründlich zu beantworten. Als Schölling dennoch bei seiner Kritik blieb, erklärte ich, sofort den Religionsunterricht niederzulegen, zu dem ich ohnehin nicht mehr berechtigt gewesen sei, da ich nur über die vorläufige Missio Canonica verfüge. Schölling fuhr auf: «Wieso? Das hätten Sie längst melden müssen.» Ich erwiderte: «Das habe ich getan.» – «Ich habe keine solche Meldung von Ihnen erhalten.» – «Herr Schulrat, die haben Sie in jedem Jahr erhalten in der turnusmäßigen Maistatistik. Dort habe ich jeweils angegeben, dass ich nur über die vorläufige Missio verfüge.» – «Sie wissen genau, dass man das in der Statistik nicht liest.» – Darauf ich: «Entschuldigen Sie, Herr Schulrat, wenn ich als Beamter eine von mir geforderte Statistik wahrheitsgemäß ausfülle und abgebe, gehe ich davon aus, dass sie auch gelesen wird. Wenn Sie das nicht tun, ist das Ihre Sache.» Er schwieg, und ich war endlich den unliebsamen Religionsunterricht los.

Zuvor schon hatte ich Schölling bei seinem Unterrichtsbesuch abgehängt, indem ich der Klasse sagte: «Nehmt die Hefte heraus und arbeitet das und das. Wer eine Frage hat, meldet sich bitte.» Ich ließ den Schulrat sitzen und korrigierte an meinem Tisch Hefte.

Er berichtete das an die Regierung, musste es aber hinnehmen. Da erschien er plötzlich in Coerde bei mir mitten im Unterricht während einer Geschichtsstunde, so dass diese schlecht abgebrochen werden konnte. Es ging um die Schlacht im Teutoburger Wald mit Hermann dem Cherusker gegen Varus. In der anschließenden Unterrichtskritik hielt mir Schölling vor, dass man diese Schlacht ja heute nicht mehr so darstellen könne. Das sei kein Krieg gewesen, sondern eine Revolution. Ich erwiderte bei diesen Darlegungen immer nur: «Ja? Ach ja! So? Ja? Ach ja, ach so!» Da merkte Schölling, wie das gemeint war, blitzte mich an und sagte erzürnt:

«Sie halten mich doch wohl nicht für so dumm, dass ich Sie für dumm halte», worauf ich lächelnd erwiderte:» Nein, für so dumm nicht.» Er drehte sich auf dem Absatz um und ging.

Darauf richtete ich auf dem Dienstweg, also über seinen Schreibtisch, eine Eingabe an die Regierung: ich lehne es in Zukunft ab, mich von einem Schulaufsichtsbeamten dienstlich beurteilen zu lassen, der nicht einmal in der Lage sei, die einfachsten Geschichtsbegriffe auseinanderzuhalten; der habe nämlich von mir verlangt, die Hermannschlacht als Revolution im Unterricht darzustellen. Eine Revolution sei nämlich dadurch gekennzeichnet, dass es sich um eine innerstaatliche Auseinandersetzung handle. Hier aber habe es sich um eine außerstaatliche gehandelt, nämlich um eine solche zwischen Germanen und Römern. Zweitens sei eine Revolution gekennzeichnet durch progressive Tendenzen. Hier aber habe es sich um restaurative gehandelt, nämlich um den Kampf um Wiederherstellung des alten Zustandes. Darum müsse ich diesen Schulaufsichtsbeamten in Zukunft ablehnen und würde den Unterricht sofort abbrechen, falls er noch einmal bei mir auftauche.

Übrigens hatte ich bis dahin das volle Vertrauen der Schülerschaft genossen, die mich über Jahre hin zum Vertrauenslehrer der Schule wählte.

Nun aber setzten massivere Schikanen gegen mich ein, die in ein wahres Kesseltreiben ausarteten. Später nannte man so etwas Mobbing. Zunächst gab man mir keine Klasse mehr, so dass ich nur noch als Fachlehrer durch die Klassen wanderte. Inzwischen waren manche Klassen in ihren Kenntnissen und Leistungen geradezu verwildert, vor allem gab es kaum noch ausreichende Rechtschreibkenntnisse. Die Diktathefte wimmelten von Fehlern und glichen nach der Korrektur roten Schlachtfeldern. Entsprechend wurden diese Nichtleistungen von mir mit mangelhaft oder ungenügend benotet. Daraufhin setzte nicht nur der Protest der Schüler, sondern auch der der Kollegen und der Eltern ein. Ich blieb konsequent mit meinen Leistungsanforderungen, bis eines Tages eine Klasse geschlossen nicht zum Unterricht erschien, sondern im stummen Protest nach Ende der Pause auf dem Schulhof verharrte. Ich ging hinaus und forderte sie auf, hineinzukommen. Sie alle verzogen keine Miene und verharrten. Daraufhin ging ich zum Rektor – inzwischen war der pensionierte Karl Lange durch Rektor Kurze abgelöst – und bat ihn, dafür zu sorgen, dass die streikenden Schüler in den Klassenraum gingen. Er erklärte mir, dafür sei er nicht zuständig, sondern ich, worauf ich erwiderte: «Dann fahre ich nach Hause», bestieg mein Auto und bin nie wieder in der Schule erschienen.

Zunächst erhielt ich ein Attest meines Hausarztes Dr. Uwe-Adelbert Schüllenbach, später leider durch einen Schlaganfall halbseitig gelähmt, sodann von dem Nervenfacharzt Professor Dr. Müller-Fahlbusch, der mich für längere Zeit dienstunfähig schrieb, bis ich 1978 auf Empfehlung des Amtsarztes meine vorzeitige Pensionierung mit damals 51 Jahren durchsetzen konnte.

KATHARSIS

Das Jahr 1978, in dem ich mein 51. Lebensjahr vollendete, brachte eine entscheidende Lebenswende, privat und beruflich, und es begann ein neuer Lebensabschnitt.

Entscheidend war die Befreiung von äußeren und inneren Lebenszwängen, gleichsam eine Katharsis sowohl im klassischen wie psychologischen Sinne, es schloss sich hinter mir eine Tür, durch die es kein Zurück mehr gab, und weit öffnete sich ein Tor, durch das ich nur hindurchzuschreiten brauchte.

Mit der Pensionierung war ich aller dienstlichen Zwänge und Bindungen ledig geworden, nach Umzug in eine geräumige Wohnung, die abgesehen von einem fehlenden Balkon, was mich damals nicht störte, keine Nachteile und Einschränkungen bot, und nach der fünf Monate später vollzogenen Trennung von meiner Frau, die auszog in eine eigene Wohnung, für die ich allerdings – vor allem mit Rücksicht auf meine unter der Trennung leidenden Kinder – eine ständige Unterhaltsverpflichtung übernahm, war ich von äußeren wie inneren Belastungen weithin befreit und konnte mein Leben frei gestalten. Zwar war mein Ruhegehalt wegen vorzeitigen Ausscheidens aus dem Schuldienst von 75 % der bisherigen Bezüge auf 67 % reduziert worden, aber durch meine publizistische und literarische Tätigkeit mit Vorträgen, Abfassung und Herausgabe von Büchern, Mitarbeit bei Rundfunk und Fernsehen überstiegen meine damaligen Einkünfte bei weitem die meiner bisherigen Kollegen im Schuldienst, was diese, soweit noch Kontakte bestanden, mit Neid und Missgunst quittierten.

Ich hielt es auch für angebracht, nunmehr aus der Gewerkschaft Erziehung und Wissenschaft (GEW) auszutreten und mich stattdessen in den Verband Deutscher Schriftsteller, eine ebenfalls gewerkschaftlich gebundene Interessenvertretung, aufnehmen zu lassen.

Die GEW hatte mir mehrfach in für mich erfolgreich verlaufenden Verfahren Rechtsschutz gewährt, ich hatte häufig an ihren Tagungen teilgenommen und war – noch vor meinem Kirchenaustritt – einer damals von ihr angebotenen freireligiösen Arbeitsgemeinschaft beigetreten. Auf einer ihrer Tagungen lernte ich 1965 Ingrid aus Lüdenscheid, gebürtige Mecklenburgerin aus Boitzenburg, kennen, eine sportliche, aufgeschlossene sympathische junge Frau, und da es für uns keine moralischen Tabus gab, verbrachten wir auf der Rückfahrt in Dortmund, wo sich unsere Heimwege trennten, eine Liebesnacht in einem Hotel gegenüber der Dortmunder Hauptpost am Bahnhof. Meine verhütungsbestrebten Vorsichtsmaßnahmen hielt sie aus ehrlicher Überzeugung für überflüssig, da ihr von den Ärzten versichert worden sei, sie könne nicht schwanger werden. Ich war jedoch vom Schicksal dazu berufen, die Ärzte in praxi prompt zu widerlegen, und so wurde in jener Nacht meine jüngste Tochter Frauke ins Leben gerufen, die am 4. August 1966 in Lüdenscheid «das Licht der Welt» erblickte.

Selbstverständlich ergaben sich während der Zeit der Schwangerschaft und nach Fraukes Geburt intensive Kontakte nach Lüdenscheid, wo ich vor allem Ingrids Mutter Therese, genannt Resi, als eine außergewöhnlich kluge und charakterlich herausragende Frau schätzen und achten lernte, die erhebliche geologische Kenntnisse besaß und über eine interessante Gesteinssammlung verfügte. In ihrer mecklenburgischen Heimat war sie hochgeschätzt und blieb dort lange unvergessen. Frauke studierte später an der Universität Siegen und schloss ihre Studien 1994 mit einer Magisterarbeit ab. Sie ist heute tätig an der Universität Siegen als Mitarbeiterin im International Office und gibt dort Deutschkurse für ausländische Studierende. Aus ihrer Verbindung mit Uli Hoffmann ging mein jüngster Enkel Lion hervor, ein hochbegabtes, sozusagen «in einer Glückshaut geborenes Kind», was zu begründen ich astrologisch in der Lage bin, schon aufgrund seiner überaus glücklichen Sonne-Venus-Jupiter-Konjunktion im Löwen im Trigon zu Mond und Pluto.

Noch eine andere Rückblende aus der Zeit meines Lehrerdaseins sei hier eingeschaltet. Seit September 1975 gab ich in Haus Rüschhaus, dem von dem Barockbaumeister Johann Conrad Schlaun erbauten, später von der Dichterin Annette von Droste-Hülshoff bewohnten Landsitz, einer Kombination aus Bauernhaus und Adelssitz, in regelmäßiger Folge die sogenannten

Rüschhaus-Abende aus dem Werk Augustin Wibbelts, in denen ich im Verlaufe von zehn Jahren das gesamte plattdeutsche Erzählwerk des Dichters rezitierte, dazu einen großen Teil seiner Lyrik und auch hochdeutsche Texte. In den Herbst 1977 fiel mein 25. Rüschhaus-Abend, der von der örtlichen Presse hervorgehoben wurde. Zugleich aber war ich wegen starker dienstlicher Nervenbelastung dienstunfähig geschrieben, so dass mir der Regierungspräsident wegen meines öffentlichen Auftretens ein Disziplinarverfahren anhängen wollte. Professor Dr. Hans Müller-Fahlbusch von der Universitätsklinik bescheinigte mir daraufhin, dass er mir die Fortsetzung meiner Vortragstätigkeit als Therapie zur Wiederherstellung meiner Dienstfähigkeit ausdrücklich empfohlen, ja verordnet habe, woraufhin das Verfahren gegen mich eingestellt werden musste.

Viele Jahrzehnte lang, jedenfalls in den fast 24 Jahren meiner Lehrertätigkeit, habe ich eigentlich immer zugleich drei Berufe ausgeübt, morgens den Schuldienst, abends sehr oft Vortragsverpflichtungen, am Nachmittag und in den Abenden Schreibtischarbeiten für Publikationen unterschiedlicher Art. Die beiden letzten Tätigkeiten ließen sich ab 1978 erheblich intensivieren, da ich nun über meine Zeit uneingeschränkt verfügen konnte. Ich will versuchen, die von mir gewählten Arbeitsgebiete in etwa zu umreißen.

Der erste Sektor betraf Literatur und Literaturkritik mit dem Schwerpunkt Niederdeutsch, insbesondere das münsterländische Plattdeutsch betreffend. Ungezählte Aufsätze, Rezensionen und Kritiken schrieb ich über Jahrzehnte hin für die in Hamburg erscheinende, dem Niederdeutschen verpflichtete Zeitschrift «Quickborn», andere für das Niederdeutsche Jahrbuch, verschiedene Heimatkalender und Zeitschriften und aus aktuellen Anlässen für die Presse.

Ein zweiter Sektor betraf sozial- und gesellschafts-, ferner auch religions- und kirchenkritische Themen. Das betrifft vor allem einschlägige Aufsätze, meist Hauptartikel, in den «Vorgängen», der Zeitschrift der Humanistischen Union, Beiträge in Anthologien, so in der Festschrift zum 80. Geburtstag des Kirchen- und Religionskritikers Prof. Dr. Hubertus Mynarek. Diese Arbeiten finden ihre Zusammenfassung in drei religionskritischen Büchern, nämlich «Gott beim Wort genommen. Das Alte Testament auf dem ethischen Prüfstand», «Denn es steht geschrieben. Predigten eines Ungläubigen» mit exegetischen Texten über das Neue Testament, formuliert als Predigten, jede mit einem «Amen» abschließend, und «Das ist Christentum. Informationen aus zweitausend Jahren Geschichte. Das Kirchenjahr in 2471 historischen Daten» mit Kalendarium vom 30. März 315 bis 30. Juni 1989.

Priorität hatten für mich immer Fragen von Moral und Ethik, sowie von Determinismus und Indeterminismus, sogenannter freier Wille und in unmittelbarem Zusammenhang damit die Frage nach Schuld und Verantwortung, mit deren Erörterung ich dieses Buch abschließen werde.

Weitere Fragen, die im Zusammenhang mit meiner Vortrags- und Rundfunktätigkeit auftauchten, waren etwa die der Unterscheidung von Humor und Witz, paranormale Phänomene wie die des sogenannten Zweiten Gesichts, der sogenannten Vorschauer oder Spökenkieker, Überlegungen, die ich in zwei Monographien ausführlich dargelegt habe.

Schließlich bin ich seit mehreren Jahrzehnten als Verfasser wöchentlich regelmäßig erscheinender plattdeutscher Kolumnen tätig, die immer wieder aus einem interessierten Leserkreis zustimmende Resonanz erbringen und schon zu manchen persönlichen Begegnungen oder Bekanntschaften geführt haben.

In der Zeit von 1983 bis 1993, als der WDR Regionalprogramme ausstrahlte, so u. a. Radio Münsterland, konnte ich 1304 Sendungen beisteuern, darunter 516 plattdeutsche Nachrichtensendungen und 160 plattdeutsche Kommentare zum Tagesgeschehen. Von 1994 bis 2001 nahm ich die Gelegenheit wahr, im Bürgerfunk des Senders Radio Antenne Münster monatlich eine religions- und kirchenkritische Sendung mit dem Titel «Gott beim Wort genommen» zu bestreiten mit Texten aus meinen Büchern und vor allem Kommentaren zum aktuellen Kirchengeschehen, insgesamt fast 100 Sendungen, außerdem im örtlichen Fernsehen etwa 50 Sendungen zur Kirchen- und Bibelkritik unter dem Titel «Denn es steht geschrieben». Auch daraus ergaben sich verschiedene Freundschaften und Bekanntschaften.

Die offizielle Kirche schwieg, ebenso die katholische Geistlichkeit. Aber ich hatte schon Jahre vorher Reaktionen zu spüren bekommen. So hatte der Bischof von Münster, als mein Kirchenaustritt ihm bekannt geworden war, seinen Bildungswerken untersagt, mich noch als Referenten einzuladen. Ich erfuhr es unmittelbar von dem Leiter eines Bildungswerks, der sich weigerte, diesen Boykott mitzumachen, und seine Mitarbeit niederlegte.

AUSGRENZUNGEN

Ausgrenzungsprozesse scheinen zu den ehernen Naturgesetzen zu gehören und lassen sich überall da beobachten, wo sich Leben abspielt. Das Urmotiv scheint ein Überlebenstrieb zu sein, verbunden mit einer tiefen, oft unbewussten Angst um die eigene Existenz oder auch Ideologie, eine Angst, die sogleich in Machtstreben, Herrschaftsanspruch und Unterdrückung, ja Vernichtung des vermeintlich Bedrohlichen auszuarten pflegt. Innere Unsicherheit oder Verunsicherung wird mit äußerer Macht, ja Gewaltanwendung kompensiert und zumeist überkompensiert. Damit ist immer wieder, unaufhörlich auf der ganzen Erde der Zündstoff für Kampf und Krieg, für die Auseinandersetzung auf Leben und Tod grundsätzlich als ein sich selbst produzierender und reproduzierender Prozess gegeben.

Es gibt auf der Erde keine einzige pflanzliche, tierische und menschliche Existenz, die nicht von diesem Antagonismus von Bedrohung und Selbstbehauptung betroffen wäre und immer wieder neu betroffen wird.

Da dieser Antagonismus im gesellschaftlichen und zwischenmenschlichen Bereich in der Regel nicht kämpferisch und militant ausgetragen werden kann, erscheint er in eher passiven, subtileren Formen, wie etwa durch die stillschweigende, verkappte, versteckte, unsichtbare Methode der Ausgrenzung, die freilich auch in größeren, überdimensionalen Ausmaßen virulent werden kann, wie etwa bei rassistischen, religionsspezifischen und ideologisch motivierten Ausgrenzungsprozessen.

Das älteste Beispiel bietet im abendländisch-morgenländischen Bereich die hebräische Bibel selber, von den Christen als Altes Testament okkupiert, in der Ausgrenzung aller anderen Völker und Volksstämme sowohl aus rassistischen wie fundamentalistisch-religiösen Gründen bis zu den Exzessen grausamster Genozide, gepriesen und als von Jahwe angeordnet dargestellt. Von daher leitete sich das Selbstverständnis der Juden als das von Gott vor allen Völkern auserwählte her, wogegen sie sich gegenüber allen anderen Völkern,

u. a. auch durch strenge Einhaltung ihrer Speisevorschriften, abgrenzen und ausgrenzten, was notwendigerweise auf die Dauer zu einem immer weiter um sich greifenden sogenannten Antisemitismus führte, der schließlich in den Zeiten der Inquisition und später unter Hitler, allerdings demgegenüber auf unvergleich weniger grausame, dennoch barbarische menschenverachtende Art zu der organisiertesten Massenvernichtung in den nationalsozialistischen Konzentrationslagern führte.

Ein anderes Beispiel von Ausgrenzung in der Geschichte bietet das Schicksal der Neger, was nichts anderes bedeutet als der dunkelhäutigen, schwarzen Rasse, in Amerika verächtlich *nigger* genannt; heute darf man nur noch sagen «Schwarze» oder «Farbige», ehemals auch «Mohren» genannt. Sie wurden einst von den europäischen Eroberern des «schwarzen Kontinents», also Afrikas, wie Vieh als Sklaven über den Ozean verfrachtet und wie Tiere behandelt; auch eine christliche Tat ohnegleichen. Sie waren ausgegrenzt aus der hellhäutigen menschlichen Gesellschaft. Diese Tradition wirkt bis heute – zumindest unbewusst – immer noch fort, weniger in Europa als vielmehr in Amerika.

Für mich hat der Begriff «Neger» nie etwas Abwertendes gehabt, wie heute geradezu zwanghaft gesellschaftlich unausgesprochen vorausgesetzt. Ich sehe in diesem Wort einen umfassenden geschichtlichen Begriff, der eine besondere, für mich ehrwürdige Kultur dieser Menschen einbezieht: Verschleppung, Sklaverei und die eigenständige Kultur der Spirituals und Gospels, die geistige und emotionale Auflehnung gegen die Barbarei der sie beherrschenden Weißen, der Christen, deren Glauben sie anzunehmen hatten und den sie in ergreifender Weise in ihre Mentalität umsetzten und ihr Ausdruck verliehen. Diese Kultur ist durch den Neo-Begriff «Farbige» nicht zu erfassen.

Ein grausamer Ausgrenzungsprozess war dann die Ausbeutung und Ermordung der in Südamerika lebenden einheimischen Bevölkerung, der sogenannten Indianer. Das ist zu bekannt und zu gut belegt, um hier näher ausgeführt werden zu müssen.

Zu den Ausgegrenzten gehörten und gehören heute de facto immer noch die Zigeuner, die man jetzt nur noch Sinti und Roma nennen darf, eine von jeher nomadisierende Völkergruppe, die – so weiß ich aus meiner Jugendzeit – als diebisch und auf Kinderraub erpicht angesehen und ausgegrenzt wurde. Wo immer sie auftauchten, verschloss man die Türen und sicherte seine Kinder.

Aber auch hier ist festzustellen, welche Welt von Poesie mit der Abschaffung des Wortes «Zigeuner» zunichte wird. Ich will dafür nur drei Beispiele anfügen. Augustin Wibbelt, der große Lyriker und Erzähler, kennzeichnet seine Lieblingsschwester Elisabeth in den Lebenserinnerungen «Der versunkene Garten», indem er von ihr sagt: «Sie hatte einen so idealen Flug, eine so tiefe Liebe zur Freiheit, eine so ungebrochene Ursprünglichkeit, eine so weltfremde Hinneigung zum Primitiven, bis zum Zigeunerhaften ...» Damit klingt die ganze Poesie an, die dieser buntfarbigen nomadisierenden Völkergruppe anhaftet, wie sie auch erklingt in dem ergreifenden Chanson von Christine Ehlert «Zigeunerjunge» und bei Norbert Johannimloh (Zigeunermädchen) «Sigöinerlöit met rauen Rock un schwatten Haor stäit vo de Daor. ... Sigönerlöit gäit wägentlang. Ick säih denn rauen Rock na lang.»

Wie nüchtern, ja ernüchternd erscheint mir dagegen der aus Vorurteil unausgesprochen verordnete Doppelbegriff «Sinti und Roma», der die Poesie, die mit dem Wort «Zigeuner» aufklingt, völlig zerstört.

Ich habe den jährlich von Zigeunern aufgesuchten und verehrten Wallfahrtsort Sainte Marie de la Mère in der Provence mehrfach erlebt und den Charme des Zigeunerhaften dort gleichsam erquickend eingeatmet. Der große Lichtbildner Pan Walther hat dort die Wallfahrt der Zigeuner in faszinierenden Fotografien festgehalten.

Die Beispiele von Ausgrenzung aus der Geschichte ließen sich fast endlos fortsetzen, von der Versklavung besiegter und unterworfener Völker in der Antike bis zur Behandlung von wehrlosen Kriegsgefangenen in der Gegenwart. Das alles sind Beispiele für die Ausgrenzung in großen Ausmaßen, die das Muster abgeben für die unter gleichen Gesetzen stehenden Ausgrenzungen unserer Gesellschaft. Hier greife ich paradigmatisch nur drei Kategorien von Ausgegrenzten heraus, die Homosexuellen, die Kriminellen und die Prostituierten.

Homosexualität ist heute freilich nicht mehr mit Ausgrenzung bedroht, aber darum sollte man nicht vergessen, dass sie es bis vor kurzem durch die Jahrhunderte, ja Jahrtausende hindurch war. In der hebräischen Bibel stand darauf die Todesstrafe, bis ins 20. Jahrhundert hinein gab es für Homosexualität im Strafgesetzbuch einen Paragraphen, wonach sie mit Gefängnis bestraft werden musste, insbesondere wenn sexueller Vollzug nachgewiesen war. Ich selbst habe Homosexuelle persönlich gekannt, die gesetzlich oder beamtenrechtlich verfolgt und verurteilt wurden, so u. a. der hochbegabte Dortmunder Kunstdozent Josef Goeken, der nach seiner Entfernung aus dem Dienst das Heimatmuseum in Warendorf aufbaute und leitete, später aber als Reiseführer sein Geld verdienen musste.

Ich erkläre hier nachdrücklich, dass die feinsten, edelsten und kultiviertesten Männer, denen ich in meinem Leben begegnen durfte, homosexuell veranlagt waren; ich will hier nur, abgesehen von Josef Goeken, den Architekten und Künstler Herbert Frank in Düsseldorf und seinen Partner Baumgartinger nennen; andere kenne ich aus dem Freundeskreis meiner Tochter Friederike; bei den feinsten und edelsten bin ich durch mein Ehrenwort gebunden, sie nie zu nennen. Erinnert sei hier auch an so unterschiedliche Größen wie Gustaf Gründgens und Hans Albers.

Als kurios, wenn auch von der gesellschaftlichen und historischen Entwicklung her begreiflich sei hier der Tatbestand erwähnt, dass manche Gruppen, lange Zeit unterprivilegiert, plötzlich hochstilisiert wurden, was vor allem für die Homosexuellen gilt, in weit geringerem Maße auch für die Neger und Zigeuner, nach heute vorgeschriebenem Sprachgebrauch die Farbigen und Sinti und Roma.

Bleibt, bevor ich auf die Kriminellen eingehe, als letzte gesellschaftliche Unterschicht noch eine Spezies zu erwähnen, die vorwiegend weiblichen Geschlechts ist, die Huren, die Nutten, die Prostituierten. Ihre Ausgrenzung hat bis heute den dauerhaftesten Bestand gehabt, ihre Ghettoisierung ist weithin noch geblieben. Freilich spielen dabei berechtigte gesundheitliche Rücksichten eine Rolle, besonders seit die gefährliche Seuche AIDS bedrohlich um sich gegriffen hat und strenge Sicherheitsmaßnahmen erfordert. Aber abgesehen davon gelten und galten schon immer Frauen, die sich gegen Bezahlung jedem beliebigen Mann sexuell hingeben, als verachtenswert. Der Mann, selbst der gesellschaftlich hochgestellte, genießt zwar ihre sexuellen Dienste, sieht aber verachtend und verächtlich auf sie herab und behandelt sie in der Regel nicht anders als einen für den Augenblick nützlichen und angenehmen Gebrauchsgegenstand. Bei aller kurz ausgenutzen Intimität eine eklatante Menschenverachtung und Unmenschlichkeit, die nur eine von Natur aus masochistisch oder nymphoman veranlagte Frau auch ihrerseits genießen kann.

Ich habe manche Einzelschicksale von Prostituierten und ihre charakterliche Qualität kennen- und respektieren gelernt, durfte Einblick in ihre Seele nehmen, die sich mir freiwillig und vertrauensvoll geöffnet hatte. Sie allesamt unterliegen einem schweren Schicksal, vor allem dem der Ausgrenzung aus der sich gesittet gebenden Gesellschaft. Das Humane dieser herabgewürdigten Frauen sollte in den Blick gefasst und ihnen mehr Gerechtigkeit entgegengebracht werden.

Damit ist das Thema «Ausgrenzung» keineswegs erschöpft. Sie zieht sich überall mehr oder weniger sichtbar durch unsere Gesellschaft, und ich selbst habe sie vor allem auf beruflichem und dienstlichem Sektor erfahren, aber auch privat.

Die Pick- und Hackordnung, die sich in jedem Hühnerhof beobachten lässt, gilt auch in der menschlichen Gesellschaft, mehr oder weniger offen oder subtil. Der Hang zur Herrschaft und die Bereitschaft zur Unterwürfigkeit sind allgegenwärtig, auf beruflichem Sektor unter dem relativ neuen Begriff «Mobbing» zu subsumieren.

«EIN GARSTIG LIED! PFUI! EIN POLITISCH LIED ...» (GOETHE)

«... ein leidig Lied!» – Politik ist allgegenwärtig, niemand kann sich ihr entziehen, und wenn er sich auch noch so biedermeierlich von ihr abkapseln möchte. Politik ist aktivierte Herrschaftsstruktur, wie immer sie sich selbst versteht und nach außen hin formuliert.

Meine Beobachtungen und Ansichten zu diesem leidigen Thema möchte ich an fünf großgeschriebenen D vorweg skizzieren. Das erste D betrifft Deutschland, ein seit dem Zweiten Weltkrieg mehr und mehr im Schwinden begriffenes Wort. Im Westen wurde es relativiert in dem Begriff Bundesrepublik Deutschland, im Osten unseres Vaterlandes, auch dieser Begriff ist anscheinend obsolet geworden, wurde daraus die Deutsche Demokratische Republik (DDR), die alles andere war als demokratisch; denn Demokratie meint vom Wortsinn her die Herrschaft des Volkes, genau besehen ein utopischer Begriff; denn kein Volk kann herrschen, es sei denn durch Unterwerfung eines anderen, wobei auch das gesamte Volk samt allen einzelnen Menschen nicht ungesehen einbegriffen werden kann. Seit der sogenannten Wiedervereinigung beider politisch unterschiedlich strukturierter deutscher Staaten wurde die Behauptung aufgestellt, die Bundesrepublik sei die Verkörperung oder Verwirklichung der Demokratie.

Damit habe ich vorgegriffen. Durch die Jahrhunderte vorher war ein anderes Prinzip vorausgegangen, nämlich das der Devotion; der Devotion nämlich der Untertanen gegenüber den Herrschern, den Monarchen, den Fürsten, dem niederen Adel oder dem Klerus.

Diese Herrschaftsform brach zusammen im Sturm der Französischen Revolution 1789, lebte wieder auf unter dem Usurpator und Eroberer Napoleon I., nach dessen Untergang im Wiener Kongress 1814/1815 und brach in Deutschland endgültig zusammen am 27. November 1918 mit Abdankung des Kaisers Wilhelm II.

Die dann etablierte Demokratie, genannt Weimarer Republik, wurde abgelöst durch die radikale Diktatur Adolf Hitlers am 30. Januar 1933. Hier beginnen meine ersten, noch undifferenzierten politischen Erfahrungen, die in den folgenden zwölf Jahren auf mich zunehmend negative Auswirkungen hatten. Danach wurde in Deutschland abermals die Demokratie, gleichsam als Importartikel, wieder eingeführt, formuliert im sogenannten Grundgesetz, jedoch seither im Laufe von über 70 Jahren unterwandert und mehr und mehr zersetzt durch einen immer mehr um sich greifenden, eine Machtposition nach der anderen errichtenden Dirigismus, wobei wir beim fünften großen D angelangt sind. Und die Deutschen haben sich mehr und mehr gefügt und unterworfen. Zwar gab und gibt es immer wieder mal Demonstrationen und Debatten, aber sie bleiben in aller Regel folgenlos und wirken wie den Schein von Freiheit und Selbstbestimmung wahrende harmlose Sandkastenspielchen. Während die Deutschen noch bis 1918 ihrem Kaiser Wilhelm II. und 1933 bis 1945 ihrem Führer und Diktator Adolf Hitler gleichsam die Stiefel geleckt haben, fügen sie sich seither nolens volens dem demokratisch getarnten, mit unausweichlichen Zwängen durchsetzten Dirigismus, der durch Wahlen legitimierten Demokraten und ihrer nach- oder untergeordneten Bürokraten.

Das aber ist auch nur ein Marionettentheater, ein Tanzen prominenter Puppen an unsichtbaren Drähten, die von unsichtbaren Händen in unsichtbaren Zentralen von unsichtbaren Magnaten gezogen werden. Zu den nach außen hin so mächtig und souverän erscheinenden Marionetten gehören sowohl der Präsident der USA wie am unteren Ende der Hierarchie der Bundeskanzler oder die Kanzlerin der Bundesrepublik Deutschland wie die Staatschefs aller anderen europäischen Länder.

In diesem von nur wenigen Magnaten regierten und dirigierten Hochfinanz- und Machtsystem werden Armut, Elend, Unterprivilegierung und Ausbeutung der Massen nie eingeschränkt oder gar beseitigt werden können, weil damit das System systematischer Ausbeutung gefährdet oder wirkungslos würde.

Angesichts dieses hier in Umrissen skizzierten massiven Machtblocks, dem jedes politische System in erdrückender Weise unterworfen ist, bleibt es sich völlig gleich, welche politische Partei gewählt und mehrheitlich ausgezählt die Regierungsfunktion übernehmen wird. Das Gerangel der politischen Parteien um Mehrheit und die sich daraus für sie ergebende begrenzte Macht ist nur ein

Gezerre um die lächerlichen kleinen Eigeninteressen der ehrgeizigen Beteiligten, ein Geraufe um den eigenen Vorteil, nicht aber ein Bemühen um Durchsetzung irgendwelcher politischen Ideen und Ideale, die dem Wohle der Wähler, dem Wohle der Menschen dienen könnten.

Diese Negativbilanz muss ich leider ziehen, nachdem ich mich viele Jahrzehnte meines fast neun Jahrzehnte umfassenden Lebens um die unterschiedlichsten politischen Anliegen aktiv bemüht habe, so etwa um die Resozialisierung gefangener Menschen im Strafvollzug, also um eine sinnvolle Strafrechtsreform, um eine humanere Erziehung in den staatlichen Schulen und Erziehungsanstalten, um Befreiung aus den Fesseln der Moral zugunsten einer selbstverantwortlichen Ethik, um verantwortlichen und nicht moralisch eingeengten Umgang mit der Sexualität, um ethisches Verständnis nach dem Prinzip des Rechtsgüterschutzes, um Achtung der Menschenwürde Unterprivilegierter, um die Humanisierung gesellschaftlicher Umgangsformen und Gepflogenheiten.

Es war zwar im Einzelnen hin und wieder erfolgreich, im ganzen aber vergeblich und müßig.

«Politik ist die Kunst des Möglichen», soll Bismarck formuliert haben. Was aber ist möglich? Möglich ist nur, was sich nach ehernen Gesetzen unausweichlich ereignet. Und dazu können wir nur beitragen, wenn es diesen ehernen Gesetzen entspricht.

Ob Monarchie, Tyrannei, Republik, Diktatur, Demokratie, welche Staatsform es auch sei, ihre Qualität oder Verwerflichkeit hängt einzig von den Menschen ab, die sie in Händen haben, den Mächtigen, die sich fast immer als korrupt erweisen, der Gefahr des Missbrauchs ihrer Macht ausgesetzt und diese in aller Regel selbstsüchtig missbrauchen. Macht ist die gefährlichste aller Drogen und bewirkt die schlimmste, die gefährlichste aller Süchte, die Herrschsucht.

«Ein garstig Lied! Pfui! ein politisch Lied. Ein leidig Lied!»

HINTER GITTERN

In der bibliophilen Sammlung «fest» mit Collagen von Tilo Keil und meinen dazu auf seinen Wunsch abgefassten korrespondierenden Texten gibt es einen mit dem Titel «gitter»:

«den löwen umgibt es als käfig das kleinkind als laufstall das weib als korsett den häftling als kette den mönch als kutte die stunde als zifferblatt das atom als gesetz das leben ist ein gitter noch in unsern adern sind wir vergittert nur nackte wähnen sich frei.»

Das Gitter des Löwen und anderer Tiere sah ich als kleiner Junge von vier bis sechs Jahren, als mein Großvater mit mir an fast jedem Morgen den Zoologischen Garten in Münster aufsuchte. Dass dort die zur Schau gestellten Tiere hinter Gittern eingesperrt waren, bedeutete für mich eine Selbstverständlichkeit, eine Gegebenheit, über die ich damals nicht im Geringsten nachgedacht habe. Es war so und wurde vom Kind unreflektiert akzeptiert.

Dass auch Menschen hinter Gittern eingesperrt waren, erfuhr ich erst später, und auch das wurde als gegeben hingenommen und nicht in Frage gestellt, da es sich um gefährliche böse Menschen handeln musste, die ich allerdings nie gesehen hatte und mit denen ich nie in Berührung gekommen war; eine ausgesperrte Welt, die eigentlich für mich nicht existent war.

Gefangene Menschen, wenn auch nicht hinter Gittern, erlebte ich zum ersten Mal während des Krieges, am erschütterndsten während der Sommerferien in Ilmenau in Thüringen, wo russische Kriegsgefangene in einem großen Gebäude kaserniert waren und abends ihre schwermütigen Gesänge bei offenen Fenstern ertönen ließen, die mich in tiefster Seele wehmütig berührten.

Während eines pflichtmäßigen Ernteeinsatzes auf dem Bauernhof Lütke Harmann in Albersloh wurde ich mit einer gefangenen Russin aufs Feld geschickt, die nur mit einem dürftigen Kleid, ohne Unterwäsche angetan war und sich mir gegenüber ausgesprochen devot verhielt, sogar ihre Minderwertigkeit gegenüber einem Deutschen in Worten zum Ausdruck brachte, was mich mit großem Mitleid erfüllte und was ich deshalb auch abwies.

Später, als ich als Junglehrer in Ostbevern tätig war und die Redaktion der Studentenzeitung der Pädagogischen Akademien weiterführte, engagierte ich als Grafiker den in Ostbevern lebenden und tätigen Willy Jagsch, von dessen unglücklicher Ehe mit einer sehr schwierigen Frau ich wusste. Er war eines Tages verschwunden und in Untersuchungshaft gesetzt worden, weil er seine noch unerwachsene Tochter Ursula als Aktmodell und dann leider auch sexuell benutzt hatte, so dass sie von ihm schwanger geworden und er von seiner Frau angezeigt worden war. Ich besuchte ihn im Gefängnis und erlebte zum ersten Mal die Welt der Gefangenen hinter Gittern. Obwohl ich mich zusammen mit der feinsinnigen, charaktervollen Grafikerin Josefine Fellmer, mit der sich seither eine sehr wertvolle Freundschaft und auch Zusammenarbeit ergab, in Begutachtungen über die unglücklichen, ihn zur äußersten Verzweiflung gebracht habenden Ehe- und Familienverhältnisse für ihn eingesetzt hatte, wurde er zu mehreren Jahren Zuchthaus verurteilt.

Später übernahm ich für einige Zeit die Vormundschaft über Ursula Jagsch, der man ihr Kind zunächst weggenommen hatte.

Nach vielen Jahren, als er die Zuchthausstrafe hinter sich gebracht hatte, habe ich Willy Jagsch nie wiedergesehen und sein weiteres Schicksal aus den Augen verloren. Als ich mich Jahre später als Mitglied der Humanistischen Union und Vorsitzender eines Arbeitskreises für Justiz und Menschenrechte für Strafvollzug, Resozialisierung und Einzelschicksale interessierte und mit Zustimmung des damaligen Justizministers Neuberger zu Arbeitskreisen in Gefängnissen und Außenlagern zugelassen wurde, lernte ich viele Einzelschicksale kennen und nutzte die Möglichkeit, mich für diese am Leben gescheiterten Menschen, Männer wie Frauen, helfend einzusetzen. Auch hier übernahm ich die Vormundschaft über eine geistig beschränkte mehrfache sogenannte Kindesmörderin, die ich bei meinem Tätigwerden in der Justizvollzugsanstalt Bielefeld kennengelernt hatte. Diese Frau war von ihrem brutalen Mann jahrelang misshandelt und unterdrückt worden, musste ein Kind nach dem anderen zur Welt bringen, für die es bei äußerster Armut nicht die geringsten Lebenschancen gab, so dass sie die Mutter aus Verzweiflung und Not in ihrer Ausweglosigkeit als Säuglinge erdrosselt hatte, ohne dass die Todesursache erkennbar geworden war, bis sie eines Tages auffiel, gefangengesetzt wurde und im Ermittlungsverfahren auch die vorausgegangenen Kindesmorde gestehen musste. Ihr Anwalt legte mir die Übernahme der Vormundschaft nahe, und ich habe sie längere Zeit über ihre Haft hinaus als Vormund betreut.

Zu Beginn eines Hafturlaubs, den ich für sie erwirken konnte und zu dem ich sie in meiner Familie aufnahm, ereignete sich Folgendes.

Wir machten auf der Fahrt von Bielefeld nach Münster eine Zwischenstation in Telgte, wo sie sich in einem Devotionaliengeschäft ein neues Portemonnaie kaufen wollte. Während sie sich zur Auswahl deren mehrere Modelle vorlegen ließ und ich durch eigene Einkäufe abgelenkt schien, steckte sie sich, vermeintlich ungesehen, eines der zur Wahl vor ihr liegenden Portemonnaies unauffällig in die Handtasche, und zwar so geschickt, als handele es sich um ihr eigenes. Ich wollte sie nicht bloßstellen und tat, als hätte ich es nicht gesehen. Ob sie dann, um den Schein zu wahren, noch etwas gekauft hat, vermag ich heute nicht mehr zu sagen.

Einen anderen Resozialisierungsarbeitskreis führte ich im Frauenvollzug in Essen durch, wo mir besonders zwei ausnehmend hübsche Frauen auffielen. Die eine, die ihren Mann, einen bekannten Industriellen, umgebracht und deshalb in der Presse weit über Essen hinaus Schlagzeilen gemacht hatte, die den einschmeichelnd klingenden französichen Namen Minouche führte, und die blonde Evelin, die ihren Mann im Affekt mit einer Schere erstochen hatte.

Inzwischen hatte ich einen grundlegenden Aufsatz mit dem Thema «Warum die Justiz nicht resozialisieren kann oder warum Gefangene nicht in das Leben zurückfinden» verfasst und ihn in den «Vorgängen», der Zeitschrift der Humanistischen Union, sowie in kürzerer Form in der «Zeitschrift für Strafvollzug» veröffentlicht.

Regelmäßig gab ich auch Kurse in den Außenlagern der JVA Bielefeld in Rietberg, wo männliche Gefangene in der Landwirtschaft eingesetzt wurden. Auch hier gab es zwei besondere Einzelfälle. Für einen wegen Betrugs inhaftierten Gefangenen erwirkte ich, von ihm getäuscht, einen Urlaub, der ihm sonst nie gewährt worden wäre. Er ist nicht zurückgekommen, und ich hatte das Nachsehen. Ein anderer als besonders gefährlich geltender, bei seinen Mitgefangenen gefürchteter, der nur «der Teufel» hieß, dem ich einen Urlaub erwirken konnte, verbrachte diesen für einige Tage in meiner Familie. Später, nach seiner Entlassung, besuchte er mich mit seiner Braut und lud mich zur Hochzeit ein. Warum ich aufgrund anderer Verpflichtungen leider absagen musste, weiss ich nicht mehr, verfasste ihm aber ein festliches Hochzeitsgedicht.

Damals war ich ständiger Mitarbeiter des WDR auf dem Sektor des plattdeutschen Hörspiels und plattdeutscher Wortsendungen. Nachdem Norbert Johannimloh ein O-Ton-Hörspiel über die damalige Flugplatzplanung bei Münster mit dem Titel «Airport Mönsterland» verfasst hatte, erarbeitete ich eine O-Ton-Reihe zur Frage der Resozialisierung als Trilogie mit den Sendungen «Straofe mott sien – Mott Straofe sien?» (über die Fragwürdigkeit des Strafvollzugs überhaupt). «De Geringste von diene Bröers» (über die unterprivilegierte Situation straffällig gewordener Menschen) und «Lauhn för de Straofe» (über die menschenunwürdige viel zu geringe Entlohnung der Arbeit Strafgefangener als Hindernis ihrer sogenannten Resozialisierung).

Die Hörspiele wurden montiert aus Originalbeiträgen von Bauern, Aufsichtsbeamten und Gefangenen. Daraus entstand die dritte Sendung «De Hachos un de Kärls». Die Gefangenen nannten die Bauern, bei denen sie beschäftigt waren, «Hachos», diese die Gefangenen «de Kärls».

Als die Terroristenszene mit gewaltsamen Entführungen und Ermordungen, Beispiel Hans Martin Schleyer, aufkam, verlor ich das Interesse des Einsatzes für kriminelle Gefangene und wandte mich anderen Themen zu.

Während meiner Tätigkeit als Lehrer wurde ich für einige Zeit als Jugendschöffe in Strafverfahren gegen jugendliche Kriminelle am Amtsgericht in Münster berufen und lernte Angeklagte, deren Verteidiger und Staatsanwalt aus der Perspektive des Gerichts kennen, die eine völlig andere ist. Aus der gehobenen Position heraus stellen sich Streit und Widerstreit bemerkenswert abgehoben und einigermaßen objektiviert dar. Wenn sich jeweils das Gericht vor Urteilsverkündung zur Beratung zurückzog, versuchte ich, soweit es mir zulässig und erforderlich schien, zugunsten der Angeklagten strafmildernd einzutreten, während die Mitschöffen sich in aller

Regel der Ansicht des Strafrichters anschlossen und sich dieser fügten.

Abschließend sei verwiesen auf das für mich damals vorbildliche und vorbildlich gebliebene Mitleiden am Leid der Gefangenen und Verurteilten meines verehrten alten Freundes Augustin Wibbelt, der als junger Geistlicher in Münster einem zum Tode Verurteilten in der letzten Nacht vor der Hinrichtung beigestanden und ihn bis zum Schafott begleitet hat. Diese erschütternde Szene ist dokumentiert in seinen Lebenserinnerungen «Der versunkene Garten» und in einem Feuilleton aus der «Christlichen Familie» vom 17. Mai 1925 «Eine Februarnacht».

IM WAHREN CHRISTENTUM

Die Gebetbücher, die meine Mutter benutzt und hinterlassen hat, habe ich aufbewahrt; darunter befindet sich das im Jahre 1932 erschienene Gebet- und Gesangbuch für das Bistum Münster aus dem Verlag Aschendorff mit dem Namenseintrag meiner Mutter «Maria Schepper geb. Schulte-Lippern Münster». Gegen Schluss dieses Gebet- und Gesangbuches sind «Allgemeine deutsche Messgesänge» versammelt abgedruckt, unter ihnen Nr. 186 mit einem Lied, an das ich mich aus weit zurückliegenden Jahren noch sehr wohl erinnere, weil es damals von den Gläubigen während der Messfeier begeistert und besonders laut gesungen wurde:

Wir sind im wahren Christentum,
o Gott wir danken dir.
Dein Wort, dein Evangelium,
an dieses glauben wir.
Die Kirche, deren Haupt du bist,
lehrt einig, heilig, wahr.
Für diese Wahrheit gibt der Christ
Sein Blut und Leben dar.

Was wahres Christentum in Wahrheit ist, habe ich im Laufe meines Lebens mehr und mehr erkennen dürfen und hautnah erlebt. Im Wesentlichen habe ich es zusammengefasst in dem dritten meiner religions- und kirchenkritischen Bücher «Das ist Christentum», das 1999 erschien und in Form eines Kalendariums für jeden Tag des Jahres aus fast zweitausend Jahren Geschichte 2471 meist erschütternde historische Daten auf den Tag genau festhält. In dem weit über 100 Seiten umfassenden einleitenden Text erwähne ich auch das von Gewissenszwängen bedrückte religiöse Schicksal meiner Mutter, verschuldet durch ihren Religionslehrer, den Theologen Josef Bautz, genannt Höllen-Bautz. Über seinen Unterricht kenne ich Zeugenaussagen. Meine Mutter wurde samt ihren Mitschülerinnen jahrelang mit seinen Höllendrohungen in den schauerlichsten

Ausmalungen der ihnen für den Fall des Sündigens bevorstehenden Höllenstrafen eingeschüchtert und verängstigt, mit dem Ergebnis, dass sie noch als 94-jährige Frau kurz vor ihrem Tod in der festen Überzeugung und unsäglichen Angst lebte, sie komme in die Hölle. Ich bezeichne den Mann, der ihr dieses seelische Martyrium für ihr ganzes Leben bis in ihre Todesstunde hinein verursacht hat, als einen Sadisten, mehr noch, als einen Verbrecher an den Seelen junger Mädchen, die als innerlich gebrochene, verängstigte, neurotisierte Frauen durch das Leben gehen mussten.

Persönliche Erlebnisse und Erfahrungen mit dem Christentum und seinen offiziellen Verkündern und Vertretern, nämlich dem Klerus und fanatisierten Laienbekennern, blieben in diesem Geschichtsbuch ausgeklammert, so dass es naheliegt, hier einige besonders markante nachzutragen.

Dabei ist vorauszuschicken, dass es mir vergönnt war, zwei katholischen Geistlichen zu begegnen, die unter allen anderen nicht nur weit hervorragten, sondern sich als feinsinnige, von Grund auf integre Charaktere in ihrer einwandfreien ethischen Aufrichtigkeit, Klarheit und vorurteilsfreien Ehrlichkeit von allen anderen mir bekannten kompromisslos unterschieden. Ich meine den Dichter und Pfarrer Augustin Wibbelt und Augustinus Winkelmann, den ehemaligen Pfarrherrn von Marienthal bei Wesel. Wibbelts eigentlich im hervorragenden Sinne des Wortes adliges Wesen in Worten nachzuzeichnen und damit dem Leser zu vermitteln, übersteigt fast jede Possibilität. In seinem literarischen Werk verbinden sich Goethes Universalismus und Mörikes Musikalität, Feinsinn, Zartgefühl und Stimmungszauber mit einem tiefgründig genuinen Humor und weltüberwindender Abgeklärtheit bei warmherziger Anteilnahme an den Menschen und ihren Schicksalen. Er war froh mit den Fröhlichen, litt mit den Trauernden, verstand die Menschen in teilnehmender Menschenliebe und war ein Seelsorger im eigentlichen Sinne des Wortes. Seine Dichtung, insbesondere seine niederdeutsche Lyrik, klingt in einer Schwerelosigkeit ohnegleichen, nur mit Mörike vergleichbar, seine Sprache von kristallklarer Leuchtkraft, diamantener Schärfe und humaner Wärme. Ihm als junger Mensch begegnet zu sein und seiner Freundschaft gewürdigt zu werden, die er bis zu seinem Tode aufrechterhielt, war wohl das größte Geschenk meines Lebens.

Auch den Pfarrer von Marienthal Augustinus Winkelmann erlebte ich als eine überragende leuchtende Gestalt, als einen Mann, der nicht nur Kirche und Friedhof des ehemaligen Augustinerklosters mit Kunstschätzen damals moderner sakraler Künstler auszustatten und diese auf ausgesprochen faszinierende Art zu deuten und den Menschen nahezubringen, sondern auch als hohe geistige Werte bei den einfachsten Menschen seiner Gemeinde in tiefgehenden Gesprächen zu vermitteln wusste. Ich habe erlebt, wie sie an ganz gewöhnlichen Abenden im kleinen Kreis wie gebannt an seinen Lippen hingen.

Im krassesten Kontrast zu diesen beiden verehrungswürdigen Priestergestalten erlebte ich den Steyler Pater Josef Tembrink, Wibbelts ehemaligen Hilfsgeistlichen in seiner Pfarre in Mehr, der sich schon vor 1935 des Dichters Nichte und spätere Universalerbin hörig gemacht hatte und sich über diese der Rechte am Nachlass zu bemächtigen wusste, ein Mann von finsterstem religiösem Fanatismus und unerbittlicher Rechthaberei, die er mit juristischen Mitteln durchzusetzen suchte, ein Typ, den man sich zur Zeit der Inquisition mühelos als Großinquisitor hätte vorstellen können, der nicht davor zurückschreckte, seine zu Feinden erklärten Gegner bis hin zur Existenzbedrohung durch Diffamation zu verfolgen. Er gab Wibbelts «Gesammelte Werke» wimmelnd von Fehlern, ja mit absichtlichen Textentstellungen, Kürzungen und Zufügungen aus eigener Feder, also gefälscht, heraus und forderte mich so zur Offenlegung in Rezensionen heraus, die in einschlägigen Fachzeitschriften abgedruckt wurden. Daraufhin setzte er sich hinter meinem Rücken heimlich mit dem damals für mich zuständigen Schulrat Dietrich Hagemann in Lüdinghausen in Verbindung, der bei ihm ein- und ausging und meine Arbeit in Berichten seiner Unterrichtsbesuche über meine Tätigkeit abqualifizierte, die in meiner Personalakte beim Regierungspräsidenten angesammelt wurden.

Die hinterhältige Wühlarbeit Tembrinks, die auf eine Existenzvernichtung hinauslaufen sollte, hatte indes schon im Jahre 1951 eingesetzt, als ich als junger Redakteur in Oelde tätig war. Ich kann nicht beweisen, muss jedoch vermuten, dass Tembrink damals schon meine Entlassung aus dem Redaktionsdienst bewirkt haben muss; denn als ich daraufhin das Studium an der Pädagogischen Akademie in Dortmund aufnehmen wollte, schickte er den in Oelde tätigen Lehrer Franz-Josef Bexte, übrigens einen Großneffen Augustin Wibbelts, in Oelde umher, u. a. zum Pfarrer, und ließ dort ausstreuen, ich sei homosexuell und dürfe daher auf keinen Fall – weil jugendgefährdend – zum Pädagogikstudium und für den Schuldienst zugelassen werden. Als mein alter Freund Dr. Erich Nörrenberg, der Bexte selbst als einen Homosexuellen kannte, diesen zur Rechenschaft zog, behauptete der, er kenne meinen Vetter Dieter Schepper von seinem Studium an der Pädagogischen Akademie in Emsdetten her als Homosexuellen, und also sei zu vermuten, dass ich ebenfalls diese Veranlagung besitze. Die Angelegenheit wurde in einem Schiedsverfahren beigelegt, in dem Bexte seine Anschuldigung zurücknehmen musste.

Als dann 1965 das neue Urheberrechtsgesetz erschienen war, verbot mir Pater Josef Tembrink jegliche Vorträge und Rezitationen aus Wibbelts Werk, zu denen mich der Dichter selbst einst angeregt und aufgefordert hatte. Als ich dieses Verbot ignorierte, kam es zu einem Urheberrechtsprozess vor dem Landgericht in Münster, in den ich den in meinem Eigentum befindlichen Nachlass im Wibbelt-Schränkchen einbezog.

Mit Urteil vom 31. Januar 1967 wurde der Prozess zu meinen Gunsten entschieden, und auch das von Termbrink eingeleitete Berufungsverfahren vor dem Oberlandesgericht in Hamm endete mit Urteil vom 14. November 1967 zu meinen Gunsten. Daraufhin übertrug Tembrink zusammen mit der Universalerbin Anna Aulike die in deren Bereich liegenden Urheberrechte an den Kreis Beckum, von dem man sich eine Fortsetzung des Streites erhoffte.

Schon seit Jahren hatte Tembrink bei Führungen auf dem Wibbelthof am Grab des Dichters eine systematische Hetzkampagne betrieben und dabei, wie mir Zeugen berichteten, die Behauptung aufgestellt, ich hätte die in meinem Besitz befindlichen Wibbelt-Manuskripte während meiner Besuche bei ihm aus seinem Pult gestohlen. Diese Hetzreden wurden dann auch von den Mitgliedern des Heimatvereins Vorhelm, Johannes Schulze-Everding und Adolf Müller, fortgesetzt und dauerten bis zu deren Tode an.

Zur Beurteilung und Charakterisierung des Paters Tembrink gibt es zahlreiche Aussagen, die bekundet worden sind in den «Schriften zur Wibbelt-Forschung» Band 1 (1991) und Band 2 (1996) in den Kapiteln «Bezeugungen über Wibbelt und seine Umgebung aus seinem Umkreis».

DAS SECHSTE VERBOT

Das heikelste, empfindlichste, fast alle Christen von Kindheit an neurotisierende Thema ist das der Sexualität, ursprünglich im sogenannten Dekalog des Moses im sechsten Gebot lapidar formuliert: «Du sollst nicht ehebrechen» (Ex. 20,14), in der Vulgata des Hieronymus: «non moechaberis», ein doch wohl sehr dehnbarer Begriff, wenn man im sogenannten Alten Testament erfährt, wie es zum Beispiel Abraham, Jakob und erst recht der Vielweiber-König Salomon mit Gottes freundlicher Erlaubnis trieben. Aber je unklarer und schwammiger ein Begriff, umso vielfältiger und auch willkürlicher kann man ihn ausdeuten und manipulieren, und so wusste das Christentum, das ja alles und jedes im Interesse seiner Herrschaft über die Menschen zu dogmatisieren verstand, dieses Gebot auf die gesamte Sexualität der Menschen auszudehnen, aus ihnen um ihres Geschlechts wegen schämenswerte Wesen zu machen, vor allem die Frauen, die sich laut Clemens Alexandrinus (150–215) zu schämen hatten, überhaupt eine Frau zu sein: «Bei der Frau muss schon das Bewusstsein vom eigenen Wesen Scham hervorrufen.»

Aber auch mir wurde im Beichtunterricht in Burgsteinfurt von dem finsteren Kaplan Dresjan beigebracht, dass jeder Verstoß gegen das Gebot absoluter Keuschheit, also des Nichtberührens meines Geschlechts (nicht einmal dieses Wort durfte ausgesprochen werden), eine Todsünde sei, die ungebeichtet ewige Höllenstrafen nach sich ziehen werde. Als dann meine Sexualität relativ früh erwachte und ich etwa in der Badewanne mit Freude meine ersten Schamhaare sprießen und meinen Penis anschwellen sah, wurde diese ganz natürliche Freude durch das mit ewigen Strafen verbundene Keuschheitsgebot sogleich pervertiert und neurotisiert, dass ich, immer wenn ich der Versuchung und Lust nach Selbstbefriedigung nachgab, in entsetzliche Gewissensqualen verfiel.

Diese kirchlich verordnete Seelenfolter hatte ich viele Jahre auf mich zu nehmen, bis ich mich eines Tages, bereits mehr als 20 Jahre alt, entschloss, diese äußeren und inneren Zwänge beiseitezuwerfen und mich ohne innere Skrupel Frauen zuzuwenden und ohne jede Hemmung mit ihnen die Sexualität gemeinsam zu genießen.

Freilich war jetzt ein geradezu überdimensionaler Nachholbedarf entstanden, der eigentlich mein ganzes Leben hindurch bis zur natürlichen Altersgrenze anhielt, ähnlich wie ich nach den Hungerjahren der Kriegs- und Nachkriegszeit einen permanenten, genussfrohen Appetit entwickelte, der durch die «gutbürgerlichen», mehr noch verfeinerten Kochkünste der mir jeweils nahestehenden Frauen seine Befriedigung fand.

So bin ich – vermutlich vom Schicksal dazu bestimmt – zu einem intensiven Genießer von Frauenschönheit, Frauenzuwendung, Frauenliebe und meist damit verbundener lukullischer Genüsse geworden und eigentlich bis ins hohe Alter geblieben, hatte aber umso mehr in Zeiten zu leiden, wenn die geeignete Partnerin fehlte. Bei all dem wurde ich nie zu einem Liebhaber nach Art etwa des – im Übrigen hochkultivierten – Casanova oder eines Don Juan, sondern verstand die sexuelle Hingabe, die mir eine Frau schenkte, als ein kostbares persönliches Geschenk, wie ich auch alle mir von ihnen geschriebenen Briefe sorgfältig aufbewahrt habe, nicht etwa im Sinne von Trophäen, sondern als liebens- und achtenswerte Erinnerungen.

Dass mich schon sehr früh Fragen von Sexualität und Gesellschaft vom Theoretischen wie Praktischen her interessierten, die ich kritisch zu beantworten suchte, ergibt sich aus meinen Aufsätzen zu diesem Themenkomplex in der Zeitschrift «Vorgänge» der Humanistischen Union, der ich damals angehörte, insbesondere auch aus der grundlegenden verfassungsrechtlichen Arbeit «Wer kennt das Sittengesetz? Ein ungeklärter Rechtsbegriff im Grundgesetz» (1968).

Auch dem den Bereich des Strafrechts tangierenden Problem der Pornografie bin ich nicht ausgewichen und habe zu diesem Thema Kurse in Volkshochschulen des Industriegebiets durchgeführt.

DIE GOLDENE UND DIE SCHWARZE SONNE

Sie war meine goldne, strahlende Sonne, die Große Liebe, die es nur einmal im Leben gibt: Pouliche. Mein Bruder, dem sie sich zunächst verbinden wollte, der sie wegen ihrer Jugend, ihrer Zierlichkeit, ihrer unbefangenen Vitalität «Poulain» nannte und ein falsches hinterlistiges Spiel trieb, verlor sie an mich. Ihr Geburtsmond, ihre Venus, ihr Pluto im Löwen im Trigon zu meiner Sonne im Widder und meinem Mond im Schützen versetzte uns in helle Flammen und in tiefe Glut. Alle Sternchen, wie ich die vielen Frauen nannte, die mir bis dahin begegnet waren, verblassten an meinem Liebeshimmel vor der Leucht- und Strahlkraft, der Wärme, dieser Sonne.

Wir fuhren zusammen nach Epe, wo ich einen Vortrag zu halten hatte, und von da aus, ohne dass jemand verständigt wurde, weiter nach Holland. In der Nacht des 7. April 1968 wurde sie durch mich zur Pouliche, und eine einwöchige Reise durch Holland schloss sich an. Wir kehrten zurück und gehörten unlösbar zusammen. So glaubten wir.

Da griff das Schicksal ein. Im «stern» fand sie wenige Jahre später einen Bericht von Henri Nannen über die Preisverleihung eines naiven Bildes von Dodo, meine ehemalige unglückliche Liebe von 1965, die ich nie hatte vergessen können. Sie war damals verheiratet und wollte ihren Ehemann nicht verlieren. Im Karneval war sie im «Schwarzen Schaf» auf mich zugekommen, hatte mich an ihren Tisch gebeten und eine zauberhafte Nacht mit mir verbracht. Lange hatte ich an der Trennung von ihr gelitten und sie dann zu vergessen gesucht.

Dann begegnete ich Pouliche. Wir waren unser einander sicher, und so forderte sie mich auf, Dodo zum Preis im Wettbewerb zu gratulieren. Die persönliche Begegnung blieb nicht aus, wir wurden von Dodo und ihrem Mann in deren stilvollen Bauernkotten nach Glandorf eingeladen.

Da beging ich den Fehler, unterwegs für Dodo rote Rosen zu kaufen; Pouliche war – zunächst unmerklich – tief getroffen.

Und nun begann für mich eine Tragödie, die sich über Jahre hinzog und mein Leben tiefgreifend beeinflusste. Verständlich machen lässt sie sich eigentlich nur in astrologischen Chiffren. Dodos Mond steht exakt mit meinem Geburtsmond im Schützen überein, schwer belastet von einem Quadrat zu ihrem Saturn. Auch mein Mond hat eine Saturnkonjunktion, eine tiefe zuweilen depressive Hinneigung zur Melancholie. Ich liebte an ihr das Dunkle, Tiefgründige, die heitere Traurigkeit. Es war eine andere, zu Pouliche eigentlich diametrale Faszination, die uns gegenseitig fesselte und nicht mehr losließ. Ich nannte sie, da ich sie liebte, meine schwarze Sonne.

Nun hatte ich eine unbeschreibliche innere Zerrissenheit zu durchleben, die große strahlende, tiefe glühende Liebe zu meiner Pouliche und fast ebenso große, dunkle, tief-melancholische zu Dodo.

Und die schwarze Sonne verschlang die goldene. Pouliche, die es nicht mehr ertrug, zumal ich sie aus einem gemeinsamen Urlaub auf dem sonnigen Teneriffa verlassen hatte und zu Dodo ins dunkle winterliche Sauerland geeilt war, trennte sich von mir und verheiratete sich später. Mit ihr verlor ich ein großes, unwiederbringliches Glück.

Ihre Briefe – wir schrieben uns täglich – habe ich in Leinenbänden gebunden, aber bis heute nicht lesen können, weil ich den Schmerz und die Sehnsucht zu ihr nicht glaube ertragen zu können, die erneut über mich hereinbrechen würden.

Mit Dodo ergab sich eine über viele Jahre beständige, dennoch durch schwere Erschütterungen immer wieder gefährdete, häufig durch Trennungen unterbrochene Partnerschaft. Sie war eine hochbegabte und – auch durch mich geförderte – erfolgreiche naive Malerin. Mit ihr eröffnete ich im alten Bauernkotten in Glandorf-Averfehrden die «Kleine Galerie am Kamin», die sehr bald bekannt wurde und sogar den Besuch der Gattin des Ministerpräsidenten Kühn anzog, die ein Bild von ihr, «Schlößchen im Himmel», auf einer Düsseldorfer Kunstausstellung gekauft hatte.

Mit Dodo habe ich viele erlebnisreiche Reisen unternommen, von denen sie meist zauberhaft gemalte naive Bilder heimbrachte, so aus Bulgarien, Tunesien, Dubrovnik, Südfrankreich, Griechenland.

Aber immer waren meine Gedanken bei Pouliche, immer wünschte ich sie an meine Seite. Meine Reisen mit ihr verliefen zuvor missklanglos harmonisch in innigem Beieinander, im Einklang unseres Erlebens, insbesondere der romantisch erlebte Urlaub auf Capri mit Ausflügen zum Vesuv, nach Pompeij, wo uns die im Aschenregen untergegangene, in fragmentarisch erhaltenen Gemälden dargestellte Erotik tief berührte und miteinander auf besonders reizvolle Weise verband. Und dann Paestum. Als wir uns der Tempelstätte näherten, die in hell- leuchtender Landschaft vor uns stand, war ich so tief ergriffen von der Schönheit, Harmonie und dem Ebenmaß dieses als Ruine erhaltenen kultischen Baus, dass mir die hellen Tränen über das Gesicht liefen. Das Übermaß an Schönheit und Gleichmaß konnte ich nicht fassen, und wir schritten Hand in Hand darauf zu.

Ebenso innig, in tiefer Verbundenheit, erlebten wir unsere Fahrt durch die Provençe mit St. Rémy, Arles, Fontaine de Vaucluse, Les Beaux, Antibes bis Saintes Marie de la Mer, Avignon und einer übermütig ausgelassenen Liebesnacht in Orange. Viele andere Reisen hat Pouliche für mich tagebuchartig festgehalten.

Auf meinen späteren Reisen mit Dodo, so intensiv wir sie erlebten, spielte leider fast immer der Übelstand eine Rolle, der mich auch davon abhielt, mit ihr in einer Wohnung zu leben: sie erwies sich – was sie sich selbst nie eingestehen wollte – als Alkoholikerin und verfiel immer mehr in ungehemmte Trinkexzesse, die ich schließlich nicht mehr ertragen konnte. So kam es 1981 zur endgültigen Trennung, an der ich konsequent festgehalten habe.

Die vielen Sternchen funkelten noch lange Jahre weiter, aber die goldene Sonne war von der schwarzen Sonne verschlungen und auch diese schließlich untergegangen.

Dann ist es Abend geworden und die Nacht hereingesunken. Nicht mehr die Liebesnacht, aber die zur Ruhe ladende und ruhebringende, Gedanken und Gefühle kühlende und bergende, späte, alles Grelle mildernde und versöhnende Nacht des Schlafes und der Träume.

BEGEGNUNGEN

Was prägt den Menschen, seinen Charakter, sein Wesen, seine Auffassung vom Leben, von der Welt, seine Weltanschauung, wie man ehemals zu sagen pflegte? Der alte Streit, ob es die Anlage oder die Umwelt sei, soll hier nicht aufgegriffen werden. Als Astrologe glaube ich zu wissen, dass alles eine schicksalhaft bestimmte äußere und innere Einheit in organischer Verflechtung mit dem kosmischen Geschehen bildet. Positive wie negative persönliche Einflüsse bleiben auf den jungen, noch prägsamen Menschen niemals ohne Auswirkungen, und jeder ist sowohl dem einen wie dem anderen in Kindheit und Jugend ausgesetzt.

Ich will versuchen, in einer kurzen Zusammenfassung derer zu gedenken und ihnen zu danken, die in der Begegnung mit ihnen mein Leben und vor allem meine Lebensauffassung nachhaltig positiv geprägt haben.

Die erste, mir äußeren und inneren Halt und unbegrenztes Urvertrauen schenkende Persönlichkeit war mein unvergesslicher Großvater Wilhelm Schulte-Lippern, entstammend einem uralten bäuerlichen Geschlecht, das einen Gutshof bei Osterfeld mit einem Landbesitz von etwa 1000 Morgen besaß. Als nachgeborener Sohn, der das Abitur in Oberhausen bestanden hatte, das ihm wie der gesamten Abiturklasse nachträglich aberkannt wurde, weil ein Mitschüler gemogelt und betrogen hatte, das mein Großvater dann aus Stolz und Verletztsein im Bewusstsein seiner Lauterkeit nachzuholen sich weigerte und darum nur die mittlere Beamtenlaufbahn als Regierungsbeamter einschlagen konnte, lebte er in Münster, wo er 1895 in der Junkerstraße ein fertiggestelltes dreistöckiges Haus erwarb, das mein eigentliches Elternhaus wurde und 1944 im Bombenhagel der barbarischen Fliegerangriffe alliierter Flugzeuge durch Brand- und Sprengbomben in Trümmer sank. Die Güte des Großvaters, seine Geborgenheit vermittelnde Zuwendung gaben mir die eigentliche Nestwärme, derer ein Kind bedarf, wenn es für das spätere Leben befähigt werden soll. An seiner Hand machte ich, Morgen für Morgen, die zur Gewohnheit gewordenen Spaziergänge in den von Hermann Landois gegründeten Zoologischen Garten, wurde dann durch einen Umzug von ihm auf mehrere Jahre getrennt und kehrte 1939 auf eigenen Entschluss zu ihm in mein eigentliches Elternhaus zurück, wo er im Alter von 86 Jahren meist vereinsamt in seinem Korbsessel neben dem wärmenden Ofen saß, während seine Töchter und sein Schwiegersohn wenig Zeit für ihn erübrigten. An langen Abenden, wenn die entzündeten Gaslaternen der Straße ihr Licht an die Stukkaturdecken des Wohnzimmers warfen, saß ich als Zwölfjähriger zu seinen Füßen auf einem Fußbänkchen vor ihm und vertiefte mich in lange Gespräche mit ihm, deren Inhalt ich heute nicht mehr wiederzugeben weiß, die mich indes an Wissen und tiefen Gemütswerten bereichert haben; denn er war ein kenntnisreicher und harmonieausstrahlender Mann.

Eines Tages, am 27. Januar 1940, hatte er am frühen Morgen einen Schlaganfall erlitten, und ich wurde nicht mehr zu ihm gelassen. Am frühen Abend des 28. Januar ist er gestorben, und zur gleichen Minute blieb seine alte, an der Wand angebrachte Uhr stehen und zugleich die Armbanduhr seiner Tochter Tine.

Es war das erste Mal, dass der Tod in mein junges Leben eine empfindliche, für lange Zeit nicht mehr zu schließende Lücke riss.

Die zweite Begegnung, die mein Leben bis auf den heutigen Tag entscheidend bereichert und ihm eine klare Richtung gegeben hat, war die mit dem Dichter und Pfarrer Augustin Wibbelt, dem großen niederdeutschen Lyriker und mit Fritz Reuter bedeutendsten plattdeutschen Erzähler, dem Essayisten und Volksschriftsteller, dessen Werk ich vom Deutschunterricht bei Bernhard Cluesmann und aus einem plattdeutschen Lesezirkel in Gladbeck bei meiner Tante Tine kannte. Ich habe in vielen Veröffentlichungen sein Wesen und seine unvergleichliche menschliche Ausstrahlung zu vermitteln versucht und will mich hier nicht wiederholen. Vieles ist niedergelegt in meinem Aufsatz zum 100. Geburtstag des Dichters in den «Mitteilungen aus dem Quickborn» 1962, Nr. 3, wo ich gegen Ende sowohl die literarische wie menschliche Nähe zu Mörike herausgestellt und – das Wesen Wibbelts kennzeichnend – aus der Grabrede Friedrich Theodor Fischers auf Mörike zitiert habe: «Er verstand jede Stimmung, man konnte in jeder das Herz bei ihm erleichtern, er fand die Gedanken, wenn sie kaum auf die Lippen traten.» Nicht anders habe ich Augustin Wibbelt erlebt in seiner Freundschaft zu mir als dem um 65 Jahre Jüngeren.

Zu den feinsinnigsten, gütigsten, selbstlosesten, innerlich adeligsten, geistig hochstehendsten Menschen, denen ich begegnen durfte, gehört in unvergleichlicher Weise Erich Nörrenberg, der aus Iserlohn stammende damalige Bearbeiter des Westfälischen Wörterbuches, den ich bei Augustin Wibbelt kennenlernte und mit dem mich seit Wibbelts Tode 1947 bis zu Nörrenbergs Tod im Jahre 1964 eine herzliche Freundschaft verband. Er wurde mein Trauzeuge und Pate von Raimund Schepper. Von ihm bezeugte Prof. William Foerste: «Zu den schönsten Wesenszügen Nörrenbergs gehörte seine grenzenlose Hilfsbereitschaft. … Wer den Vorzug hatte, Nörrenberg näher kennenzulernen, wird sich dankbar der vielfältigen Bereicherung erinnern, die er diesem bescheidenen und noblen, so reich mit Geistes- und Herzenskräften begabten Manne schuldet.» Er schenkte mir schon zu Lebzeiten den ihm von Augustin Wibbelt eigentums- und nutzungsrechtlich überlassenen Nachlass des Dichters in dem von ihm sorgsam gehegten «Wibbelt-Schränkchen».

Durch die Vermittlung von Lore Hoebink in Borken lernte ich den Pfarrherrn von Marienthal bei Wesel kennen, mit dem Augustin Wibbelt gut bekannt und auch als Konfrater befreundet gewesen war. Diese in vieler Hinsicht faszinierende Persönlichkeit, von der ich berichtet habe, gehört zu den wichtigsten Begegnungen meines Lebens. Über ihn und sein Werk, die von ihm geschaffene Stätte moderner religiöser Kunst in Marienthal, habe ich im Westfalenspiegel berichtet. Er lud mich mehrfach zu Vorträgen aus Wibbelts Werk nach Marienthal ein, und die Abende inhaltvoller geistreicher Gespräche in seinem Pfarrhaus wie die Übernachtungen in den einfachen ehemaligen Mönchszellen des Klosters sind mir unvergesslich geblieben.

Als junger Redakteur bei der «Glocke» in Oelde hatte ich 1951 einen Lichtbildervortrag des aus Clarholz stammenden, in Schloss Brühl wohnenden Bildhauers und Restaurators Wilhelm Tophinke wahrzunehmen, dessen Werk mir bis dahin gänzlich unbekannt geblieben war. Er ist vertreten mit vielen Altären im rheinischen Raum, mit einem Steinkreuz am Kölner Dom und zahlreichen Skulpturen in westfälischen Kirchen. Damals zeigte er viele Lichtbilder seiner Werke, gab aber dazu so gut wie keine Kommentare, sondern beschränkte sich meist auf die Bemerkung: «Das Bild muss für sich sprechen.» Als mein anschließender Bericht in der «Glocke» erschienen war, zeigte er sich überrascht und teilte mir mit, seit langem habe er nicht einen annähernd verständnisvollen Bericht über seine Werke gelesen. Es ergab sich eine Korrespondenz zwischen ihm und mir, und er überließ mir ein in der Ausstellung «Ars Sacra» in Aachen von ihm gezeigtes Kruzifix aus dem Holz der Edelkastanie für nur 50 DM, die mir als Hochzeitsgeschenk von meinem Onkel Alfons Schepper, Bruder meines Vaters, zugekommen waren. Das Kreuz hängt noch heute in meinem Arbeitszimmer und ist mit den Jahrzehnten auf eine besonders reizvolle Weise nachgedunkelt. Später fertigte Tophinke auf meinen Wunsch für mich und meine junge Familie eine aus gleichem Holz geschnitzte Krippe mit drei Figuren. Besonders das Krippchen mit dem Kind darin, im Format 9 x 5,5 cm und 4 cm hoch, ist ein unübertrefflich feinsinnig ausgeführtes, aus einem Holzblöckchen geschnitztes Kunstwerk. Auch der stehende Josef in seiner leicht den Kopf neigenden, die Hände verschränkten Haltung eine edle Gestalt von eigenwilliger, origineller Auffassung, während die knieende Maria in anbetender Pose, übrigens aus anderem Holz geschnitzt, eher konventionell aufgefasst ist. Die Krippe ist als Gruppe mehrfach in Fachzeitschriften abgebildet erschienen.

Tophinke starb 1961 in Brühl. In einem Nachruf habe ich das Wesen seiner Kunst und seiner Kunstauffassung festzuhalten versucht, ein künstlerisches Ethos, entfernt von jeglicher Manier, jeglichem Modernismus, jeglichem Archaismus. Für Tophinke gab es die unverwechselbare Souveränität der Künste. Was die Musik auszusagen vermag, die Dichtung, die Malerei, die bildende Kunst, ein jedes steht für ihn unter eigenen nicht vertauschbaren Gesetzen. So ist für ihn die stumme Kunst des Bildes am schwersten in der Sprache erfassbar und ausschöpfbar. Sie will im Schauen begriffen werden. Stoff, Empfindung und geistige Aussage gewannen für ihn nur durch die sie alle vereinigende Gestaltung Gültigkeit.

Dankbar habe ich einer Frau von großem inneren Format zu gedenken, der Grafikerin und Designerin Josefine Fellmer, der ich viele Jahre hindurch freundschaftlich eng verbunden gewesen bin. Wir lernten uns kennen durch Vermittlung des ebenfalls feinsinnigen, künstlerisch einzigartigen Malers Hans Wolff von Ponickau, den ich für mehrere Jahre als Illustrator der «Studentischen Rundschau» gewinnen konnte, von dem verschiedene außergewöhnlich zart empfundene Aquarelle meine Wohnung zieren, so Bordeaux, Angoulème, Korkeichen aus Südfrankreich, eine feinempfundene Mondlandschaft sowie verschiedene Grafiken.

Josefine Fellmer gestaltete damals die Typographie der «Studentischen Rundschau», wir setzten uns gemeinsam ein für Hafterleichterung des wegen Inzests mit seiner Tochter verurteilten Willy Jagsch, ich lernte ihre untadelige ethische Grundhaltung und ihren Einsatz für Menschen und politische wie soziale Anliegen kennen und schätzen. Sie lebte zusammen mit der handwerklich soliden, kunstfertigen Buchbinderin Paula Richter, einer ebenfalls charakterlich hochstehenden Frau.

Josefine Fellmer siedelte später, als sie das Leiden der sogenannten Schaufensterkrankheit, des arteriellen Verschlusses im Bereich der Beine, befallen hatte, zu ihrer Freundin Guri Refnes nach Oslo über, wo ich sie Jahre später auf einer Norwegenreise noch einmal besucht habe. Zuletzt musste sie noch eine Beinamputation über sich ergehen lassen und ist dann in Oslo verstorben.

Eine der markantesten Begegnungen, die mir zuteil wurden, war die mit der Gräfin Maria von Maltzan, geboren 1909 auf Schloss Militsch in Schlesien, zuletzt Tierärztin in Berlin und dort 1997 im Alter von 88 Jahren verstorben. Sie hat zur Zeit des Nationalsozialismuss ungezählten Juden das Leben gerettet und später ihre Biografie festgehalten in einem Buch, dessen Titel sie nach einem Wort Heines wählte: «Schlage die Trommel und fürchte dich nicht.»

Durch meinen damaligen Fernsehproduzenten Udo Stöcker waren wir mit einer Düsseldorfer Malerin und Autorin und dem Liedermacher Knut Kiesewetter in einer Mosaik-Sendung des ZDF vereinigt worden, wobei die Gräfin an Hand ihres Buches aus ihrem Leben erzählte und ich aus den Lebenserinnerungen «Der versunkene Garten» von Augustin Wibbelt las und über ihn referierte. Als die Gräfin und ich uns miteinander bekannt machten, standen wir vor der offenen Tür der «Maske», in der die Düsseldorfer Malerin gerade geschminkt wurde und in ihrer gezierten Weise forderte: «Ich möchte aber von meiner Schokoladenseite gezeigt werden»; worauf die Gräfin mich in ihrer robust-direkten Art in die Seite stieß und fragte: «Wollen Sie auch von Ihrer Schokoladenseite gezeigt werden?»; wozu ich lachend erwiderte: «Gräfin, ich bin rundum Schokolade, Sie nicht?» Die Gräfin lachte schallend auf: «Sie sind gut! Kommen Sie, wir setzen uns zusammen»; was auch geschah. Bei einem Glas Wein und während die Düsseldorferin geziert in gewollt gewählter Redeweise ihre Antworten gab, flüsterte mir die Gräfin zu: «Brauchen Sie nicht noch Engelshaar für den Weihnachtsbaum? Sehen Sie mal, da ist was»; womit sie auf die Frisur der Malerin deutete.

Nach der Sendung, als wir uns verabschiedeten, kommandierte die Gräfin: «Wer zuerst von uns nach Münster oder Berlin kommt, meldet sich. Wir müssen uns wiedersehen.»

Nach einiger Zeit schrieb sie mir: «Ich habe in Münster zu tun. Wissen Sie nicht ein billiges Hotel oder jemand, der mir ein teures bezahlt?» Meine Antwort: «Wenn Sie mit meinem bescheidenen Gastzimmerchen vorlieb nehmen wollen, können Sie bei mir wohnen.» Sie ratterte mit ihrem kleinen Wägelchen heran und brachte ihren «pflegeleichten Reisehund» namens Zippora mit, übrigens ein entzückendes wolliges Tierchen.

Ihre anschließende Vortragstournee machten wir mit Einverständnis ihres Verlages Ullstein gemeinsam: Sie erzählte aus ihrem Leben, und ich las die dazugehörigen Passagen aus ihrem Buch, das sie übrigens nach ihrer Aussage nie geschrieben und nie gelesen, sondern zunächst diktiert und dann vom Verlag hatte lektorieren lassen.

Unsere Gesprächsabende zogen sich meist bis in den Morgen hinein; denn die im Zeichen des Widders – gleich mir – geborene Gräfin war ein wahrer Haudegen, und unsere Gespräche verliefen mit heiterem Klingenwetzen entsprechend prickelnd und kurzweilig.

Morgens sollte derjenige zunächst mit dem Hund herausgehen, der zuerst wach wurde, und diese Aufgabe wurde immer mir zuteil. Zu Beginn ihres Besuchs hatte sie mir gesagt: «Eins müssen Sie wissen: wenn Sie Besuch von jemand jenseits der Oder bekommen, dann wissen Sie zwar genau, wann er kommt, aber niemals, wann er wieder geht.» Und so war es auch: Ihre Abreise blieb offen.

Die Lesereisen, die wir gemeinsam machten, gingen östlich bis Paderborn, westlich bis Ahaus, nördlich bis Lingen, und immer gab es Überraschungen und köstliche Begebnisse. In Ahaus hatte sie vergessen, den Reißverschluss an ihrer Hose zu schließen, und so leuchtete ihre weiße Unterwäsche unterm Tisch her dem Publikum entgegen. Auf der Rückfahrt von Paderborn – alle Fahrten wurden mit meinem stabilen Volvo gemacht – musste ich eine Gaststätte zur Benutzung der Toilette kurz aufsuchen, worauf die Gräfin mokiert sagte: «Sextanerblase» und ich erwiderte: «Nein, gut funktionierende Nieren!»

In Lingen war das Publikum in einem langgestreckten Vortragsraum versammelt, wir hatten das Podium gemeinsam bestiegen, als die Gräfin mit ihrer verräucherten Stimme plötzlich erklärte: «Hier lese ich nicht. Erst muss eine Mikrofonanlage her.» Die Veranstalter, erschrocken und völlig konsterniert, beeilten sich, eine solche im Ort zu beschaffen, während das Publikum geduldig wartete und wir zwei, die Gräfin und ich, auf dem Podium herumalberten. Schließlich war die Mikrofonanlage installiert und angeschaltet. Da hielt ich der Gräfin das Mikrofon vor den Mund und forderte sie auf: «Blasen Sie mal», womit ich das Mikrofon von ihr testen lassen wollte. Ihre prompte Antwort: «Sagen Sie doch nicht sowas Unanständiges!» Lautes Gelächter im Publikum.

Beim späteren Besuch mit Vorträgen habe ich sie dann allerdings im unweit gelegenen Martinihof einquartiert, weil mir ihr Aufenthalt in meiner Wohnung doch zu anstrengend geworden wäre.

Sie lud mich und meine damalige Partnerin Renate zu einem Gegenbesuch bei ihr in der Oranienstraße in Berlin ein. Auch jene Tage sind mir unvergesslich geblieben. Sie lebte in ihrer geräumigen Wohnung mit Tierarztpraxis mit einem Papagei, ihrem Hündchen Zippora und einigen Katzen zusammen. Der Affe, der zu dieser Wohngemeinschaft dazugehört hatte, war kurz vorher gestorben, und Renate und ich durften in diesem Zimmer nächtigen. Der Teppich war noch verfilzt von Affenhaaren und strömte entsprechende unangenehme Gerüche aus. Aber auf einer Kommode stand zum Empfang ein wunderschöner Blumenstrauß, und abends musste ich mir ein mit Rasierwasser getränktes Taschentuch über das Gesicht legen, um nicht von den Affengerüchen am Einschlafen gehindert zu werden.

Auch Toilette und Küche waren ziemlich verdreckt, und diese nahm sich Renate gründlich vor, während jene in ihrem sommersprossenähnlichen Zustand wohl oder übel hingenommen werden musste. Auch die von Tierhaaren verfilzte Tischdecke drehten wir in einem unbewachten Augenblick um, damit unser Appetit nicht allzu sehr beeinträchtigt wurde.

An einem Abend lud uns die Gräfin ein zum Besuch eines von ihr frequentierten Transvestiten-Lokals, wohin sie mit uns in ihrem roten Autochen quer durch Berlin fuhr. Als ihr vor den roten Ampeln der Geduldsfaden riss, ratterte sie unbesehen über diese hinweg, so dass uns Hören und Sehen verging; aber es ging gut.

Später bin ich leider mit ihr auseinandergekommen. Mit Renate verstand sie sich ausgezeichnet, als ich ihr aber meine damals neue Partnerin Angela vorstellte, zeigte sie sich ziemlich indigniert, da sie diese nicht mochte. Mir gegenüber bezeichnete sie sie in ihrer rückhaltlos und auch rücksichtslos offenen Art als «Mattscheibe». Das vermochte ich nicht mehr hinzunehmen, und so haben wir uns seit 1993 nicht mehr wiedergesehen. Zu ihrem 80. Geburtstag am 25. März 1989 war ich noch nach Berlin gekommen, konnte aber nur unter Qualen und spastischen Schmerzen wegen starker Gallenbeschwerden an den Festlichkeiten teilnehmen.

Eine mir wichtige, leider nur sehr kurze und flüchtige Begegnung möchte ich nicht unerwähnt lassen, nämlich die mit dem Religions- und Kirchenkritiker Karlheinz Deschner. Zusammen mit meiner Tochter Annette war ich zu einem Vortrag von ihm nach Berlin gefahren, wo wir in Potsdam bei einem Leser meiner Bücher übernachteten und übrigens bei der Gelegenheit das Schlösschen Sanssouci Friedrichs des Großen und den sich daran anschließenden Park besichtigten. Mit Deschner war ich schon häufiger in briefliche Verbindung gekommen da wir unsere Bücher gegenseitig hochschätzten. Er ist 2014 mit 89 Jahren verstorben und konnte seine verdienstvolle «Kriminalgeschichte des Christentums» zuvor vollenden. Dieses umfangreiche Geschichtswerk steht in seiner Art einzig da.

Auch mit dem Religions- und Kirchenkritiker Prof. Dr. Hubertus Mynarek, ehemals Dekan der Katholischen Theologischen Fakultät in Wien, der mit einem mutigen Offenen Brief an Papst Paul VI. aus der Kirche ausgetreten und dann wegen seines Buches «Herren und Knechte der Kirche» mit einer Serie von Prozessen überzogen worden ist, der das Vorwort zu meinem Predigtbuch «Denn es steht geschrieben» verfasst sowie mehrere meiner Bücher rezensiert hat, ergab sich eine intensive briefliche Verbindung. Zur Festschrift aus Anlass seines 80. Geburtstages verfasste ich den Beitrag «Zum Postulat ethischer Befreiung aus den Fesseln der Moral – Begriffsabgrenzung – Individuelle und politische Konsequenzen».

Hier möchte ich noch einer für mein Leben prägend bestimmenden Begegnung gedenken, die in meine Studienzeit in Hamburg fiel; es war die mit Eduard Marks (1901–1981), dem Schauspieler und Schauspiellehrer am Hamburger Schauspielhaus, bekannt durch die Rolle des Wagner im Faust-Film von Gustaf Gründgens. Mit ihm gab es eigentlich nur eine Begegnung, aber sie blieb richtungsweisend für mein ganzes Leben im Hinblick auf meine Tätigkeit als Sprecher und Rezitator. Für den Nordwestdeutschen Rundfunk hatte ich eine Sendung über Leben und Werk Augustin Wibbelts verfasst, für deren hochdeutschen Rahmentext Eduard Marks als Sprecher ausgewählt worden war, während ich in dieser Sendung Wibbelts eingefügte plattdeutsche Texte zu sprechen hatte. Unter diesen war auch das Gedicht «Moder», in dessen letzter Strophe die Verse zu sprechen waren:

Still bleihet ächtern Hagen
dat kleine Blaovigölken.
O Moder, midden in mien Hiätt
dor steiht dien gollen Stöhlken.

Der Rundfunkaufnahme gingen einige Sprechproben voraus; aber immer wenn ich diese Verse sprach, leuchteten Eduard Marks' Augen auf, und er sah mich mit so warmherzig strahlenden Blicken an, dass es mir wohlig durch die Seele ging.

Ich hatte zuvor in Münster die pathetische Vortragsweise des Peter Otten gehört und innerlich abgelehnt, hatte in Hamburg ein Seminar für Sprecherziehung bei der damals dort renommierten Wilma Mönckeberg belegt, die poetische Texte zu tanzen pflegte und auf diese Weise ihren Studenten zu vermitteln suchte; nach der zweiten oder dritten Veranstaltung war ich weggeblieben, hatte auch mehrfach den damals gepriesenen, oft gehörten, mir widerwärtigen Matthias Wiemann erlebt und bin von ihm enttäuscht worden. Und nun hörte ich Eduard Marks und wusste plötzlich, wie man Texte zu sprechen hat.

Persönlich bin ich ihm – wie erwähnt – hin und wieder begegnet, da er am Eppendorfer Weg in einer Wohnung lebte, die der Wohnung der Großmutter meiner späteren Frau auf der gleichen Etage gegenüberlag. Aber gehört habe ich ihn oft im Rundfunk, auch mit seinen Märchenlesungen für Kinder, die er im Studio um sich versammelt hatte. Ohne jeden Unterricht ist er mein Lehrer und mein Vorbild geworden, dem ich es allerdings zu meinem Bedauern nie gleichtun konnte, dessen geistige Textauffassung ich jedoch glaube begriffen und auf meine Weise umgesetzt zu haben. Ich möchte es vergleichen mit einem anderen markanten, unvergessenen Erlebnis. Als Augustin Wibbelt mir ein einziges Mal das Wort «Ethik» aussprach, wusste ich, was Ethik ist. Es war im kleinen Esszimmerchen seiner Wohnung, zwischen dem Schlafzimmer seiner Schwester Johanna, der Durchgangstür zur großen Bauernküche hin und der zum Arbeitszimmer des Dichters gelegen.

Schließlich möchte ich eines Mannes gedenken, der zu den Stillen im Lande gehört, und mir, abgesehen von seinen beachtlichen künstlerischen Gestaltungen, wegen seiner menschlichen Größe, seiner zurückhaltenden Bescheidenheit, seines feinsinnigen, mit leichter, nie verletzender Ironie gewürzten leisen Humors, seiner geistigen Aufgeschlossenheit und wohltuenden Toleranz immer als ein verehrungswürdiger Mann begegnet ist. Sein Lehrer war Edwin Scharff; die Stadt Münster ist angefüllt mit seinen sakralen und profanen Kunstwerken, zudem weiß er die zartesten pastellfarbenen eigenwillig geformten Bilder auf das Papier zu zaubern, hauchfeine Andeutungen etwa auf Reisebildern, eine Sammlung unterschiedlichster Motive, die er gleichsam beiläufig auf seinen Wegen durch Städte und Landschaften mit leichter Hand entwarf.

Meinen ersten Gliewenkieker-Band, eine Sammlung plattdeutscher Kolumnen, hat er illustriert und mit einem humorvollen Cover auf dem Buchdeckel versehen, der Darstellung einer Eule, die sich, ein Auge schelmisch zuknipsend, auf einer westfälischen Wurst niedergelassen hat und diese unter den Krallen festhält.

Rudolf Breilmann und auch seiner Frau verdanke ich über viele Jahrzehnte hin ungezählte gastliche Stunden mit heiteren angeregten, aber auch ernsten Gesprächen in seinem von Kunstschätzen erfüllten Heim am Rohrbusch in Roxel.

J'ACCUSE!

Die ersten Zweifel an einem gütigen, allmächtigen, allweisen, gerechten Gott kamen mir erst am Ende meines 20. Lebensjahres aufgrund des unbestreitbaren, vor allem auch durch Menschen verursachten Leidens in der Tierwelt, worauf ich hier zurückkommen und näher eingehen möchte. Ich musste erkennen, dass es auf Erden kein grausameres, kein bestialischeres Wesen gibt als den angeblich von Gott nach seinem Ebenbilde erschaffenen Menschen. Das Ergebnis war ein gleichsam prometheisches Aufbegehren gegen diesen damals für mich vermeintlich existierenden Gott, das sich 1956 in einem vierstrophigen Gedicht mit dem Titel «Religion» niederschlug, aus dem ich die dritte Strophe zitieren will:

Grauser Gott, wie hast du Blut gesoffen,
sudlig sehe ich deine Lippen triefen;
zähnefletschend, unersättlich
wirst du morden für und für.

Das bezog sich vor allem auf den Gott des sogenannten Alten Testaments, das – bis auf wenige Ausnahmen – von Blut trieft und von Gewalt, Brutalität und Grausamkeiten jeglicher Art durchsetzt ist. Der Abschied und die unwiderrufliche Abkehr von dem mir indoktrinierten Glauben meiner Kindheit und Jugend war gleichsam eingeläutet unter dem Klang der unaufhörlich sich dem Gehör und Gemüt aufdrängenden Kirchenglocken. Der noch mehrere Jahrzehnte durch äußere Zwänge gehemmte Ablösungsprozess konnte erst, wie berichtet, 1970 mit dem offiziellen Austritt aus der Katholischen Kirche definitiv beendet werden.

Eines der größten Verbrechen der egozentrisch und egoistisch überheblich auf sich selbst bezogenen Religionen, so auch des Christentums, geschieht an den mit uns Menschen auf dieser Erde existierenden Lebewesen, den Tieren, die die Christen in ihrer genuinen abgrundtiefen Verlogenheit scheinheilig als ihre Mitgeschöpfe bezeichnen, da sie dem abergläubischen Kreationismus frönen. Wie aber geht der Mensch mit diesen seinen angeblich von Gott zur Beherrschung geschenkten Lebewesen um. Hier ein Zitat aus Milly Schär-Manzilis Buch «J'accuse» aus dem Jahre 1982 (2. Auflage), zu dem ein Blick in das Internet über Tierversuche, Tierhaltung, Tiertransport eine schier endlose Serie grauenhaft erschütternder Abbildungen als Dokumentaraufnahmen zeigt, die jedermann zugänglich sind und deren Existenz jedermann bekannt ist. Ich zitiere aus der deutschen Ausgabe des genannten Buches: «Täglich werden Hunde, Katzen, Affen, Kaninchen, Hamster, Mäuse, Ratten und weitere Lebewesen jeden Alters und jeder Rasse geblendet, taub gemacht, lebend tiefgefroren oder gebraten, in jeder Art verstümmelt, man öffnet ihnen den Bauch um Blutleere zu bewirken und um ihnen Pankreasgewebeteile herauszuschneiden, man bindet ihnen die Därme zu, um Verstopfung zu bewirken, man stößt ihnen glühende Eisen in das Rückenmark, man schneidet ihnen die Glieder ab, man zerschneidet sie, man zersägt sie, man bindet ihnen die Harnröhre zu, man verpflanzt die Nebennierendrüsen an die Stelle anderer Organe, die Venen werden bloßgelegt, abgetrennt und durch Plastikleitungen ersetzt, die Haut, die Augen und die Scheide mit ätzenden Salben bestrichen. Diese Tollheiten jeder Art werden im Namen einer nicht existierenden Wissenschaft vollbracht, um Medikamente zu produzieren, die die öffentliche Gesundheit gefährden. Dies alles wird von Individuen getrieben, die an einem unersättlichen Geldhunger leiden.»

Um diese unvorstellbar grausamen bestialischen Barbareien ins Werk setzen zu können – und hier möchte ich den gesellschaftlichen, sozialkritischen Bezug in aller Deutlichkeit aufzeigen – bedarf es eines unübersehbaren Heeres barbarischer Wissenschaftler, barbarischer Unternehmer, barbarischer Mediziner, barbarischer Ausführender, die tagtäglich sich stumpfsinnig oder wohl eigentlich sadistisch aufgegeilt in diesem Meer von Tierleiden und Tierqualen ergötzen und gleichsam baden; bedarf es aber auch einer rohen, gegen all dieses Leid unempfindlichen, die kosmetischen und medikamentösen Produkte dieser «wissenschaftlichen» Experimente nutzenden «Gesellschaft», die eiskalt und ohne das geringste Mitempfinden das alles widerspruchslos geschehen lässt.

Gleichzeitig aber regen sich scheinheilig diese verlogenen, heuchlerischen Elemente mit lautstarker Empörung darüber auf, wie ihre

Voreltern zur Nazi- und Stalinzeit die qualvolle Folterung, Aushungerung und Ermordung ihrer Mitmenschen in Konzentrationslagern und den Lagern des Gulag dulden und hinnehmen konnten, denen sie im Nachhinein politisches Versagen und Mangel an Mut und Zivilcourage vorwerfen.

Kann man diese selbstgerechten Zeitgenossen sämtlich anders als mit Verachtung ansehen, als verabscheuungswürdig, minderwertig? Wer heute gegen die Bestialität gegenüber Tieren nicht protestiert und Anklage erhebt, soll wenigstens schweigen, den Mund halten und sich nicht gegenüber anderen selbstgerecht erheben.

Ich habe in meinen plattdeutschen Büchern und Kolumnen, die ich unter dem Pseudonym Jans Gliewenkieker seit vielen Jahrzehnten Woche für Woche veröffentliche, wiederholt und kontinuierlich das Thema aufgegriffen und mit konkreten Beispielen belegt. Statt mir empört zuzustimmen, protestierten Leser bei der Redaktion, weil sie ihr eingelulltes Gewissen unangenehm gestört und aufgeregt fühlten und solches nicht mehr zu lesen wünschten, so dass sich der verantwortliche Redakteur genötigt sah, meine Beiträge in Wegfall kommen zu lassen und mich zu bitten, dieses Thema in Zukunft auszuklammern, falls meine Mitarbeit als Kolumnist fortgesetzt werden solle.

So sieht in Wahrheit unsere im Grundgesetz garantierte Pressefreiheit, so sieht unsere allenthalben gepriesene Demokratie in Wirklichkeit aus. Ein weiteres Beispiel dafür, dass der Dirigismus regiert und nicht Demokratie und Meinungsfreiheit.

Meinung? Nicht einmal unbequeme Fakten dürfen gesagt, geschrieben und beschrieben werden. Die eigentliche Herrschaft wird nicht, wie die politische Lüge verkündet, vom Volk ausgeübt, sondern vom Kapital und seinen merkantilen Interessen, zu denen auch das brutale, qualvolle Experimentieren mit lebendigen, fühlenden hilflosen Tieren gehört.

J'accuse! Ich klage an, obwohl kein Richter weit und breit zu sehen ist. Ich klage an vor dem Tribunal der Geschichte, das indessen bis auf weiteres nichts ist als ein wesenloses Phantom.

DER TOD

Der Tod gehört nach einem unabänderlichen Naturgesetz zum Leben, er setzt dessen endgültigen Abschluss zu einem nie vorhersehbaren Zeitpunkt fest. Mit der Geburtsurkunde empfangen wir zugleich den Totenschein. In dieser Zeitspanne, sei sie groß oder klein, leben wir in Ungewissheit. Unser Leben bedeutet ein uns vom Schicksal aufgezwungenes Wagnis, das viele sensible, zartbesaitete Menschen mit ungewissen Ängsten oder berechtigten Befürchtungen belastet. Andere, all dem nach Möglichkeit ausweichend, übertünchen die Todesangst mit Illusionen über die stets im Vordergrund des Erlebens und der Tagesanforderungen stehenden Gegenwart, mit Zukunftshoffnungen, Erfolgsstreben und schieben damit Gedanken an die Gewissheit des Todes auf unbestimmte Zeit in fast unsichtbarer Ferne vor sich her. Aber die Uhr tickt, die Zeit läuft unaufhaltsam in stets gleichem Rhythmus und stellt eines Tages dem alternden oder in Gefahren befindlichen Menschen die Realität seines nahenden, gewissen Endes vor Augen und vor die Seele. Keiner entgeht dem Tode, aber jeder Tod ist ein unvergleichlich von anderen Toden verschiedener.

Es wäre mir selbst und meinen Lesern gegenüber unredlich und feige, wollte ich in diesem Lebensreport den Tod als vielleicht wichtigsten Moment des Lebens ausklammern, ausblenden, verdrängen. Er lässt sich nicht verdrängen, er ist allgegenwärtig und zum Schluss mächtiger als das Leben.

Augustin Wibbelt schrieb ein unübertreffliches plattdeutsches Gedicht über den Tod, das ich in seiner Handschrift besitze. Es beginnt: «De Daud geiht ümmer dör de Welt», und es endet: «Eenmaol, de Stunn is em bekannt, dann bliff he vör di staohn un nimp di liese bi de Hand, un du moss met em gaohn.»

Ob und inwiefern der Tod in meiner frühen und späteren Kindheit eine Rolle gespielt hat, vermag ich heute nicht mehr zu sagen, weiß nur, das er für mich eine akute Bedrohung bedeutete, als mir im Religionsunterricht und in der Beichte bei dem erwähnten finsteren Kaplan Dresjan die Folgen meiner früh erwachten, in der Onanie abreagierten Sexualität für den Fall meines plötzlichen Todes grausam vor Augen geführt wurden: ewige Höllenstrafen mit unerträglichem Brennen und doch nicht Verbranntwerden in teuflischer Gesellschaft in der Hölle. Todesfurcht nicht um des Todes willen, sondern Angst vor ewigen peinigenden Höllenqualen erfüllte viele Jahre meiner Kindheit als Folge der mir aufgezwungenen Hörigkeit gegenüber der mir von der Katholischen Kirche vermittelten und aufgenötigten barbarischen Religion, dem Christentum.

Der erste Tote, den ich im Sarge – im Hause meines Großvaters aufgebahrt – zu Gesicht bekam, war mein ältester Vetter mütterlicherseits Heinz-Willi Brunnen, Sohn der ältesten Schwester meiner Mutter. Er starb am 21. Januar 1938 kurz vor Abschluss seines medizinischen Staatsexamens an einer von den Ärzten geleugneten, von ihm selbst erkannten verschleppten Blinddarmentzündung unter schmerzhaften Qualen. Sein von den Leiden seines Sterbens gezeichnetes, edel geschnittenes Antlitz ist mir in deutlicher Erinnerung geblieben. Seine Mutter hat den Verlust dieses ihres einzigen Kindes bis ins hohe Alter von 93 Jahren nie verwinden können.

Zwei Jahre später starb mein von mir hochverehrter geliebter Großvater Wilhelm Schulte-Lippern im Alter von 86 Jahren. Über ihn habe ich berichtet. Die Beerdigung ging damals noch vom Trauerhause in der Junkerstraße in Münster in einem langen Trauerzug zum Zentralfriedhof. Es war ein eiskalter Tag, und hoher Schnee bedeckte den Friedhof.

Sieben Jahre später, im September 1947, traf mich der Tod meines treuen alten Freundes Augustin Wibbelt, dem ich in herzlicher Verbundenheit zugetan war. Seine körperliche Verfassung war seit langem so geschwächt gewesen, dass er seinen Tod klar voraussah und als unabänderlich und natürlich akzeptiert hatte. Mehrfach weilte ich zu Besuch an seinem Krankenbett, und alle meine Besuche bei ihm hatte ich seit unserem Bekanntwerden im Februar 1944 tagebuchartig aufgezeichnet.

Schon während meines Besuches am 9. April 1947 äußerte er, seinen geschwächten Zustand ansprechend, er empfinde es als notwendig und auch als herkömmlich, wenn er nicht mehr lange zu leben habe. Es sei ihm auch einerlei. Wenn der Sommer auch eine Besserung brächte, so müsse er sich hernach doch wieder durch den Winter quälen; dabei werde er immer älter. Er sei aber ganz ruhig deswegen, und es bleibe ihm gleich, ob er noch länger zu leben habe oder bald sterben müsse, was ja doch bei seinem Alter das Wahrscheinlichere sei.

Neun Tage später, am 18. April 1947, besuchte ich ihn wieder. Der Bericht sagt wenig über seine gesundheitliche Verfassung, gibt aber unsere Gespräche wieder. Er erinnerte sich klar an die Primizrede meines Großonkels Pfarrer Eduard Schepper für seinen Freund Anton Möllers, gab eine ausführliche Interpretation einer schwierigen Gedichtstelle der Annette von Droste-Hülshoff in «Ungastlich oder nicht» und diktierte mir dazu seine Auffassung.

Zuletzt besuchte ich ihn am 4. August 1947. Meine Aufzeichnung besagt u. a.: «Ich finde Wibbelt sehr geschwächt. Er liegt zu Bett, seine Stimme klingt noch leiser als sonst, sein Körper ist ungeheuer abgezehrt. … Wir freuen uns herzlich des Wiedersehens. … Schon bald verlangt er nach Ruhe, so dass wir erst nach einstündiger Pause das Gespräch fortsetzen können. Er ist sehr geplagt von Fliegen, die ich ihm immerfort abwehre, und die ich nicht zu schlagen wage, um ihn nicht aufzuregen. … Nach Tisch sitzen wir noch länger beisammen. Wibbelt ist aufgestanden, spricht aber nur ganz wenig. – Besonders herzlich ist unser Abschied, und immer wieder geben wir uns die Hand. Ich kann mich nicht von seinem Bett trennen, das er wieder aufgesucht hat. So kehre ich noch einmal zu ihm zurück … Ich nehme Abschied, nachdem wir verabredeten, dass wir uns in drei Wochen wiedersehen.»

Einen Monat und zehn Tage später, am 14. September 1947, starb Augustin Wibbelt 5 Tage vor seinem 85. Geburtstag.

Vom 15. bis 18. September, dem Tag seines Begräbnisses, weilte ich auf dem Wibbelthof, auch diese Zeit habe ich ausführlich in einem Tagebuchbericht festgehalten und zitiere daraus nur dies:

«Ich werde gebeten den Sarg in die Kapelle tragen zu helfen. Wie er in seinem Gedicht ‹Mine Paot› vorausgesagt hat, tragen ihn vier Männer aus der Tür: Ein Neffe des Dichters, der Verwalter Fritz, der alte Schreiner Schütte und ich. Das Gedicht aber sagt:

Wat geiht dör mine Gaorenpaot?
Et kümp, et kümp de Tiet,
Dann driägt mi veer Mann harut,
Un driägt mi gar nich wiet.

Wir tragen den offenen Sarg über den Saal und die ‹Grotte›, auf der milder Abendglanz liegt über den Rasen, unter der alten Platane her, die ihre welken Blätter zu Boden streut, und über den Steinpfad zur Kapelle. Sogleich erscheinen viele Leute aus dem Dorf, um den Toten noch einmal zu sehen. Auch ich bleibe noch lange in der Kapelle.»

Am 23. März 1955, meinem 28. Geburtstag, starb im Alter von 79 Jahren meine in Telgte lebende Patentante Maria Schepper, älteste Schwester meines Vaters. Ich habe sie sehr geschätzt und auch liebgewonnen, jedoch blieb sie mir wegen ihrer ernsten kompromisslosen Strenggläubigkeit innerlich fremd. Der letzte meiner Vornamen Rainer Wilhelm Maria ging von ihr auf mich über. Am Tage meiner Erstkommunion im Mai 1936 führte sie die Küche und warf aus Versehen Salz statt Zucker in die köstliche Weinsuppe, was aber dieser eine besondere Pikanterie verlieh, da sie das Salz durch eine gehörige Zugabe von Zucker zu neutralisieren wusste.

Von ihrer Beerdigung sind mir zwei Merkwürdigkeiten in deutlicher Erinnerung. Die ganze Trauergemeinde erschien in feierlichem Schwarz, während mein ältester Vetter Bruno Schepper, damals Konsul in Chicago, in einem hellblauen Anzug munter als erster hinter dem Sarge einherschritt und damit allgemeines Aufsehen erregte. Als an diesem Tag der Pkw meines angeheirateten Vetters Ludger Egbert stehen blieb und nicht anspringen wollte, ohne angeschoben zu werden, warf Brunos jüngerer Bruder, Pfarrer Werner Schepper, eine Gestalt ähnlich dem Filmhelden Don Camillo, seinen geistlichen Rock von sich, krempelte die Ärmel hoch, verkündete laut: «Da muss wohl erst mal die heilige Kirche kommen», schob den Wagen kräftig an, und der Motor war in Betrieb.

Übrigens sah Tante Marias Antlitz, als sie im Sarge aufgebahrt war, aus wie das blühende Leben. Nie wieder habe ich einen toten Menschen so farbenfrisch gesehen, so dass mir später Zweifel und Skrupel entstanden, ob sie nicht etwa scheintot bestattet wurde, obwohl sie an einer Blinddarmentzündung im Franziskushospital in Münster gestorben war.

Es gab nach Bruno und Werner noch drei jüngere Brüder, zwei Geistliche, nämlich Otto Schepper, origineller Landpastor in

Eggermühlen, Lähden und zuletzt Westrhauderfehn, und Rektor Ernst Schepper, der in verschiedenen Nonnenklöstern des «Guten Hirten» als Seelsorger tätig war und sich von den Ordensschwestern weidlich verwöhnen und mit schmackhaften klösterlichen Mahlzeiten versorgen ließ. Diese Vettern sind längst verstorben wie auch ihr jüngster Bruder Dieter Schepper, als Lehrer zuletzt tätig in Vehlingen, ein etwas wunderlicher, aber keineswegs unorigineller Kauz, der mit seiner ihm treu ergebenen Frau Martha ein sehr gepflegtes Haus führte, viele religiöse Kunstschätze besaß und überdies eine wertvolle Bibliothek. Nach seiner Pensionierung war er als Archivar am Stadtarchiv in Anholt tätig. Außer anderen seltsamen Neigungen hatte er die unangenehme Eigenschaft der Kleptomanie, so dass ich ihn, soweit ich ihn nicht selbst unter Aufsicht hatte, von meinen Kindern unauffällig bewachen ließ. Dennoch sind ein paar unbedeutende Gegenstände bei Gelegenheit seiner Besuche verschwunden.

An den Beerdigungen der drei jüngeren Brüder habe ich nicht teilgenommen, wohl dagegen an denen von Werner und Bruno.

Am 6. November 1967 verstarb im Alter von 78 Jahren die zweite Schwester meiner Mutter, die Fürsorgerin Christine Schulte-Lippern, an einer Leukämie, die sie sich vermutlich selbst durch die unkontrolliert überdosierte Einnahme von Rheumamitteln zugefügt hatte. Sie war eine entschieden couragierte Frau, deren Kriegserinnerungen aus dem Ersten Weltkrieg als Rote-Kreuz-Schwester in Frankreich ich in diesem Verlag herausgegeben habe. Als sie starb, war ich zugegen. Es war das erste Mal, dass ich einen Menschen sterben sah. Sie erlosch ohne Schmerzen und ohne Todeskampf friedlich und sanft.

In ihrem Nachlass fand ich ein in Kunstleder gebundenes Album mit der Titelseite: «Erdachtes, Erträumtes u. Erlebtes in Poesie und Prosa, zurückgeholt von 1900, neu angelegt 1937 und weitergeführt, solange wie Gott will. Tine Schulte-Lippern». Es enthält 142 mit Texten angefüllte Seiten. Gegen Ende erscheint ein von ihr verfasster bemerkenswerter Aphorismus: «Es gibt viel ältere Leute in unserm Alter.»

Länger zog sich das Sterben der ältesten Schwester meiner Mutter hin, die 93-jährig an den Folgen eines im Altenheim erlittenen Apoplex dahinsiechte und zuletzt bei Bewusstlosigkeit durch eine durch die Nase eingeführte Sonde ernährt wurde.

Da keine Patientenverfügung vorlag, musste ich dulden, dass der behandelnde Arzt sie in die Klinik eingewiesen und dort ihr Leben hatte verlängern lassen. Über Wochen haben wir, meine Familie und ich, uns Tag und Nacht an ihrem Sterbelager wachend abgewechselt. Als ihr der Tod erkennbar nahte, habe ich vom Kopfende ihres Bettes her sanft meine Hand auf ihre Stirn gelegt, um ihr das Gefühl von Geborgenheit und Nähe zu vermitteln. Bevor sie bewusstlos wurde, hatte sie ihr letztes schweres Leiden in würdiger Gelassenheit und voll Dankbarkeit gegen alle, die es ihr zu erleichtern suchten, ertragen. Gegenüber ihren jüngeren Schwestern unterschied sie sich durch ihre gütig-ausgleichende Charakterfestigkeit und liebenswürdige Bescheidenheit.

Am 30. Oktober 1988, kurz vor 1 Uhr in der Nacht, verstarb im gleichen Altenheim meine Mutter mit 94 Jahren. Ich war in den letzten Stunden vor ihrem Tod in ihrem abgedunkelten Zimmer, in dem auch eine andere Dame untergebracht war. Meine Mutter wollte indes allein sterben und wies mich zunächst ab: «geh' jetzt bitte!» – Sie war souverän bis in den Tod. Ich wollte sie jedoch nicht allein sterben lassen und entgegnete leise: «Ich habe dir versprochen, dich niemals im Stich zu lassen, und das tue ich auch jetzt nicht. Ich sage auch nichts mehr und bleibe nur still bei dir. Schlaf nur ruhig.»

Auch ihr Leben erlosch sanft und ohne Todeskampf, der Atem wurde allmählich leiser und schwächer, bis er fast unmerklich ganz aufhörte. Ich blieb noch eine Weile bei ihr, verließ dann den Raum, ging zur Nachtschwester und sagte nur: «Notieren Sie bitte: 0.48 Uhr.» Kurz darauf wurde die Verstorbene dezent hinausgebracht und in einen Notsarg umgebettet und vom Beerdigungsinstitut abgeholt. Für sie wählte ich einen kostbaren, schweren Eichensarg.

Als ich sie jeden Tag bis zur Bestattung in ihrem kleinen Raum in der Leichenhalle besuchte, fand ich ihre Gesichtszüge jeweils leicht verändert.

Ihr Tod war die Erlösung von einem langen freudlosen Dasein. Mit 84 Jahren war sie zusammen mit ihrer älteren Schwester am hellichten Morgen auf der Rückkehr von einem Einkaufsgang von unbekannt gebliebenen Jugendlichen von hinten her angefallen worden, die beiden alten Damen ihre Handtaschen entreißen wollten, die diese aber festhielten, so dass beide zu Boden gerissen wurden. Meine Tante Hedwig blieb unverletzt, während meine Mutter sich einen Oberschenkelhalsbruch zuzog, der von meinem ehemaligen Mitschüler Chefarzt Dr. Reer erfolgreich operiert wurde und überraschend schnell ausgeheilt war. Aber meiner schon immer gegen «Kerls», die sie überfallen, in ihre Wohnung einbrechen und sich unter ihrem Bett verstecken könnten, überängstliche Mutter geriet in eine schwere, erst nach Jahren langsam abklingende Paranoia, die sie gegen ihre eigene Schwester bis zur Bedrohung mit einem Messer aggressiv werden ließ, so dass sie vorrübergehend in eine Nervenheilanstalt eingewiesen werden musste, und von dort aus Sicherheitsgründen in ein Altenheim, in dem sie bis zu ihrem Tode zehn Jahre ein freudloses, trostloses Leben führte, sich geistig jedoch ständig betätigend mit der Lösung unzähliger Kreuzworträtsel.

Bei Besuchen verhielt sie sich meist schroff abweisend und nahm ihren kleinen Großenkel, den man zu ihr brachte, nur widerwillig und ohne Interesse wahr, ließ sich nur höflichkeitshalber zu dem Wörtchen «niedlich» herbei. Mich bezeichnete sie anfangs in ihrem Wahn als «Teufel», und ich habe unter dieser freilich krankheitsbedingten Abweisung und Abneigung so gelitten, dass ich eine Gürtelrose bekam, die zum Glück ohne die konventionell üblichen antibiotischen Medikamente von meinem hervorragenden Heilpraktiker Hans-Dieter Bach, dem Verfasser mehrerer ausgezeichneter Fachbücher, mit einem Kantharidenpflaster gründlich ausgeheilt werden konnte.

Seit ihren Mädchenjahren stand meine Mutter ihr ganzes Leben hindurch unter religiösen Gewissenszwängen, die ihr vor allem durch ihren Religionslehrer, den sogenannten Höllen-Bautz unauslöschbar beigebracht worden waren, so dass sie quälende Ängste vor einer von ihr als gewiss angesehenen ewigen Verdammnis bis zu ihrem Tode hin durch das Leben zu schleppen hatte. Als besonders charakteristisch dafür, wie sie mit den Ängsten umzugehen verstand, gebe ich ein Gespräch zwischen ihr und mir wieder, das wir in ihrem Zimmer im Altenheim etwa acht Monate vor ihrem Tode führten. Sie sagte mir damals unvermittelt: «Ich komme in die Hölle! Das weiß ich ganz sicher.» Darauf entgegnete ich locker: «Ich aber nicht!» – Darauf sie:» Du? Dass ich nicht lache!»

Es folgte ein Gespräch hin und her. Dann, als sie es leid ist: «Geh mal lieber nach Haus, und brat dir ne Maus!»

Ich schreibe das auf, um es wörtlich zu behalten. Darauf sie: «Hast du so ein kurzes Gedächtnis, dass du das nicht behalten kannst?»

Mein Vater war einige Jahre vorher, 1983, mit 92 Jahren verstorben. Mit ihm gab es damals keine Verbindung mehr. Er lehnte seine Söhne kategorisch ab, und so bin ich auch nicht zu seiner Urnenbeisetzung in Kalkar erschienen. Da mir seine Witwe die von mir gewünschten wenigen Andenken an ihn verweigerte, führte ich gegen sie einen Erbschaftsprozess in Kleve, wobei mir nach Schätzung der Hinterlassenschaft etwa 8000 DM ausgezahlt werden mussten.

Viele Jahre später, nach dem Tode seiner Witwe, erhielt ich durch eine angeheiratete Cousine das Originalgemälde meiner Großmutter vom Maler Eugen Fernholz und die wertvollen Lichtbildserien meines Vaters von westfälischen Wasserburgen, Landschaft und Kunst am Niederrhein und Spanien, im ganzen 300 Dias im Format 8,5 x 10 cm für Lichtbildapparate, die heute längst außer Gebrauch sind. Diese Lichtbilder, meist kurz vor 1930 entstanden, harren noch immer einer Veröffentlichung in Buch- oder Kalenderform, obwohl sie in ihrer fotografischen Qualität, häufig Innenräume mit Dauerbelichtung aufgenommen, unvergleichlich sind.

Unbeschreiblich schmerzlich, ein tiefes Weh hinterlassend ist der Tod eines Kindes, wie ich ihn am 3. November 2014 hinnehmen musste. Annette, die meinem Herzen besonders nahestand und nahesteht, wurde durch ein relativ schnell verlaufendes Krebsleiden dahingerafft, das niemand bei ihr, die sie alle denkbaren Vermeidungsstrategien angewandt und in jeder Hinsicht bewusst gesund gelebt hatte, auch nur im entferntesten erwarten konnte. Ihre kurz vor ihrem auch für sie selbst überraschenden Tode abgeschlossene Promotion wurde die Vollendung ihres von vielfältigen geistigen Interessen, durch ihre hohe Intelligenz bei warmer Herzensgüte bereicherten Lebens. Ihre wissenschaftliche Forschung über das Soziale im Vorgeburtlichen konnte sie leider nicht fortführen und beruflich umsetzen, wie sie es gewünscht und angestrebt hatte. Ihre Urne ruht vor einer stattlichen Eiche in einem Friedwald bei Bramsche. Viele liebe

Geschenke, die sie mir meist von ihren zahlreichen Auslandsreisen mitgebracht hat, und die ich täglich in Gebrauch habe, erinnern mich ständig und unaufhörlich an sie.

Der Tod hat wie ein roter oder vielmehr schwarzer Faden das vielfältige und vielfarbige Gewebe meines Lebens immer durchzogen, und nie bin ich ihm ausgewichen, wo er mir nahe kam, ohne mich, bis auf wenige Ausnahmen, bisher ernsthaft zu bedrohen, was freilich in Anbetracht meines weit fortgeschrittenen Lebensalters, des medikamentös behandelten Blutdrucks, der mir verordneten Blutgerinnungsverhinderungsmittel in Verbindung mit ständiger Sturzgefahr infolge Geh-Unsicherheit bei Polyneuropathie und Gonarthrose jederzeit geschehen kann.

Als im Jahre 1990 der aus der Kirche ausgetretene Vater meines damaligen Fernsehproduzenten Udo Stöcker in Solingen gestorben war und ich gefragt wurde, ob ich für den mir unbekannt gebliebenen Mann die Trauerrede halten würde, habe ich ohne Zögern zugesagt und erfuhr, dass diese Ansprache auf die Anwesenden beeindruckend gewirkt und ihre volle Zustimmung gefunden habe.

Als dann meine Tochter Friederike 1992 ihre Dissertation über Friedhöfe und Beerdigungen in Münster veröffentlicht hatte, wurde sie von einem Bestattungsinstitut in Münster gefragt, ob sie in solchen Fällen, wo eine kirchliche Beerdigung abgelehnt und stattdessen eine religiös neutrale Ansprache gewünscht werde, solche zu übernehmen bereit sei, lehnte sie selbst zwar ab, verwies aber auf mich. Ich sah keinerlei Veranlassung, die Bitte kirchenfreier, areligiöser Angehöriger von Verstorbenen abzulehnen, übernahm vielmehr bereitwillig diese Ansprachen und erlebte immer wieder, dass sie mit großer Zustimmung und sogar dankbar aufgenommen wurden.

Die verantwortungsvollste und zugleich schwerwiegendste Aufgabe wurde mir gestellt, als sich ein junger Mensch unerwartet zum lähmenden Erschrecken seiner Eltern und seiner Schwester von einem Hochhaus hinab in die Tiefe gestürzt hatte. Selbstverständlich übernahm ich auch diesen Auftrag, doch als ich die kleine Trauerhalle des Dorffriedhofs betrat, schlug mir eine unbeschreiblich bedrückte, lähmende, beklommene, niederdrückende Stimmung, tiefes, fast angstverzweifeltes Schweigen entgegen, eine Hilf- und

Ratlosigkeit der vor dem geschlossenen Sarg, in dem ein zertrümmerter Körper lag, versammelten Menschen.

Als ich das Podium betrat, begann ich ohne Anrede mit einem Wort des Toten, das ich klar und deutlich mit der mir eigenen sonoren Stimme artikulierte:» Man hält so lange fest, wie man kann. Dann lässt man los.» In meinen weiteren Ausführungen bezeugte ich meinen Respekt vor der mutigen Entscheidung des jungen Mannes und, die Anwesenden einbegreifend, ging ich unvermittelt in das «Wir» über, stellte so eine unmittelbare Solidarität von mir zu den Trauernden her und hatte längst erleichtert bemerkt, wie sich bei meinen ersten Worten, schon beim kurzen Zitat des Verstorbenen, die bedrückte Stimmung gelöst hatte und einer befreienden Erleichterung gewichen war.

Beim anschließenden Zusammensein in der Gaststätte trat ein junger Mann auf mich zu, ein naher Freund des soeben Bestatteten, und sagte spontan: «Ich danke Ihnen! Das hätte dem Gregor gefallen!»

Mit den Eltern und später auch mit der Schwester des Toten verband mich eine jahrelange herzliche Freundschaft. Der Vater erfasste im Computer die Texte meiner weiteren religions- und kirchenkritischen Bücher, Mutter Helga lud immer wieder ein zu köstlich lukullischen Abendessen, wonach wir klassische Musik hörten und edlen französischen Wein tranken, mit Vorliebe den köstlichen St. Emilion.

Als Mutter Helga viele Jahre später an mehreren schweren Erkrankungen starb, habe ich auch ihr die Trauerrede gehalten. Täglich pilgerte der Witwer bei jedem Wetter zu ihrem Grab und wurde seines Lebens nicht mehr froh. Auch ihm habe ich, als er überraschend schnell bei einer Operation durch Herzversagen verstorben war, den letzten Dienst erwiesen und an seinem Sarge den von mir verfassten Nachruf gesprochen.

Ich schließe dieses Kapitel mit einer Groteske ab, die eigentlich hätte vorausgehen müssen, als ich die Reihe meiner Vettern väterlicherseits einflocht.

Der älteste Bruder meines Vaters, Josef Schepper, begüterter Großkaufmann in Emmerich, der im letzten Krieg bei den grauenvollen Luftangriffen alles verlor, und sein jüngerer Bruder Eduard mit Frau Maria lebendig eingeschlossen im Luftschutzkeller, verbrannt waren – sie liegen auf dem Friedhof für Kriegsopfer in Emmerich –, Josef Schepper, der mit seiner Frau Maria, bei meiner Patentante Maria in Telgte aufgenommen worden war, und dort später verstorben ist, hatte zwei Söhne. Der älteste, Josef, der den Vornamen seines Vaters trug, entpuppte sich schon früh als ein raffinierter Betrüger und Gauner, der meines Wissens nie gefasst und eingesperrt worden ist. Ich will einige mir zu Ohren gekommene Kabinettstückchen von ihm erzählen, für deren Wahrheit ich mich nicht verbürgen kann, die aber nahtlos in das Bild passen, das von ihm in der Familie oder Sippe der Scheppers tradiert worden ist.

Als junger Mann stattete sich dieser unheilige Josef, so wird erzählt, mit Frack und Zylinder aus, ging dahin, wo ein Mensch verstorben war, gab sich als Inhaber oder Vertreter eines bestimmten Beerdigungsunternehmens aus, bot die Abwicklung der gesamten Bestattung an, kassierte ab und ward nicht mehr gesehen.

Verbürgt ist auch, zumindest in zwei Fällen, nämlich von meinem Onkel Alfons Schepper, Bruder meines Vaters, und von dem erwähnten Pfarrer Werner Schepper, damals noch Kaplan in Moers, dass Josef Schepper dort zu einem freundlichen Verwandtenbesuch auftauchte, herausfand, wo sein Onkel oder sein Vetter einzukaufen pflegte und dort Kredit hatte, kaufte im betreffenden Geschäft im angeblichen Auftrage des Onkels oder Vetters für denjenigen Beträchtliches ein und verschwand mit vollem Gepäck auf Nimmerwiedersehen.

Später heiratete er sich in München angeblich in ein Hotel ein, vermutlich eine Absteige, wagte kaum mehr in der Verwandtschaft aufzutauchen, und wenn, so ging das Telefon von Schepper zu Schepper: «Josef ist im Land, macht die Tür nicht auf.» Wenn Vetter Bruno, Konsul in Chicago oder New York, die neuesten Fahndungslisten vorgelegt wurden, war Josef Schepper immer darauf vertreten, aber fassen ließ er sich nie.

Als dann eines Tages die Nachricht zirkulierte, Josef Schepper sei in München verstorben, war jeder skeptisch und wollte es nicht glauben, sondern vermutete dahinter einen neuesten Trick oder Betrugsversuch. Es blieb aber still, und so wird er dann wohl das

Zeitliche gesegnet und sich in die vielbesagten ewigen Jagdgründe verabschiedet haben.

So zeigt der Tod hin und wieder auch eine erheiternde Miene, wie sie ja übrigens auch in vielen Beispielen des Volkshumors durchschimmert, und damit sei dieses ernste Kapitel geschlossen.

DAS SCHICKSAL

Was ist Schicksal? Das ist eine auf den ersten Blick leicht zu beantwortende Frage, die jedoch bei näherem Hinsehen als höchst kompliziert und in der Beantwortung als beinah unendlich differenziert erscheint, weil es zu diesem Begriff – schon in den unterschiedlichsten religiösen und philosophischen Systemen – unendlich verschiedene Auffassungen gibt, die hier unmöglich erörtert werden können, da das zu einer fast grenzenlosen Ausuferung des angesprochenen Themas führen würde. Schon bei der Aufzählung einiger Synonyma zu diesem Begriff ergibt sich eine nuancenreiche Palette von sich gegeneinander leicht differenzierenden Ausdeutungen, z. B. Fatum, Kismet, Prädestination, Vorsehung, Fügung, unausweichliche Bestimmung, Determination.

Der eigentliche Wortsinn erscheint, genau besehen, sogar tautologisch; denn die erste Silbe meint die Schickung, das Zugeteilte, das Zufallende, dem Menschen Zugesandte, während die Bedeutung der zweiten Silbe «sal» im Indogermanischen zu verstehen ist als übergeben, darbringen, übertragen, auch verkaufen (engl. to sell) also tradere. In Grimms Deutschem Wörterbuch delegatio, also die rechtliche Übergabe eines Guts, das zugesprochen wurde.

Damit erscheint Schicksal vom Wortsinn und von der Wortbedeutung her als das Unabänderliche, folglich vom Menschen auch Unbeeinflussbare. In der christlichen Theologie, etwa bei Augustinus und – ihm bis ins Extreme folgend – bei Luther wird es an Gottes Ratschluss und Willen gebunden und hat deshalb vom Menschen unwidersprochen hingenommen zu werden.

Von all dem möchte ich absehen und auf meine eigene Auffassung, auf meine aus Erkenntnissen gewonnene Überzeugung zu sprechen kommen.

Viele Jahre, eigentlich drei Jahrzehnte hindurch, glaubte ich mehr oder weniger unkritisch und naiv das, was mir aus herkömmlicher Tradition indoktriniert worden und auch die Meinung meiner damals für mich mehr oder weniger bestimmenden Umwelt war, unterschied unreflektiert zwischen Glauben und Aberglauben, wozu übrigens selbstverständlich auch die Astrologie nebst Wahrsagerei zählte, die nicht ernst zu nehmen sei.

Da begegnete ich in der niederdeutschen Szene Anfang der 70er Jahre dem Bremer Autor Christian Holsten, so auf Tagungen und bei Rundfunksendungen, in denen wir gemeinsam mitwirkten und bei anderen Gelegenheiten. Ich beteiligte ihn auch an den von mir verfassten plattdeutschen Sendungen im WDR, die im «Studio in Heide und Sand» in der Gronenburg bei Greven aufgenommen wurden. Dort saß man zum Tagesausklang in der behaglichen Gaststätte zusammen und lernte Christian Holsten als überzeugten und auch praktizierenden Astrologen kennen. Das war zwar interessant, erschien aber doch auch als ein wenig absonderlich und entlockte uns zunächst ein mitleidig-nachsichtiges Belächeln. Unbeirrt von unserer unverkennbaren Skepsis, durchsetzt mit nachsichtiger Ironie, schlug Krüschan, wie er genannt wurde, seine Ephemeriden auf, ließ sich von den neugierig hinzudrängenden Mitwirkenden der Sendungen, Sprecherinnen und Sprechern, ihre Geburtsdaten nennen und begann, sie anhand der vorgefundenen Gestirnkonstellationen zu deuten. Erst wurde gelacht, manches Zutreffende auch scherzend abgewehrt, bis die betreffenden Gedeuteten allmählich stiller und nachdenklich wurden und schließlich die Richtigkeit der Aussagen Krüschans zugeben mussten. Und das nicht in einem Einzelfall, sondern ausnahmslos der Reihe nach. So viele Zufälle konnte es nicht geben, aber hatte Krüschan die Betreffenden vielleicht telepathisch angezapft, hatte er eine hellseherische Begabung und benutzte die Ephemeride nur als täuschenden Vorwand? Das entsprach eigentlich ganz und gar nicht seinem offenen, aufrichtigen Charakter, und so blieb uns nichts übrig, als ihn und seine freilich auch den Tatsachen entsprechenden Aussagen ernst zu nehmen.

Die andern Teilnehmer der Tischrunde begnügten sich damit, einen unterhaltsamen und kurzweiligen Abend erlebt zu haben, während mich das neu aufgetauchte Problem nicht losließ. So bat ich Christian Holsten einige Zeit darauf um die formulierte Skizzierung meines eigenen Horoskops, dann um eine astrologische Diagnose meiner Kinder, meiner Frau, anderer mir nahestehender Personen, und immer traf Holsten den Nagel auf den Kopf, immer bekam ich ein in klaren Umrissen skizziertes Charakterbild der Betreffenden geliefert.

Als ich dann Christian Holsten fragte, ob ich mich nicht – um ihn von meinen ständigen Fragen zu entlasten – in die Astrologie einarbeiten könne, bremste er ab: «Jetzt nicht, da du unter einem ungünstigen Saturn stehst und nicht erfolgreich wärest.» Ich fand das recht wunderlich, hörte aber auf den Experten und wartete einige Jahre, bis er mich bat, am 25. März 1975 rechtzeitig zu 12:30 Uhr zu ihm nach Bremen zu kommen, wo er mir feierlich den 1. Band des dreibändigen Werkes «Kursus der Astrologie» des Freiherrn von Klöckler überreichte nachdem er die Widmung hineingeschrieben hatte: «Für Dich, lieber Rainer, zum erfolgreichen Gebrauch, bei dem Jupiter und Venus Dir hilfreich sein mögen, die Dich heute so überaus günstig bestrahlen!»

Danach begann ich als Autodidakt die Einarbeitung in die für mich zunächst äußerst schwierige und schwer verständliche Berechnungsmethode nach Klöckler, stieß aber dann auf den buddhistischen Astrologen Hans-Hinrich Taeger, der in seiner Wohnung Astrologiekurse gab und mir einfachere Berechnungsmethoden zeigte. Durch ihn erfuhr ich von der Ebertin-Schule, damals in Aalen (Baden-Württemberg), die von Reinhold Ebertin und seinem Sohn Dr. Baldur Ebertin geleitet wurde, und lernte auf diesen Tagungen die meisten der damals prominenten wissenschaftlich arbeitenden Astrologen kennen.

Ich begann dann astrologische Berechnungskurse anzubieten und durchzuführen, so in Münster und Burgsteinfurt, und schloss an diese Deutungskurse an und lernte nach dem Grundsatz des Seneca «Docendo discimus» das sichere Deuten von Horoskopen, da alle Teilnehmer ehrlich und offen waren und gewissenhaft mitarbeiteten.

Erst als ich meiner Sache nach längerer Zeit absolut sicher sein durfte, führte ich auch verantwortlich astrologische Beratungen durch, meist in Partnerschaftsangelegenheiten, in Erziehungsfragen, aber auch Unternehmensberatungen.

Aus dieser jahrelangen Praxis gäbe es vieles zu berichten.

Inzwischen hatte ich die Bücher des hervorragenden Astrologen Erich Carl Kühr gründlich durchgearbeitet, seine psychologische Horoskopdeutung studiert und seine Schicksalspsychologie übernommen. Das alles führte zu Erkenntnissen, die ich im letzten Kapitel dieses Buches als Fazit meiner Lebenserkenntnisse ausführlich darlegen werde.

Will ich, bevor ich zum abschließenden philosophischen Fazit komme, mein Leben rückblickend in vier zeitlich nicht exakt einzugrenzende Etappen gliedern, so ergibt sich diese Abfolge;

Kindheit und Jugend: der Katholik – das Ja
Adoleszenz und frühes Mannesalter: der Agnostizist – das Fragezeichen
Lebensmitte und Lebenshöhe: der Atheist – das Nein
Lebensreife und Alter: der Nihilist – das Ja

Das letzte mag als eine *contradictio in adjecto*, als ein Widerspruch in sich, erscheinen, denn wie kann logisch die absolute Verneinung, das Leugnen jedes Sinnes und jedes Sinnvollen, ja aller Werte und Ideale, selbst alles Geschehens und jeder Wirklichkeit, dieses absolute Nihil, dieses Nichts logisch ein Ja, eine Bejahung dulden oder gar einschließen, enthalten? Die Lösung liegt in der Akzeptanz, in der Hinnahme des Gegebenen, des Wirklichen, der erkannten Realität und damit zuletzt der Wahrheit.

Mir erscheint es ganz einfach wahr, dass eigentlich alles sinnlos ist, dass nichts in sich selbst oder in Bezug auf anderes einen Sinnt hat, dass es allenfalls in unserer Vorstellung eine Sinngebung des Sinnlosen gibt, die aber wie ein Häuflein Asche in sich zusammenfällt und zerstäubt und verweht. Es bleibt zuletzt nichts als das Nichts und eben das müssen wir, ob wir wollen oder nicht, hinnehmen und offenen Auges und klaren Verstandes ein Ja dazu sagen, es in unser Leben einbegreifen, es sei denn, wir wollten in den Abgrund tiefster Verzweiflung stürzen, um in diesem Nichts als einem Nichts zu zerschellen.

Also gibt es doch einen Sinn, nämlich dem auszuweichen und für eine kleine Spanne Zeit zu leben, sich auch zu freuen, zu genießen, zu lieben? Eben darin liegt für mich das Ja gegenüber dem Nichts, im kostbaren Wert des Augenblicks, der aber sogleich verschwindet und entweicht, um nur einem neuen Platz zu machen. Das Dahinfließen unseres Lebens, das in das Nirvana einmünden wird, hat Sinn, zwar keinen objektiven, aber den subjektiven des Erlebens und des Tätigsseins für andere, die unserer Hilfe, unserer Liebe bedürftig und wert sind.

Auch hierin erweist sich die Gültigkeit des Gesetzes der Contradictio, des Widerspruchs, der in allem enthalten ist: «Das Gegenteil ist auch wahr!»

Es ist das Gesetz der ewigen Polarität, ohne die es kein Leben gäbe.

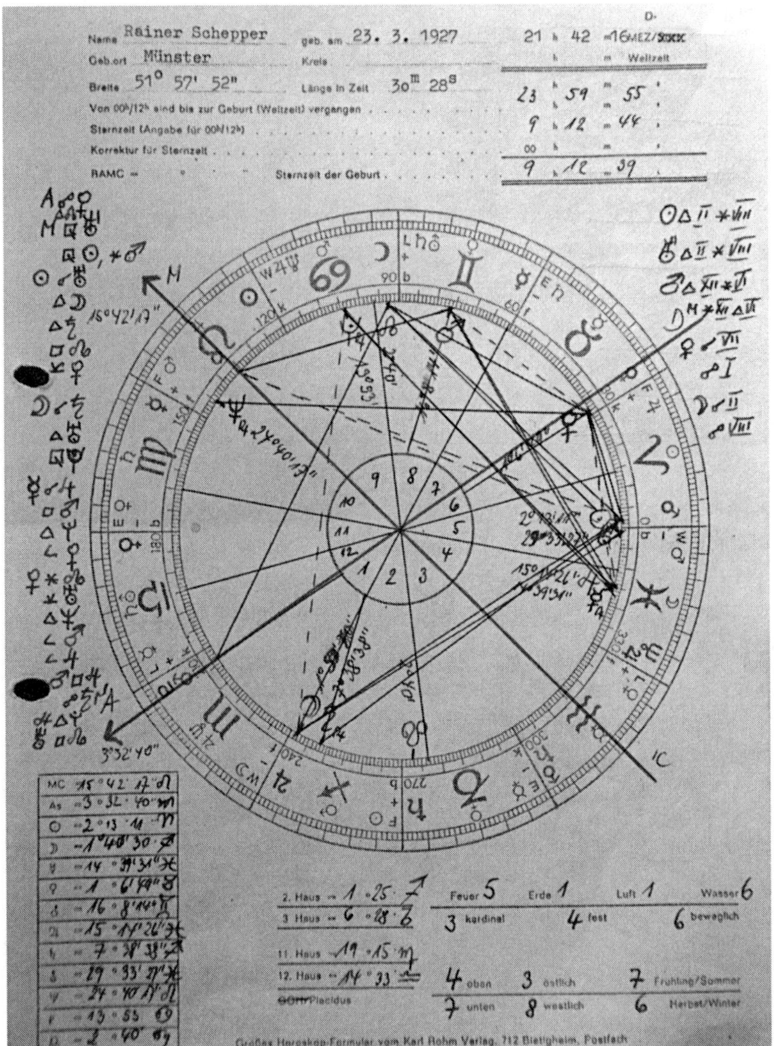

DIE FRAGE VON SCHULD UND VERANTWORTUNG AUS DETERMINISTISCHER SICHT

Wie an dem Tag, der dich der Welt verliehen,
Die Sonne stand zum Gruße der Planeten,
Bist alsobald und fort und fort gediehen
Nach dem Gesetz, wonach du angetreten.
So mußt du sein, dir kannst du nicht entfliehen,
So sagten schon Sibyllen, so Propheten;
Und keine Zeit und keine Macht zerstückelt
Geprägte Form, die lebend sich entwickelt.
(Goethe, Urworte, Orphisch Dämon)

Oberstes Postulat und unverzichtbares Theorem aller monotheistischen Religionen ist die Willensfreiheit des Menschen, der Indeterminismus. Er gilt als unantastbares Axiom und ist grundgelegt in der dubiosen Paradiesesgeschichte, in der vier handelnde Personen auftreten, nämlich Gott als Schöpfergott, sein Widersacher, der Satan oder Teufel in Gestalt einer redenden Schlange, Adam, als Gottes Ebenbildnis aus Erdmasse erschaffen, und Eva, als eine seiner Rippen von ihm genommene und ihm untergeordnete Kreatur. Diese beiden verfügen über einen freien Willen, mit dem sie sich dafür entscheiden, lügenhaften Einflüsterungen der Schlange zu glauben, wonach sie die Strafe auf sich nehmen müssen, aus dem Paradiese für immer vertrieben zu werden. Sie sündigten wider ihren Schöpfer, und diese Sünde übertrug sich laut monotheistischer Lehre auf alle ihre Nachkommen, also auf die gesamte Menschheit, die ihrerseits mit dem freien Willen begabt war, sich für Gutes oder Böses zu entscheiden, also sündig, schuldig zu werden oder sich von Schuld frei zu halten. Schuld und Strafe gehören nach dieser Lehre von Anbeginn der Menschheit her zur menschlichen Existenz. Abgesehen von dieser ideologisch motivierten These hat aber der Indeterminismus auch eine pragmatische, eine praktische, eine praktikable Seite. Indem man dem Menschen den freien Willen und damit Schuldfähigkeit und Strafwürdigkeit zuerkennt, unterwirft man ihn gleichzeitig Sanktionen, macht ihn beherrschbar und, soweit man ihn nicht beherrschen kann, zumindest diffamabel, nimmt sich das Recht heraus, ihn schuldig zu sprechen, verantwortlich für seine Verfehlungen. So erscheint die Lehre und das Postulat der Willensfreiheit primär weltanschaulich fundiert. Der Mensch sträubt sich gegen eine Schicksalslehre, weil er sich durch sie entwürdigt wähnt, aber damit unterliegt er der Verwechslung von Tun und Wollen. Das Vermögen der Freiheit des Handelns erzeugt in ihm die Illusion der Willensfreiheit. Abgesehen von diesem psychologischen Sachverhalt hebt das Axiom des freien Willens den Menschen, auf sich selbst bezogen, über alle anderen Wesen hinaus, setzt sich (und ihn) von ihnen ab, da ihn die freie Entscheidungsfähigkeit, die sich über jede Art Instinkt und Trieb erhebt, zu einer Art Souverän werden lässt, für den er sich denn auch halten darf. Er verfügt über eine sich von allen andern Wesen unterscheidende Selbstbestimmung, mit der ihm eine göttliche oder doch gottähnliche Eigenschaft zuerkannt ist. –

Allein der Gedanke, nicht selbstbestimmt zu sein, keinen freien Willen zu haben, sondern determiniert denken und handeln zu müssen, nimmt ihm, wie er meint, seine Menschenwürde, die als Fundament aller freiheitlichen Verfassungen ausdrücklich formuliert und anerkannt ist. Und so wird der Indeterminismus unversehens und unmittelbar zu einem unverzichtbaren, unantastbaren Politikum, wie er denn auch von jeher die Kultur des Abendlandes bestimmt und beherrscht und aus den Köpfen der Menschen kaum noch wegzudenken ist. Das gesamte Gesetzesgefüge – nicht nur – des Abendlandes ist auf dem Indeterminismus aufgebaut, insbesondere aber das Strafrecht, das an dem Verurteilten die Rache der Gesellschaft auslässt, ohne je etwas Besserndes, also Nützliches bewirkt zu haben.

> Es erben sich Gesetz und Rechte
> Wie eine ew'ge Krankheit fort,
> Sie schleppen von Geschlecht sich zu Geschlechte
> Und rücken sacht von Ort zu Ort,

Vernunft wird Unsinn, Wohltat Plage:
Weh dir, daß du ein Enkel bist!
Vom Rechte, das mit uns geboren ist,
Von dem ist leider! nie die Frage.
(Goethe, Faust I, Studierzimmer, 1972-1979)

Determinismus als philosophisches Axiom

Das älteste Zeugnis über die Erkenntnis der Determination findet sich in der Antike beim griechischen Philosophen Leukippos von Milet, der etwa 500 vor der Zeitrechnung lebte. Er war der Begründer des atomistischen Systems. Sein Schüler Demokrit, (etwa 460–370 v.d.Z.), leugnet jede Ursache; Ursachen sind für ihn ewig, also ohne Anfang und Ende. Ihm folgten die Stoiker, deren Begründer Zenon aus Kition auf Zypern (336–254 v.d.Z.) war. Sie erkannten, dass der Kosmos von einem unverbrüchlichen Determinismus gekennzeichnet ist, und sie vertraten die Auffassung einer durchgehenden Teleologie, die ihrerseits auf Aristoteles (384–322 v.d.Z.) überging, wenn auch in abgewandeltem und modifiziertem Verständnis. Cicero (106–43 v.d.Z.) vertrat in «De fato» die Überzeugung, dass alles vom Schicksal bestimmt sei und man sich daher um nichts zu sorgen oder zu bemühen brauche. Von ihm ging diese Ansicht auf Vergil (70–19 v.d.Z.) über, der sie in seinem «Hirtengedicht» kosmisch verankert sieht. Auch Seneca (4 v.d.Z.–65 n.d.Z.) bringt in seiner «Trostschrift an Marcia» seine deterministische Anschauung zum Ausdruck, wenn er das Glück der Völker wie auch das größte und kleinste Geschehen vom Lauf der Gestirne abhängig sieht. Kirchenvater Aurelius Augustinus (354–430), der als scharfer Denker den Tatbestand des empirisch wahrzunehmenden Determinismus nicht leugnen konnte, ersetzte ihn durch Einführung des Begriffs der göttlichen Prädestination, einer gottgewollten Vorsehung, der der Mensch unabdingbar unterstellt sei. Diese Lehre vertrat Martin Luther (1488–1546) in weit radikalerer Form, indem er mit seiner Prädestinationslehre den freien Willen radikal leugnete. So führt er am Beispiel des Verräters

Judas und des verstockten ägyptischen Pharao aus, dass diese unter der unfehlbaren Notwendigkeit eines unausweichlichen, sie zum jeweiligen Zeitpunkt determinierenden inneren Zwanges, einer «necessitas infallibilis ad tempus» handelten.[1]

Eine weitere wichtige Unterscheidung zwischen unfreiem Willen und freiem Handeln traf Thomas Hobbes (1588–1679) mit der zutreffenden Beobachtung: «Es ist sicher, dass ich handeln kann, wie ich will, aber zu sagen, ich kann wollen, wie ich will, ist ein sinnloser Ausdruck», nämlich ein Denkfehler. Damit entfallen aber auch logisch Lob und Tadel.

Baruch de Spinoza (1632–1677), wegen religiöser Irrlehren mit dem Bannfluch der Gemeinde belegt, erklärte, die Erkenntnis der unabänderlichen Weltordnung sei es, die den Weisen vom Toren unterscheide. Er ging als einziger Philosoph von Rang zum vollkommenen Pantheismus über und behauptete, es gebe keinerlei Zufall oder Willkür, alle Geschehnisse in der Welt seien vollständig determiniert. Spinozas Philosophie übte Einfluss u. a. auf Leibniz (1646–1716), Lessing (1729–1781), Fichte (1762–1814) und Schelling (1775–1854).

David Hume (1711–1776) war es dann, der als Empiriker das Kausalprinzip an Erwartungen aufgehängt sah, es kritisierte und den Kausalbegriff als Irrtum entlarvte. Außer der Willensfreiheit ist die Annahme von Kausalität, das Behaupten von Ursache und Wirkung, als zweiter Denkfehler aufzudecken, was übrigens auch die Quantentheorie von Max Planck (1858–1947) erwiesen hat.

Gegen den christlichen Indeterminismus trat dann Paul Heinrich Dietrich Baron von Holbach (1723–1789) auf, der die Auffassung vertrat, in der Natur gebe es weder Übel noch Schuld noch Unordnung. Alle Religionen waren für ihn Erzeugnisse priesterlichen Eigennutzes, schädlich für das Volksglück. Die Natur sei ohne Zweck, aber alles Geschehen notwendig. Kosmos und Bios unterliegen nach ihm dem Gesetz der Notwendigkeit.

Marquis Pierre Simon Laplace (1749–1827) vertrat eine kosmogonische Hypothese, dem Determinismus verpflichtet. Auch der Philosoph und Ethiker Arthur Schopenhauer (1788–1860), ein weit klarerer und schärferer, kompromissloserer Denker als der Moralist

Immanuel Kant (1724–1804), vertrat den Determinismus, wofür zwei Zitate aus «Die Welt als Wille und Vorstellung» hier angeführt seien: «Der Intellekt vermag nicht den Willen selbst zu bestimmen, dieser handelt mit vollkommener Notwendigkeit. Der Mensch kann nicht beschließen, ein solcher oder solcher zu sein, noch auch kann er ein anderer werden.» (Bd. I, S. 402-403). «Um zuvörderst das Böse zu beseitigen, wurde die Freiheit des Willens erfunden, diese ist jedoch nur eine versteckte Art, etwas aus nichts zu machen.» (Bd. II, S. 222)

Friedrich Nietzsche (1844–1900) formulierte in «Der Wille zur Macht» in Sentenz 428: «Niemand der alten Philosophen hat den Mut zur Theorie des ‹unfreien Willens› gehabt (d. h. zu einer die Moral negierenden Theorie)». Er selbst erkannte klar die Finalität des Indeterminismus, wenn er in Sentenz 290 vorausschickte: «Die Moral-Hypothese zum Zweck der Rechtfertigung Gottes hieß: das Böse muss freiwillig sein (bloß damit an die Freiwilligkeit des Guten geglaubt werden kann) und anderseits in allem Übel und Leiden liegt ein Heilszweck. Der Begriff ‹Schuld› als nicht bis auf die letzten Gründe des Daseins zurückreichend, und der Begriff ‹Strafe› als eine erzieherische Wohltat, folglich als Akt eines guten Gottes». – Für Nietzsche war die Anerkennung des determinierten Willens geradezu das Kriterium des philosophischen Denkvermögens. Er war überzeugt, dass die Wissenschaft den Menschen sogar zwingen könne, die Willensunfreiheit anzuerkennen. Er predigte sein berühmtes «Amor fati», die Liebe zum Schicksal.

Als ein gründlicher Denker der Jetztzeit erweist sich Fritjof Capra, 1939 in Wien geboren, der in Berkerley in Kaliforniern lebt und mit seinem beeindruckendem Werk «Wendezeit. Bausteine für ein neues Weltbild» fundamentale Erkenntnisse im Zusammenhang mit unserm Thema referiert. Allerdings verbindet er mit einem strengen Determinismus eine mechanistische Weltanschauung im Sinne der Auffassung von einer kausalen und völlig determinierten kosmischen Maschine, was hier abgelehnt wird, da wir von der Auffassung eines ganzheitlichen lebenden Organismus, einer Einheit von Kosmos und Bios, von ewig aktiver Bewegung als Element jeglichen Lebens ausgehen. Zuzustimmen ist Capra, wenn er feststellt, dass die meisten Akademiker engbegrenzte Anschauungen von der Wirklichkeit haben und daher nicht fähig sind, mit den großen Problemen der Gegenwart fertig zu werden. Sie befassen sich nicht mit der Wahrheit, sondern mit begrenzten und annähernden Beschreibungen der Wirklichkeit. Schon die mechanistische Weltanschauung, wenn man sie denn gelten lassen will, ist eng verbunden mit einem strengen Determinismus, mit der Auffassung einer – hier geleugneten – kausalen und völlig determinierten kosmischen Maschine. Demgegenüber ist das Universum als ein unteilbares dynamisches Ganzes aufzufassen, dessen Teile in Wechselbeziehungen stehen und nur als Strukturen eines Vorganges von kosmischer Dimension verstanden werden können. So muss nach Gregory Bateson (1904–1980) jedes Einzelne nicht durch das definiert werden, was es an sich ist, sondern durch seine Zusammenhänge mit anderen Dingen. Jedes Ereignis wird vom gesamten Universum als Gesamtorganismus beeinflusst, womit das Wesentliche der Quantenwirklichkeit angesprochen ist. Die Quantenphysik sieht unmittelbare Beziehungen zum Universum als Ganzem, und so wird es zunehmend schwieriger, irgendeinen Teil des Universums vom Ganzen zu trennen.

Einstein (1879–1953) war der Überzeugung, dass irgendwann in der Zukunft eine deterministische Interpretation von bisher verborgenen lokalen Variablen gefunden werde.

Capra verweist auf die grundlegende Rolle nichtlokaler Zusammenhänge und die in der Atomphysik erkennbare Wahrscheinlichkeit, die eine neue Vorstellung von der Kausalität mit sich bringe, die tiefgreifende Auswirkungen auf alle Wissenschaftszweige haben werde.

Er hält den engen klassischen Begriff von Ursache und Wirkung nicht länger für haltbar, ohne jedoch eine überzeugende Alternativtheorie bieten zu können, und weist darauf hin, dass nach der Quantentheorie alle Materie ständig ruhelos und im Zustand immerwährender Bewegung sei, dass es in der Natur keine statische Struktur gebe, keine lineare Beziehung von Ursache und Wirkung, nichts Kausales im klassischen Sinne, sondern – synchron und analog (d. Verf.) – Entsprechendes nach der Relativitätstheorie.

So sind auch Geist und Materie korrelat, aber nicht kausal verknüpft. Capras von ihm hervorgehobene Vorstellungen und Theorien sind jedoch von der Mehrheit der Physiker immer noch nicht akzeptiert.

Hemmschuh jeder fortschrittlich freien Erkenntnis war seit je die Religion, die Freud (1856–1939) mit Recht als eine Zwangsneurose der Menschheit betrachtete. Die Erkenntnis, dass alle Phänomene – physikalische, biologische, psychische, gesellschaftliche und kulturelle – grundsätzlich miteinander verbunden und voneinander abhängig sind, vertrat seit je die von der Religion verfemte und verspottete, darum auch noch heute als Aberglaube diskreditierte Astrologie, die indes in Fernost als Wissenschaft an den Universitäten gelehrt, im Abendland jedoch unterdrückt und so auf das Gebiet der Scharlatanerie abgedrängt wird, wie die albernen Zeitungs- und Zeitschriftenhoroskope ausweisen.

Die Theorie des Indeterminismus, des freien Willens, findet ihre Grenzen und ihre Widerlegung in der Tatsache, dass wir untrennbare Teile des Kosmos und in diesen eingebettet sind, also insofern innerhalb der uns gesetzten Grenzen unfrei, frei jedoch innerhalb der uns kosmisch eingeräumten Möglichkeiten im Sinne von Schicksal. Damit verliert die Frage nach dem freien Willen grundsätzlich ihre Bedeutung. Wenn ich das ganze Universum bin oder in dieses fest integriert, dann kann es keine Einflüsse von außen geben, und alle meine Handlungen sind nur spontan und frei dem mir zugebilligten Willen entsprechend.

Wir sind analog zum Lauf der Planeten ein geschlossener lebender Organismus, wie augenfällig schon der Einfluss des Mondes auf Leben und Geschehen auf der Erde beweist, wobei hier nur auf die Gezeiten, auf den Zyklus der Frau und die Zeit der Schwangerschaft hingewiesen sei. So ist auch die Erde mitsamt allem auf ihr befindlichen Leben erkennbar als ein lebendiges System von unabänderlicher naturgegebener Gesetzmäßigkeit, der auch der Mensch sich nicht zu entziehen vermag.

Hier seien noch einige Seitenverweise erlaubt. Was den vom Christentum postulierten und in den meisten Köpfen der Abendländer sich festgesetzt habenden freien Willen angeht, so ist dieser sehr leicht zu Fall zu bringen. Schon ein zarter Hauch von Parfüm kann Freude oder Kummer in uns hervorrufen, Vergnügen oder seelischen Schmerz, und zwar durch seine Assoziation mit vergangenen Erlebnissen oder Wahrnehmungen. Ein winziges Quäntchen von Hormon kann aus einem gesitteten Menschen einen Verbrecher machen, eine Kastration aus einem Gewaltverbrecher und Sexualtäter einen friedlichen harmlosen Menschen, eine depressionsverursachende hormonelle Verfassung in den Suizid treiben. Welchen Stellenwert, welche ernsthafte Bedeutung soll man da noch dem «freien Willen» zugestehen?

Die Quantentheorie von Max Planck (1858–1947) enthält die tiefsten uns heute bekannten physikalischen Naturgesetze, die das Kausalitätsprinzip widerlegen und auch den Indeterminismus nicht zulassen. Albert Einstein (1879–1955) schließt mit seiner Relativitätstheorie an die Quantentheorie Max Plancks an. Er wies u. a. auf die Gleichzeitigkeit räumlich getrennter Ereignisse hin, auf das Gesetz der Analogien und Synchronizitäten.

Der menschliche Organismus ist ein Mikrokosmos des Universums, wodurch der Platz des Individuums in der großen kosmischen Ordnung fest begründet ist.

Erster Denkfehler: Willensfreiheit

Aus der bisher vereinfacht skizzierten geistesgeschichtlichen Entwicklung von Philosophie, Theologie und Physik zur polaren Problematik Determinismus und Indeterminismus wird der erste Denkfehler der meisten dieser Systeme ersichtlich, nämlich die Verwechslung oder doch zumindest Nichtunterscheidung von Wille und Tat, von Wollen und Handeln. Der Mensch kann, sofern ihm nicht äußere Schranken gesetzt sind, jederzeit tun, was er will. Das jedoch lässt noch nicht die Annahme und Behauptung von der Freiheit seines Willens zu. Anlage und Charakter, seine nur ihm allein zukommende unverwechselbare Individualität, verweisen ihn in seine gesetzten Grenzen, die jedenfalls sein Wille nicht zu überschreiten oder zu sprengen vermag.

Auch physische Einflüsse unterschiedlichster Art machen ihn bestimmbar. Dazu gehört auch – wie gesagt – die hormonelle Verfassung, die seinen Willen bestimmt, wofür allein der Sexualtrieb, differenziert etwa nicht nur nach jugendlicher Verfassung oder Herabminderung der Libido in der Altersphase, sondern auch nach seiner

Gerichtetheit, den Beweis liefert (u. a. Homosexualität, Heterosexualität, Pädophilie, Neigung zur Sodomie, Sadismus, Masochismus, Exhibitionismus, brutale Mordlust aus Sexualgier). Eine Kastration oder hormonelle Umstellung beeinflusst den Willen fundamental.

Auch Fragen und Probleme etwa des Glaubens sind nicht einem freien, sondern einem etwa an das Denken, an Einsicht, an geistiges Fassungsvermögen gebundenen Willen unterworfen. Niemand vermag seinen Willen zu regieren.

Die grässlichsten Beweise dafür lieferten die wider Willen gegen alle Vernunft unter der Folter abgelegten Geständnisse der Opfer in den Kerkern der Inquisition und in den finsteren Verliesen der Hexentürme sowie die durch ständige Gehirnwäsche in den Sowjetgefängnissen unter Stalin bewirkten Selbstbezichtigungen.

Wille und Wollen sind zum Beispiel auch gebunden an Sympathien und Antipathien, ja werden häufig aus dem Unbewussten heraus bestimmt. So etwa wird ein Richter bei der Urteilsfindung, sofern es auf Imponderabilien und widersprüchliche juristische Abwägungen ankommt, die keine gesetzlich vorgegebene eindeutige Entscheidung erfordern, ohne es immer wahrnehmen zu müssen, seinen Willen weithin vom Unbewussten lenken lassen. Das erklärt nicht nur, aber doch zum Teil widersprüchliche Gerichtsurteile in verschiedenen Instanzen in derselben Sache.

Ein köstliches Experiment zum Beweis des Determinismus hat nach eigenem Bericht der philosophisch ausgerichtete Astrologe Erich Carl Kühr (1899–1951) mit einem entschieden den Indeterminismus vertretenden Astrologiegegner angestellt. Kühr wollte diesem Gelegenheit zum Beweis seiner von ihm behaupteten Willensfreiheit geben und lud ihn ein, gemeinsam ad hoc eine lockere Nacht in einem Bordell mit mehreren attraktiven Mädchen zu verbringen. Die Kosten wollte Kühr übernehmen samt einem anschließenden Ruhe- und Erholungstag in seiner Wohnung. Der – wenn auch unglücklich verheiratete – Indeterminist lehnte entschieden ab unter Hinweis auf die Folgen, die bei seiner Ehefrau zu erwarten waren. Zum Beweis seiner angeblichen Willensfreiheit kam es nicht.

Nach Hans Driesch (1867–1941) kann der sogenannte freie Wille niemals frei sein, da er stets und unter allen Umständen das Resultat anderer Kräfte ist; denn man will nie und kann nie wollen, ehe der Prozess des Denkens und Empfindens vorausgegangen ist. Die Art aber, wie gedacht und wie empfunden wird, bedingt die Entscheidung, also den Willen, und so kann jeder Entschluss als nichts anderes aufgefasst werden als eine direkte Folge der im Menschen wirkenden sinnlichen, geistigen und sittlichen Kräfte. Diese innige Verflochtenheit des Wollens mit den übrigen seelischen Funktionen und seine völlige Bedingtheit durch sie schließt die Freiheit des Willens eindeutig aus. Schließlich sei auf die Forschungsergebnisse und einschlägigen Veröffentlichungen des wohl bekanntesten deutschen Neurologen Wolf Singer (geb. 1943) verwiesen, Leiter des Max-Planck-Instituts für Hirnforschung in Frankfurt, Mitglied der päpstlichen Akademie der Wissenschaften, der die Willensfreiheit bestreitet und behauptet, dass das menschliche Bewusstsein vollkommen determiniert sei, der freie Wille somit eine bloße Illusion. Das Fazit seiner Forschungen und Erkenntnisse fasst er beiläufig, doch lapidar in dem Satz zusammen: «Keiner kann anders als er ist.»[2]

Als ich in den Jugendtagen
Noch ohne Grübelei,
Da meint ich mit Behagen,
mein Denken wäre frei.

Seitdem hab ich die Stirne
Oft auf die Hand gestützt
Und fand, daß im Gehirne
Ein harter Knoten sitzt.

Mein Stolz, der wurde kleiner.
Ich merkte mit Verdruß:
Es kann doch unsereiner
Nur denken, wie er muß.
(Wilhelm Busch, Zu guter Letzt 1904)

Zweiter Denkfehler: Kausalität

Wie es Zeit und Raum nicht gibt, die nur in unserer Vorstellung existieren, obwohl wir uns weder deren Anfang und Ende noch deren Unendlichkeit, deren Ewigkeit vorzustellen vermögen, so existiert auch Kausalität lediglich in unserer Vorstellung als eine unendliche Kausalkette, die nicht nur in die Vergangenheit hineingedacht werden kann, sondern auch in die Zukunft. Das sei an einem einfachen Beispiel anschaulich gemacht. Mir gleitet aus Unachtsamkeit ein Glas aus der Hand, fällt zu Boden und zersplittert. Was war die Ursache? Etwa meine Unachtsamkeit oder das zerbrechliche Material des Glases oder die Härte des Bodens, etwa der Fallwinkel des Trinkgefäßes, die Anziehungskraft der Erde? Allein in diesem Fall sind schon zumindest fünf unterschiedliche, voneinander unabhängige Ursachen anzuführen, die allerdings auch kombiniert gedacht werden können. Aber jede von ihnen lässt sich auf eine andere vorausgegangene Ursache zurückführen, die ihrerseits wieder ursächlich bedingt ist und sich in einer weiteren Ursachenkette zurückverfolgen lässt. Nehmen wir die Unachtsamkeit, so hat diese ihren Grund etwa in der Ablenkung meiner Gedanken, die vielleicht auf ein unglückliches Erlebnis zurückzuführen ist, aber dieses Erlebnis, etwa eine Todesnachricht, hat wiederum ihre Ursache, die auf eine ganze Ursachenkette zurückgeht, die sich z. B. bis zur Geburt, Zeugung und dem Vorleben der Eltern des Verstorbenen zurückverfolgen lässt. Es würde ins Unendliche gehen, wollte man diese Kausalitätskette auch bei den übrigen vier Ursachen nachvollziehen wollen, sie würde zu keinem Ende kommen.

Während die herkömmliche Philosophie, u. a. gestützt auf Aristoteles und Kant (1724–1804), am Kausalismus festgehalten hat, wendet sich Nietzsche in «Der Wille zur Macht» mit guten Gründen dagegen. Indem er Raum und Zeit leugnet, fasst er alles Geschehen nur als Erscheinungen, als Sinnes-Vorgänge, auf und gesteht, dass das Gefühl des Menschen, das post hoc zugleich ein propter hoc sei, zwar begreiflich, aber doch ein Missverständnis, da Erscheinungen nicht Ursachen sein können (Sentenz 545). Zugespitzt fragt er: «ist die Absicht Ursache eines Geschehens? Oder ist auch das Illusion? Ist sie nicht das Geschehen selbst?» (Sentenz 550). Er fährt fort: «Wir haben absolut keine Erfahrung über eine Ursache» (Sentenz 551) und «Ursache kommt gar nicht vor» und wo sie uns gegeben schien und wir sie zum Verständnis des Geschehens projiziert haben, «ist Selbsttäuschung nachgewiesen.» (551) Und weiter: «Es gibt weder Ursachen noch Wirkungen. Die Kausalitäts-Interpretation eine Täuschung!» Und gegen Kant gewendet fährt er fort: «Es gibt nicht, wie Kant meint, einen Kausalitätssinn.» Die ausführliche Begründung lese man nach im folgenden Text, so in Sentenz 552.

Nun mag die logische Konsequenz naheliegen, bei Leugnung jeglicher Kausalität auch den Determinismus leugnen zu müssen in der Scheinfolgerung, wenn es keinen Zusammenhang von Ursache und Wirkung gibt, wie soll dann etwas determiniert, d. h. begrenzt und unausweichlich vorherbestimmt sein können? Dann ist also auch der Wille frei und alles Geschehen dem Zufall unterworfen. Auf die Unrichtigkeit dieser Schein-Logik hat u. a. C. G. Jung (1875–1961) hingewiesen, indem er berichtet: «Meine Beschäftigung mit der Psychologie unbewusster Vorgänge hat mich schon vor vielen Jahren genötigt, mich nach einem anderen Erklärungsprinzip umzusehen, weil das Kausalprinzip mir ungenügend erschien, gewisse merkwürdige Erscheinungen der unbewussten Psychologie zu erklären. Ich fand nämlich zuerst, dass es psychische Parallelerscheinungen gibt, die sich kausal schlechterdings nicht aufeinander beziehen lassen, sondern in einem anderen Geschehenszusammenhang stehen müssen.» (zitiert nach E. C. Kühr). In seiner geistvollen, dialogisch und dialektisch angelegten Schrift «Astrologie am Scheidewege. Was steht in den Sternen?» weist Kühr darauf hin, dass jede Ursache auch eine Wirkung und jede Wirkung auch eine Ursache ist, dass noch kein Mensch tatsächlich eine Ursache gesehen oder einwandfrei festgestellt habe. Selbst nach Kant handelt es sich beim Kausalitätsprinzip nur um eine Betrachtungsweise, also um eine reine Verstandeskategorie, um eine in die Welt der Erscheinungen zur Erklärung der sich darin abspielenden Prozesse hineingetragene Ordnung, ohne Rücksicht darauf, ob diese Ordnung auch tatsächlich existiert. Das Kausalitätsgesetz ist demnach von unserem Verstand gesetzt worden. Es handelt sich hier aber keineswegs um die einzig mögliche Betrachtungsweise. Ich folge hier weiter den Darlegungen von Kühr. Schon die moderne Physik hat den Begriff der Ursache durch den der «Funktion» ersetzt, der nur noch besagt, dass zwei physikalische Vorgänge sich so verhalten, dass der Veränderung des einen die Veränderung des anderen in einem bestimmten zahlenmäßig angebbaren Verhältnis entspricht. Werner Heisenberg (1901–1976), Begründer der Quantenmechanik, schreibt: «Weil alle Experimente den Gesetzen der Quantenmechanik unterworfen sind, so wird durch die Quantenmechanik die Ungültigkeit des Kausalgesetzes definitiv festgestellt». Und Max Born (1882–1970) fügte hinzu: «Wenn es prinzipiell unmöglich ist, alle Bedingungen (Ursachen) eines Vorgangs zu kennen, so ist es leeres Gerede zu sagen, jedes Ereignis habe eine Ursache.» An die Stelle des vermeintlich logisch zwingenden Kausalgesetzes, das nur in falschen Vorstellungen existiert, hätte also, den Determinismus vorausgesetzt, ein anderes zu treten, das kritischer Prüfung standhält, indem es sich empirisch nachweisen lässt. Dieses Gesetz, schon seit dem Altertum, besonders auch seit den Anfängen der Astronomie (und auch Astrologie) aufgrund kosmischer Beobachtungen ableitbar, das also schon der vorlogischen Epoche menschlichen Denkens entstammt, ist das der Analogie, der Synchronizität, der Entsprechungen. Dieses Gesetz fällt etwa unmittelbar ins Auge beim Vergleich des Makrokosmos mit dem Mikrokosmos, also bei der Gesetzesparallelität von Planetensystem und Atom. Es wird auch deutlich bei der Beobachtung gesetzmäßiger kosmischer Vorgänge, wie etwa des gravitationsbedingten Rhythmus der Gezeiten, Ebbe und Flut, des Einflusses des Mondes auf den gesamten Flüssigkeitshaushalt der Erde (Kapillarverhältnisse bei Vollmond und Neumond in den Pflanzen, Monatszyklus der Frau, Zeit der Schwangerschaft). Das alles unterliegt nicht einem Kausalitätsgesetz, es entspricht der Gesetzmäßigkeit der Synchronizität und erweist Kosmos und Bios als gleichsam organischen Zusammenhang, als einen einzigen zusammenhängenden, in seiner Funktion unbeeinflussbaren Organismus, wofür als Beweis zum Beispiel auch der rhythmische Wechsel der Jahreszeiten anzuführen ist oder – das Erdzeitalter betreffend – die klimatischen Veränderungen, die über Jahrtausende hin mit der Präzession der Erdachse gegeben sind (u. a. Eiszeiten, tropische Zeiten). Dem unterliegen auch wohl die von Darwin (1809–1882) entdeckten Evolutionsgesetze, die den religionsideologischen Kreationismus außer Kraft setzten. Die Evolution verlief analog den sie ermöglichenden erdgeschichtlichen Vorgängen, die wiederum kosmisch bedingt waren.

Dritter Denkfehler: Schuld

Nach dem bisher Gesagten darf als wohlbegründete, kaum mehr zu bezweifelnde, der Wirklichkeit entsprechende Prämisse konstatiert werden, dass der Indeterminismus unhaltbar ist, es also keinen freien Willen gibt, ebenso wenig wie eine Kausalität oder gar ein Kausalitätsgesetz. Daraus aber folgt, dass es auch keine Schuld, somit keine Schuldfähigkeit des Menschen geben kann. Ihre Annahme aber dient seit eh und je zur Begründung für Strafe und Strafgesetze. Der Verbrecher wird jedoch als solcher geboren, darum kann er nicht schuldig werden, er ist es von Natur aus von vornherein. Darin unterscheidet er sich graduell, nicht aber grundsätzlich vom Geisteskranken oder Schwachsinnigen, der ebenfalls durch Strafe weder gebessert noch überhaupt zur Rechenschaft gezogen werden kann. Der durch seine übermächtige hormonelle Triebhaftigkeit gegen jede Vernunft sich immer wieder zu Sexualmord, zu Vergewaltigungen, zu Sadismen aller Art hinreißen lassende Triebtäter ist weder durch Willensanstrengung, eigene bessere Einsicht noch die ehrlichsten besten Vorsätze von seiner Tat abzuhalten, am wenigsten durch Strafmaßnahmen, die im Gegenteil durch Zeiten langer Entbehrung in der Haft seine Triebhaftigkeit aufstauen und bis zur Explosion steigern können. Aus deterministischer Sicht und sogar auch nach dem einmal hypothetisch angenommenen Kausalitätsgesetz sind sie alle von jeglicher Schuld freizusprechen.

Diese Folgerung ist nicht nur aus der begründeten Leugnung von Willensfreiheit und Kausalität zu ziehen, sie ist auch unabhängig davon behauptet worden, etwa wenn Wilhelm Raabe im «Schüdderump» sagt: «Das ist das Erfreuliche am Leben, dass der Mensch für seine Natur kaum verantwortlich zu machen ist.»

Ohne die Voraussetzung von Willensfreiheit lässt sich Schuld oder Schuldfähigkeit nicht begründen, sie tritt somit ein als ein unabwendbares Schicksal ohne eigenes verantwortliches Zutun. So kann der Mensch gar nicht sagen: «ich will», er muss zutreffend sagen: «es will» (in mir) so wie man sagen muss «es regnet». Für ein solches Wollen ist niemand schuldig zu sprechen, wie auch Theodor Lipps (1851–1914) festgestellt hat. So jedenfalls ist aus deterministischer und fatalistischer Sicht zu folgern.

Es wirkt fast erheiternd, an Hand des philosophiehistorischen Überblicks «Willensfreiheit oder Schicksal?» bei Helmut Groos zu lesen, wie selbst die scharfsinnigsten, den Determinismus unbedingt vertretenden philosophischen Denker, um Schuld und Verantwortung nebst der von ihnen behaupteten Kausalität zu retten, durch Hintertürchen indeterministische Begründungselemente in geradezu akrobatischen Gedankenwindungen bemühen, ohne doch je das Problem gelöst zu haben: Wie ziehe ich den Täter zur Rechenschaft, wenn es keine Schuld gibt? So viel ich sehe, fand die Philosophie bisher keine Lösung. Goethe indes deutet sie an in dem Lied des Harfenspielers in Wilhelm Meisters Lehrjahren:

> Ihr führt ins Leben uns hinein,
> Ihr laßt den Armen schuldig werden,
> Dann überlaßt ihr ihn der Pein;
> Denn alle Schuld rächt sich auf Erden.

Ehe im letzten Absatz dieser Arbeit eine Lösung versucht werden soll, sei zunächst noch auf Zeugnisse des Determinismus in der Dichtung und den Determinismus als kosmisches Gesetz eingegangen.

Determinismus in der Dichtung

Selbstverständlich können im Rahmen dieser räumlich begrenzten Abhandlung nur wenige paradigmatische Beispiele von Zeugnissen des Determinismus in der Dichtung angeführt werden; das Thema bedürfte sonst einer mehrbändigen Ausarbeitung und vorausgehender literaturhistorischer Forschung.

Von Cicero (106–43 v.d.Z.), für den «am Himmel nichts Zufall»war, geht der Schicksalsgedanke weiter an Vergil (70–19 v.d.Z.). In diesen römischen Kulturkreis gehörte auch Seneca (4 v.d.Z.–65 n.d.Z.), der in seiner «Trostschrift an Marcia» seine deterministische Anschauung zum Ausdruck bringt, wenn er sagt: «Von den leisesten Bewegungen der Gestirne hängt der Völker Geschick ab und gestaltet sich das Größte und das Kleinste, je nachdem des Gestirnes Lauf und Stand günstig oder ungünstig war.»

Wolfram von Eschenbach (1170–1220) formulierte:

Der Kreislauf der Gestirne zeigt
Wohin der Lauf der Menschen neigt.

Aus Dante Alighieris (1265–1321) Werk lässt sich unschwer sein Glaube an den Kosmos als geordnetes Weltall ableiten, insbesondere im 10. Gesang des «Paradiso». – William Shakespeare (1564–1616) ist dann der erste bedeutende Dichter, der ein kosmologisches Vermächtnis hinterließ. Sein «Sturm», der ohne kosmische Kenntnisse kaum verständlich wird, beweist es:

Nun da der Abend unser Aug' umflort,
Betracht' ich zukunftssüchtig die Gestirne,
Durch die uns Gott in Lettern wohl zu deuten
Der Kreaturen Los und Schicksal kündet.
Denn der aus Himmelshöhn den Menschen schaut,
Weist ihm aus Mitleid oft den rechten Pfad
In seiner Sterne Schrift am Firmament
Und sagt das Glück und Unglück ihm voraus.
Doch wir, am Staube haftend, sündenschwer
Verachten solche Schrift und sehn sie nicht.

Im König Lear (IV, 3) heißt es: «Die Sterne, die Sterne eben lenken unsern Sinn.» Goethe (1749–1832), dessen «Urworte Dämon» diesen Überlegungen als Motto voranstehen, bezeichnet Macht und Einfluss der Gestirne, die ihn mit Minna Herzlieb verbinden:

Da ist's denn wieder, wie die Sterne wollten:
Bedingung und Gesetz und aller Wille
Ist nur ein Wollen, weil wir eben sollten
Und vor dem Willen schweigt die Willkür stille.
Das Liebste wird dem Herzen weggescholten.
Dem harten Muß bequemt sich Will und Grille.
So sind wir scheinfrei denn, nach manchen Jahren
Und enger dran, als wir am Anfang waren.

In Schillers (1759–1805) Gedichten und Trauerspielen spielt der Planeteneinfluss auf den Menschen eine bedeutsame Rolle. In der «Braut von Messina» ereignet sich im Grunde nichts anderes als die Erfüllung einer astrologischen Prognose. Zusammenfassend heißt es dort:

Noch niemand entfloh dem verhängten Geschick,
Und wer sich vermißt, es klüglich zu wenden,
Der muß es selber erbauend vollenden.

In Schillers «Wallenstein»-Trilogie, in der Seni die Gestalt Johannes Keplers vertritt, der Wallensteins Geburtsbild in Charakteristik und Schicksalsablauf präzise gedeutet hat, finden sich zahlreiche astrologische Darlegungen.

Dafür ein Beispiel:

Die himmlischen Gestirne machen nicht
Bloß Tag und Nacht, Frühling und Sommer – nicht
Dem Sämann nur bezeichnen sie die Zeiten
Der Aussaat und der Ernte. Auch des Menschen Tun
Ist eine Aussaat von Verhängnissen,
Gesteuert in der Zukunft dunkles Land,
Den Schicksalsmächten hoffend übergeben.
Da tut es not, die Saatzeit zu erkunden,
Die rechte Sternenstunde auszulesen,
Des Himmels Häuser forschend zu durchspüren,
Ob nicht der Feind des Wachsens und Gedeihens
In seinen Ecken schadend sich verberge.

Bekannter sind die Worte, die Schiller die Gräfin Terzy sagen lässt:

Nicht Rosen bloß,
Auch Dornen hat der Himmel,
Wohl dir, wenn sie den Kranz dir nicht verletzen!
Was Venus band, die Bringerin des Glücks,
Kann Mars, der Stern des Unglücks, schnell zerreißen!

Wallenstein selbst erklärt:

«Der Tag bricht an, und Mars regiert die Stunde.»

Hölderlin sagt in seinem «Schicksalslied»:

Wie du auch anfängst, wirst du bleiben.
So viel auch wirket die Not und die Zucht:
Das meiste nämlich vermag die Geburt
Und der Lichtstrahl, der dem Neugeborenen begegnet.

Conrad Ferdinand Meyer (1825–1898) fasst die Geschichte Ulrich von Huttens in dem Gedicht zusammen:

Ihr lieben Sterne, tröstlich alle Zeit,
Wer dächte, daß ihr arge Zwingherrn seid –
Ihr seid's ! Als sich die Erde mir erhellt,
Ward mir ein widrig Horoskop gestellt.
Weil, als ich kam, der Widder just geblüht,
Bin ich von unverträglichem Gemüt.
Ein flackernd Himmelsirrlicht trägt die Schuld
An meiner Wanderlust und Ungeduld.

Honoré de Balzac (1799–1850), der die klassische Epoche des französischen Romans eröffnete, war ausgesprochen astrologiegläubig, und der Mitbegründer des französischen Symbolismus Paul Verlaine (1844–1896) sagt in seinen «Poems Saturiens»: «Wer nun im Zeichen des Saturn hier ward geboren, der hat ein gut Teil von Leid, ein gut Teil von Galle ...»

Selbst der kritische, kirchentreue Joseph Görres (1776–1848) erkannte den Sternglauben als Urreligion und erklärte in seinem «Rheinischen Merkur»: «Steht nicht die Erde und alles, was schwer ist auf ihr, mit fernen Welten im Verkehr, und ist unser Körper nicht mit den entlegensten Gestirnen in Wechselwirkung, und haben nicht die Konstellationen Einfluss auf das Leben, das unten in der Tiefe glimmt?» Neujahr 1816 stellte er in der letzten Ausgabe des dann von der Regierung verbotenen «Rheinischen Merkur» ein Horoskop für das neue Jahr, worin er das Schicksal des Volkes deutet, und spricht von einem großen Sternenjahr.

In die Reihe dieser Autoren gehören u. a. auch Gustav Meyrink (1868–1932) und Christian Morgenstern (1871–1914).

Determinismus als kosmisches Gesetz

Unseres Wissens gibt es kein stringenteres, unabdingbar unausweichlicheres Gesetz als das durch die Wissenschaft der Astronomie bestätigte. Dass diesem Gesetz nicht auch alles Leben und Geschehen auf der Erde eingeordnet ist, kann nur der hybride Indeterminismus bestreiten, der ideologisch an der Willensfreiheit des Menschen wider alle Erfahrung festhält. Damit liegt zumindest der Gedanke nahe, dass die astronomische Gesetzmäßigkeit auch als Entsprechung die astrologische, d. h. eigentlich kosmologische, etwa im Sinne Giordano Brunos (1548–1600), bedingt, was allerdings von den monotheistischen Religionen und ihren Zwangssystemen in der Regel bestritten wird. Wo diese sich als Herrschaftssysteme durchsetzen konnten, musste ein solcher Zusammenhang allerdings im Interesse von deren Aufrechterhaltung bestritten, ja bekämpft und als purer Aberglaube abqualifiziert werden. Der Aberglaube an einen die Welt regierenden, alles bewirkt habenden und weiterhin bewirkenden Schöpfergott, dessen Existenz niemand beweisen kann, verdrängte ein uraltes Wissen, wie überhaupt jede Religion alles Wissen zu unterdrücken suchte und sucht, das ihren durch nichts begründeten und durch nichts nachzuweisenden Glaubenssätzen widerspricht. Und so wurde Giordano Bruno am 17. Februar 1600 auf dem Campo di fiori öffentlich lebendig verbrannt.

Glaube freilich heißt, wie schon Paulus zugeben musste, Nichtwissen. «Credo quia absurdum est» (Ich glaube, weil es widersinnig ist). Dieser Ausspruch, der irrtümlich Augustinus zugeschrieben wird und damit zum Postulat des Christentums erhoben wurde, beruht auf dem Missverständnis einer Textstelle aus seinen Confessiones VI, 5, die sich gegen die Manichäer richtete, die erst durch dreisten wissenschaftlichen Anspruch die Leichtgläubigkeit zum besten haben und später dann befehlen, vieles Fabelhafte und Absurde zu glauben, weil sie es nicht beweisen konnten, während die Kirche, den Offenbarungsglauben verkündend, von vornherein vorschrieb, zu glauben, was nicht bewiesen werden konnte.

Immerhin behauptete Augustinus mit seiner Sentenz «Credimus ut cognoscamus, non cognoscimus ut credamus», Grundlage und Voraussetzung des Erkennens sei der Glaube, was Anselmus von Canterbury (1033–1109) zu der gedanklichen Akrobatik bewog: «Neque enim quaero intellegere, ut credam, sed credo, ut intellegam. Nam et hoc credo, quia nisi credidero, non intellegam.» Aber auch das ist nichts weniger als absurd.

Keineswegs hat das Christentum eine Deutung der kosmischen Konstellationen mit ihrem Einfluss auf das Schicksal der Menschen und alles Geschehen auf der Erde durchgängig abgelehnt. So etwa war Alfons X. (der Weise) von Kastilien (1221–1284) nicht nur ein damals bedeutender Astronom, sondern betätigte sich auch als Astrologe.

Papst Julius II. (1443–1513), erfolgreicher Kriegsherr und Politiker, Förderer der Künste und Wissenschaften, größter Bauherr Roms, Begründer des Kirchenstaates, der Bramante (1444–1514), Michelangelo (1475–1564) und Raffael (1483–1520) förderte, das 5. Laterankonzil einberief, übrigens aus kleinen Verhältnissen stammte, folgte ausschließlich astrologischen Erkenntnissen. Die von ihm errichteten Bauwerke haben bis heute Bestand.

Papst Paul III. (1468–1549), der Bestätiger des Jesuitenordens, bewährt als kluger Diplomat, der Michelangelo zur Vollendung der Peterskirche beauftragte, der Gelehrte und Künstler beschützte und mit dem Konzil von Trient eine entscheidende, bis heute gültig gebliebene Weichenstellung bewirkte, war ein überzeugter Anhänger der Astrologie.

Aus der Geschichte der Astronomie sind die im Folgenden aufgeführten Gelehrten, die gleichzeitig auch als Astrologen arbeiteten, nicht wegzudenken: Paracelsus (1494–1541), der als Erster den Zusammenhang von Kosmologie und Medizin erkannte und somit die Analogie von Makrokosmos und Mikrokosmos. – Tycho Brahe (1546–1601), der als Astronom zugleich Astrologe Friedrichs V. von der Pfalz (1596–1632) und Kaiser Rudolfs II. (1576–1612) war.

Johannes Kepler (1571–1630), der Wallenstein beriet und in Schillers Trilogie als Astrologe Seni erscheint, stellte fest: «Die Wirkung der Gestirnaspekte ist so klar, dass nur der sie leugnen kann, der sie nicht selber geprüft hat.»

Isaak Newton (1643–1727) konterte während einer Diskussion über Astrologie gegen den geringschätzigen Einwurf eines Astronomen: «Der Unterschied zwischen Ihnen, Mr. Halley (1656–1742) und mir ist, dass ich mich damit beschäftigt habe und Sie nicht.»

Schließlich sei noch Ernst Jünger (1895–1998) zitiert, der die zutreffende Feststellung traf: «Unsere Wissenschaft lässt sich ohne weiteres und ohne Rangminderung im astrologischen System unterbringen, nicht aber umgekehrt.»

Dieser Abschnitt sei mit zwei Fragen an den Leser abgeschlossen:

Welche Wissenschaft außer der Astronomie und der Kosmologie hat nicht ihr Wissen von gestern heute über Bord werfen oder zumindest korrigieren müssen und denkt sich nicht morgen selbst zu überflügeln?

Ist Realität nur dann Realität, wenn sie wissenschaftlich nachgewiesen und erklärt worden ist?

Verantwortung als ethisches Postulat

Welches Fazit ist folgerichtig und konsequent aus dem bisher Erkannten und Gesagten zu ziehen? Wir müssen den freien Willen bestreiten, die Willensfreiheit des Menschen, den Indeterminismus und haben den Determinismus, ja Fatalismus als Weltgesetz erkannt. Wir sind aus den gewonnenen Einsichten ebenfalls genötigt, das Kausalitätsgesetz zu bestreiten und leugnen somit jegliche Kausalität, also das Gesetz von Ursache und Wirkung, weil jede Kausalkette ins Unendliche, Grenzenlose führt wie die Abfolge von Zeit und die Ausdehnung des Raumes. Wenn aber Willensfreiheit und Kausalität entfallen, so entfällt folglich auch jede Schuld, ist die Schuldfähigkeit des Menschen zu bestreiten. So stünde der konsequent denkende Determinist vor theoretisch und praktisch unlösbaren Problemen; denn welche Begründung sollte es nun noch für das Postulat der Verantwortung und Verantwortlichkeit geben, wenn es nicht ein anderes, meist übersehenes und somit im Denken vernachlässigtes Gesetz gäbe, nämlich das der Synchronizität, der Analogie, der Entsprechungen, das den gesamten Kosmos und das in ihm existierende Leben und Geschehen im Sinne eines einzigen zusammenhängenden, in sich in allen Einzelheiten miteinander verbundenen und gleichsinnig funktionierenden Organismus. In dieser Sicht sind zum Beispiel Tat und Strafe eins, die Tat enthält schon in sich die Strafe, und zwar nicht im Sinne einer übergeordneten oder gesetzmäßigen Gerechtigkeit, sondern als kosmisch bedingter Mechanismus, besser gesagt: Funktionalismus.

Und wenn die Tat unentdeckt und somit eine Bestrafung ausbleibt, leidet der Täter unter ihr umso mehr. Nicht selten hat diese innere Belastung schon manchen Täter zum freiwilligen Geständnis gedrängt, weil er sich durch äußere Bestrafung von der inneren Last befreien wollte.

Thomas Mann (1875–1955) greift diesen Gedanken auf in seinem «Zauberberg», wo es heißt, «dass der Begriff der Schuld durch den Determinismus nicht nur nicht abgeschafft werde, sondern sogar durch ihn noch an Schwere und Schaudern gewönne.» Und weiter: «Der Verbrecher sei von seiner Schuld durchdrungen wie von sich selbst. Denn er sei, wie er sei, und könne und wolle nicht anders sein, und das eben sei die Schuld. Der Mensch sei, wie er habe sein wollen und bis zu seiner Vertilgung sein zu wollen nicht aufhören werde; er habe eben ‹für sein Leben› gern getötet und bezahle folglich mit seinem Leben nicht zu hoch. Er möge sterben, da er die tiefste Lust gebüßt habe.»[3]

Auch Bosheit zum Beispiel ist schon an sich Bestrafung für den Boshaften oder Bösartigen; denn sie zieht für ihn notwendig Böses nach sich, das im Keim bereits enthalten, also latent vorhanden war. Sie ist ein schicksalshaft gegebenes Defizit und enthält linear im Sinne einer organischen Funktion die Folgen, die in ihr bereits vorhanden sind wie die Pflanze im Samenkorn, wie die Henne im Ei. Schon im Säugling liegt der Keim des fertigen Menschen in seinem Entwicklungsgang. Die Volksweisheit: Es wurde ihm bereits in die Wiege gelegt, enthält diese Erkenntnis, und diese gilt für den Verbrecher ebenso wie für den Philologen, den Ethiker wie den Moralisten.

Jeder Ablauf ist unausweichlichen Gesetzen in Synchronizität unterworfen wie etwa der Ablauf der Jahreszeiten in Entsprechung zum Sonnenstand zur Erde oder eigentlich des Erdumlaufs um die Sonne. Vergleichbare Entsprechungen erkannte Ernst Kretschmer (1881–1964), wenn er aus dem Körperbau Charaktereigenschaften abzuleiten vermochte, oder Ludwig Klages (1872–1956), der feststellte: «Der Leib ist die Erscheinung der Seele, und die Seele ist der Sinn des lebendigen Leibes». Zur Verdeutlichung möchte ich hier modifizieren: Die Seele erfüllt den Sinn des lebendigen Leibes.

Notabene: auch der «Zufall» im landläufig gebräuchlichen Sinne ist nach dem Erkannten folgerichtig zu bestreiten. Zufall ist – wörtlich zu nehmen – das, was mir zufällt, was mir vom Schicksal bestimmt ist.

Im Lichte des das Synchronizitätsgesetz einbegreifenden Determinismus ergibt sich aber ein weiteres Problem, nämlich das der Gerechtigkeit, die von den meisten ethisch wie moralisch denkenden, besonders aber von religionsgebundenen, einen Gott voraussetzenden Menschen für unverzichtbar und damit unabdingbar gehalten wird. Wir haben jedoch bei unvoreingenommener Beobachtung alles zurückliegenden Geschehens – und so auch im Hinblick auf das künftige – zu konstatieren, dass es keine Gerechtigkeit gibt, dass es sich bei dieser zwar um ein ehrenwertes Postulat, in Wirklichkeit aber um eine bloße Fiktion, um ein Phantom handelt. Wo sie aber gleichwohl angestrebt wird, ist sie in der Regel gleich wieder zum Scheitern verurteilt.

Dafür seien nur wenige Beispiele angeführt. So schließt die von Politikern und anderen Phantasten angestrebte Gleichberechtigung von Mann und Frau jede Gerechtigkeit aus, weil damit beide Geschlechter, vor allem aber die Frauen, benachteiligt werden. Nur eine Andersberechtigung, von der nie die Rede ist, könnte den Betroffenen in etwa gerecht werden. Oder wenn ein Lehrer alle Kinder seiner Schulklasse gleich behandeln würde, eben um allen gleicherweise gerecht zu werden, so würde er gegen alle, ihre jeweilige Individualität vernachlässigend, ungerecht sein. (Auch ich bin hier schon allen Lehrerinnen der Welt nicht gerecht geworden, weil ich die Lehrerinnen sogar an erster Stelle hätte nennen müssen!)

Kein Entscheidungsträger, ob Eltern, Erzieher, Vorgesetzte, Richter, vermag ständig gerecht zu sein, so sehr er sich auch darum ehrlich bemühen mag.

Hier ist ins Auge zu fassen, dass die Natur selber keine Gerechtigkeit kennt; im Gegenteil verfährt sie gegen Schwächeres und Schwächere in aller Regel rücksichtslos und grausam. Wenn etwa ein kleines ahnungsloses Kind sich aus natürlicher Neugier die Hand an der Flamme einer Kerze verbrennt, nach der es in verständlicher Wissbegier greift, um sie zu begreifen, so wird es ohne jede Schuld mit Verbrennung bestraft.

Auf anderer Ebene, und freilich unter ethischen Gesichtspunkten, sind aber auch Täter und Tat eins, sind identisch wie der Mensch und sein Schicksal. Der Täter begeht die Tat zwanghaft aus unwiderstehlichem inneren Antrieb, er ist zu ihr determiniert. Das wird insbesondere deutlich an der Regelmäßigkeit der Straftaten rückfälliger Täter. Welcher Verbrecher zum Beispiel entschließt sich denn wirklich zur Tat, insbesondere wenn er die lange qualvolle Zeit der Inhaftierung kaum hinter sich gebracht hat und sich wieder frei fühlen darf.

Gerade in Fällen schwerer Verbrechen, in denen der Täter die ihn niederdrückenden Folgen aus Erfahrung kennt, ist er offensichtlich gegenüber der neuen Untat machtlos, merkwürdig dumpf und triebhaft, dabei in der Regel auch blind und völlig unempfindlich für Gefühle und Rücksichten, aber meist absolut klar bei der Planung und Durchführung. Er wird offenbar unwiderstehlich, wie magnetisch angezogen, die Tat allen Überlegungen und guten Vorsätzen zum Trotz zu begehen.

Er ist insofern unschuldig, ihn trifft wegen übermächtiger Zwänge, denen er nicht widerstehen kann, keine Schuld. Wie aber kann man ihn dennoch verantwortlich machen und bestrafen? Freilich wäre hier zunächst weiterhin statt des veralteten inhumanen Strafrechts ein Maßnahmenrecht zu fordern, das die Gesellschaft vor ihm zu schützen geeignet wäre, indem man ihn selbst vor weiteren «Straftaten» sicherte, so wie es Fritz Bauer (1903–1968), Helga Einsele (1910–2005), Heinrich Hannover (geb. 1926), Birgitta Wolf (1913–2009) u. a. schon vor vielen Jahren vergeblich gefordert haben.

Eins jedoch ist und bleibt unverzichtbar, nämlich die Forderung nach Verantwortung für jede Handlung, erst recht für eine solche, die andere Menschen schädigt. Das erfordert unabdingbar der Rechtsgüterschutz, der auch ohne Vergeltung, ohne Rache, ohne Strafbedürfnis gewahrt sein kann und gewährt sein muss.

Täter und Tat sind nicht zu trennen, die Tat ist im Täter angelegt, und so wird der Täter nach dem Gesetz der Analogie nicht bestraft, weil er Böses tat, sondern weil er böse ist. Wir müssen die Folgen unseres Handelns auf uns nehmen, müssen dafür einstehen, was wir taten, wir müssen schicksalshaft dulden, was uns das Schicksal bestimmte und auferlegte.

Im Übrigen gibt es im alltäglichen Leben eine Unzahl von Beispielen, wo ohne Schuld verantwortet werden muss. Unter dem Gesichtspunkt der Regresspflicht können wir alle auch ohne Schuld zu Schuldnern und damit verantwortlich gemacht werden. So haften Eltern für ihre unmündigen Kinder, wir haften für unabsichtliche, versehentlich verursachte Schäden, worüber jede Versicherung in ihren Policen zahlreiche Fälle vorsieht; wir haften auch für unsere wohlgemeinten Irrtümer, für die Beschädigung entliehener Sachen durch Dritte.

So bedarf es nicht einmal einer Schuld, um zur Verantwortung gezogen werden zu können. Verantwortung aber ist unverzichtbar, jedoch sie ergibt sich nicht aus einer (grundsätzlich zu leugnenden) Schuld, sie ergibt sich aus dem uns zugeteilten Schicksal.

Die Talente sind ungleichmäßig verteilt, insofern ist uns Ungerechtigkeit schon in die Wiege gelegt worden. Es gehört zu unseren alltäglichen Beobachtungen, dass gute integre, charakterlich einwandfreie und auch hilfreiche Menschen mit fast unerträglichen Leiden «bestraft» werden, manche Schurken, Betrüger, rücksichtslose

Egoisten, Machtmenschen, Tyrannen und Quäler ihrer Mitmenschen dagegen in einem scheinbar genussvollen Dasein schwelgen.

Ein uraltes Beispiel bietet die Geschichte des unschuldig leidenden Hiob aus der hebräischen Bibel, der dort von Gott aufgrund einer Wette mit Satan gequält und enteignet wird und dazu Vorwürfe und Verdächtigungen seiner Freunde über sich ergehen lassen muss. Der Ausgang dieser von vornherein absurden Geschichte, dass er nämlich gesund und durch Reichtümer entschädigt wird, erweist sich nur als eine fromme und zugleich verlogene Scheinlösung.

Es ist müßig, sich über solche und andere scheinbaren Ungerechtigkeiten zu empören oder gar unter ihnen mitfühlend zu leiden. Schon das subjektiv entlastende naheliegende Wunschdenken, dass diese Unmenschen dann doch wenigstens unter sich selbst, unter ihrer eigenen charakterlichen Missgestalt leiden möchten, enthält den heimlichen Gedanken der Rache, der wiederum nach Gerechtigkeit verlangen möchte.

Von allen diesen Emotionen bleibt der Kosmos samt seinen ehernen Gesetzen unberührt. Des denkenden Menschen aber ist würdig, Tatbestände zu erkennen und anzuerkennen, ebenso gesetzmäßige Zusammenhänge ohne Illusionen und Fiktionen, die auf fehlgedeuteten Beobachtungen beruhen, frei von Selbstbetrug klar zu durchschauen sowie die ihm gesetzten Grenzen zu akzeptieren oder, um es mit Goethe («Maximen und Reflexionen», Erkenntnis und Wissenschaft) gültig zu formulieren: «Das schönste Glück des denkenden Menschen ist, das Erforschliche erforscht zu haben und das Unerforschliche ruhig zu verehren.»

---

[1] D. Martin Luthers Werke. Kritische Gesamtausgabe, Abteilung 1, Schriften, Weimar 1883 ff, XVIII 720 f., zitiert nach: Hubertus Mynarek: Luther ohne Mythos. Das Böse im Reformator, Freiburg 2012, S. 92

[2] Wolf Singer (Frankfurt am Main): Selbsterfahrung und neurobiologische Fremdbeschreibung. Zwei konfliktträchtige Erkenntnisquellen. Ein epistemisches Caveat. In: Hilarion G. Petzold/Johanna Sieper (Hgg.): Der Wille, die Neurobiologie und die Psychotherapie. Band I. Zwischen Freiheit und Determination. Bielefeld und Locarno 2008, S. 225

[3] Thomas Mann, Gesammelte Werke, Zweiter Band. Der Zauberberg, Berlin 1955, S. 651-652.

LITERATUR

Capra, Fritjof: Wendezeit. Bausteine für ein neues Weltbild, München 1988

Goethe, Johann Wolfgang: Werke. Hamburger Ausgabe in 14 Bänden. Band I Hamburg 1964, Band VII Hamburg 1965

Groos, Helmut: Willensfreiheit oder Schicksal? München 1939

Kühr, Carl Erich: Was steht in den Sternen? Astrologie am Scheideweg. Wien, Freilassing o. J. (1949)

Lehmen, Alfons S. J.: Lehrbuch der Philosophie auf der aristotelisch-scholastischen Grundlage zum Gebrauch an höheren Lehranstalten und zum Selbstunterricht. Zweiter Band, erster Teil: Kosmologie, hrsg. von Peter Beck S. J., Freiburg im Breisgau 1920

Nietzsche, Friedrich: Der Wille zur Macht. Versuch einer Umwertung aller Werte. Stuttgart 1952

Schepper, Rainer: Gott beim Wort genommen. Das Alte Testament auf dem ethischen Prüfstand. Mit einem Vorwort von Prof. Dr. Horst Herrmann. Argenbühl-Christazhofen 1993

Schepper, Rainer: Warum die Justiz nicht resozialisieren kann. Ein Beitrag zur Frage der Strafvollzugsreform. In: Vorgänge 3-9, München 1971

Schepper, Rainer: Zum Postulat ethischer Befreiung aus den Fesseln der Moral. Begriffsbegrenzung – Individuelle und politische Konsequenzen. In: Carola Baumann / Nina Ulrich (Hrsg.): Streiter im weltanschaulichen Minenfeld. Zwischen Atheismus und Theismus Glaube und Vernunft Säkularem Humanismus und Theonomer Moral Kirche und Staat, Festschrift für Prof. Dr. Hubertus Mynarek, Essen 2009

Schopenhauer, Arthur: Die Welt als Wille und Vorstellung. Textkritisch bearbeitet und hrsg. von Wolfgang Freiherr von Löhneysen. Frankfurt am Main 1996

PUBLIKATIONEN VON RAINER SCHEPPER

Kulturelle Aufsätze

1952 Wilhelm Tophinke: Zum 60. Geburtstag eines westfälischen Künstlers. In: Westfalenspiegel, Oktober 1952, S. 22, Münster 1952

1955 Die Kunst im Dienste der Verkündigung. Vom Krippenschaffen des Bildhauers Heinrich Lückenkötter. In: Die Weihnachtskrippe, S. 13-14, Köln 1955

Marienthal. Ein Hort moderner christlicher Kunst. In: Westfalenspiegel 4, Heft 2, S. 17-19, Münster 1955

1959 Kanzler der Schanze: Hans Wolff v. Ponickau. 11. September 1899–11. Juli 1958. In: Westfalenspielgel, Oktober 1959, S. 24-25, Münster 1959

1962 Dichter des Lächelns. Zum 100. Geburtstag von Augustin Wibbelt. In: Westfalenspiegel. September 1962, S. 28-29, Münster 1962

1963 Das Krippenschaffen von Christine Prinzessin Lobkowicz. In: Die Weihnachtskrippe, 30. Jahrgang, S. 61-67, Köln 1963

1964 Das Beispiel eines deutschen Wissenschaftlers. Zum 80. Geburtstag von Erich Nörrenberg. In: Westfalenspiegel. Januar 1964, S. 24-25, Münster 1964

1970 «Nicht seit Bosch». Gedenken an Tilo Keil. In: Westfalenspiegel Mai 1970, S. 29-31, Münster 1970

1978 Münsterländisches im Hohlspiegel. In: Leben im Münsterland. Eine Anthologie westfälischer Schriftsteller und Maler, , S. 109-125, Münster 1978

1985 Das Romangestalten bei Reuter und Wibbelt. Ein Vergleich in Einzelbeobachtungen. In: Vom Reichtum des Erzählens. Fritz Reuter 1810–1876. Hrsg. von Ulf Bichel, Friedrich Minssen und Helmut de Voss, S. 93-125, München 1985

Gesellschafts- und religionskritische Aufsätze

1967 Gesetz und Sexualität in Deutschland – oder die Leibeigenschaft des Bürgers und ihre Herkunft. In: Vorgänge 11 '67, November 1967, München 1967

1968 Wer kennt das Sittengesetz? – Ein ungeklärter Rechtsbegriff im Grundgesetz. In: Vorgänge 12 '68, Dezember 1968, München 1968
1970 Erziehung zur Moral oder erzieherisches Ethos? – Postulate einer freiheitlich-demokratischen Erziehung. In: Vorgänge 12 '70. Dezember 1970, München 1970
1971 Warum die Justiz nicht resozialisieren kann oder: Warum Gefangene nicht in die Gesellschaft zurückfinden. In: Vorgänge 8/9 '71. September 1971, München 1971
1972 Kunst im Gefängnis? Zu einer Ausstellung. In: Vorgänge 3'72. März 1972, München 1972
1990 Karl Wagenfeld – Ein Wegbereiter des Nationalsozialismus. Spuren eines deutschen Heimatdichters. In: Quickborn. Zeitschrift für plattdeutsche Sprache und Dichtung. 80. Jahrgang, Nr. 2, Hamburg 1990
1990 An Martin von Kochem. In: Verehrter Galileo. Briefe an Ketzer und Heilige. Hrsg. von Raul Nieman, Gütersloh 1990
1990 Interview mit Goethe. Rainer Schepper führte das folgende Gespräch mit dem Staatsminister Geheimrat Johann Wolfgang von Goethe. In: NORD Magazin Nr. 1, Jan./Febr. 1990, 2. Jahrgang, Hamburg 1990
1990 Die vatikanische Menschenpumpe. In: NORD Magazin Nr. 4, Juli/August 1990, 2. Jahrgang, Hamburg 1990
2003 Frauenunterdrückung in patriarchalischen Gesellschaften. In: Aufklärung und Kritik. 1/2003, Nürnberg 2003
2004 Theologie oder Phantasmalogie? Die unfreie Wissenschaft an freien Universitäten. In: Aufklärung und Kritik 1/2004, Nürnberg 2004
2009 Zum Postulat ethischer Befreiung aus den Fesseln der Moral. – Begriffsabgrenzung – Individuelle und politische Konsequenzen. In: Karola Baumann/Nina Ulrich (Hrsg.): Streiter im weltanschaulichen Minenfeld. Zwischen Atheismus und Theismus. Glaube und Vernunft. Säkularem Humanismus und Theonomer Moral. Kirche und Staat. Festschrift für Prof. Dr. Hubertus Mynarek. Essen 2009

Eine vollständigere Bibliographie findet sich im Internet im «Lexikon Westfälischer Autorinnen und Autoren 1750–1950» des LWL.

PERSONENVERZEICHNIS

A

Abraham 171
Adam 206
Adenauer, Dr. Konrad 67
Albers, Hans 156
Alfons X. von Kastilien 225
Anselmus von Canterbury 225
Appelbaum, Egon 21
Aristoteles 208, 216
Augustinus, Aurelius 201, 208, 225
Aulke, Anton 45, 78
Austrup, Karl 111, 117

B

Bach, Hans-Dieter 195
Ballauf, Dr. Ernst 117
Balzac, Honoré de 223
Bardosch, Josef 123
Baten, Kurt 144
Bateson, Gregory 211
Bauer, Fritz 230
Baum, Heinrich 111
Baumgartinger, Hanns 156
Bautz, Dr. Josef 166, 195
Becker, Heinrich 43
Behr, Dr. Hildegard 85
Beiler, Dr. Alfons 119, 121
Benker, Hedwig 129
Bernhardt, Karl 64
Beste, Franz 77
Bexte, Franz-Josef 169
Bindernagel, Kurt 89, 90
Bismarck, Otto von 160
Böge, Sophie 103, 110, 185
Böhmer, Dr. Heinrich 126, 127, 139
Bondy, Prof. Dr. Curt 101
Born, Max 218
Brahe, Tycho 226
Bramante, Donato 225
Brandt, Willy 138
Bräutigam, Maria 34
Bräutigam, Michael 30, 34
Breilmann, Rudolf 185
Brockpähler, Wilhelm 93
Brosemann, Karl 42
Bruchhausen, Hans von 74
Brunnen, Hedwig 25, 193, 194
Brunnen, Dr. Heinrich 30, 36
Brunnen, Heinz-Willi 190
Bruno, Giordano 224
Buchheimer, Horst-Martin 23
Bunje, Karl 135
Busch, Prof. Otto 119, 120
Busch, Wilhelm 215
Büse, Wilhelm 26

C

Capra, Fritjof 83, 210, 211
Carossa, Hans 122
Casanova 172
Castelle, Dr. Friedrich 83, 104
Christ, Konstantin 144
Cicero 208, 221
Clemens Alexandrinus 171
Cluesmann, Bernhard 27, 29, 33, 177

D

Dante Alighieri 221
Darwin, Charles 219

Deckwitz, Dr. Josef 130
Deike, Prof. Dr. Ludwig 102
Demokrit 208
Deschner, Karlheinz 183
Diederich, Theodor 78, 79
Dielert, Arnold 144
Dietrich, Dr. Otto 31
Dirking, Dr. August 28
Dönnebrink, Aloys 92
Donnermann, Dr. Heinrich 45, 77
Dorndorf, Dr. Maria 118, 122
Dreischulte, Dr. Bernhard 79, 80
Dresjan, Anton 23, 171, 189
Driesch, Prof. Dr. Hans 214
Droste-Hülshoff, Annette von 104, 149, 191
Droste zu Vischering, Dr. Georg Graf 92
Dünhöft, Adolf 141
Dünhöft, Wilhelmine 141

E

Ebertin, Dr. Baldur 203
Ebertin, Reinhold 203
Echelmeyer, Clemens 84
Egbert, Ludger 192
Ehlert, Christine 155
Eickholt, Heinrich 134
Einsele, Helga 230
Einstein, Albert 211, 213
Eliot, Thomas Stearns 102
Erasmus von Rotterdam 91
Ernst, Dr. Wilhelm 77, 80
Euripides 7
Eusterbrock, Theo 18
Eva 206

F

Fellmer, Josefine 162, 179, 180
Fels, Josef 43
Fernholz, Eugen 196
Fichte, Johann Gottlieb 209
Figge, Prof. Dr. Emil 115, 119, 121, 122
Fink, Lili 63
Fischer, Friedrich Theodor 177
Flitner, Prof. Dr. Wilhelm 101
Flume, Dr. Günther 87
Foerste, Prof. Dr. William 97, 178
Foerster, Prof. Dr. Friedrich Wilhelm 122, 127
Fort, Gertrud von le 122
Frank, Herbert 156
Freiligrath, Ferdinand von 90
Freitag, Franz 138, 139
Freud, Prof. Dr. Sigmund 212
Friedrich II. der Große 183
Friedrichs, Reinhold 37
Friedrich V. von der Pfalz 226
Fütterer, Dr. Karl 143

G

Galen, Clemens August Graf von 62, 64
Gehring, Karl-Friedrich 109
Germer, Richard 105
Giesenkirchen, Josef 109, 111
Goebbels, Josef 70
Goeken, Josef 115, 156
Goethe, Johann Wolfgang von 36, 158, 206, 208, 220, 221, 231
Goez, Walter 43
Görres, Joseph von 224
Götte, Dr. Albert 20
Gräff, Georg 62
Greshoff, Heinrich 126
Groos, Helmut 220
Groth, Klaus 98
Grothues, Gisela 16
Grothues, Irmgard 16
Gründgens, Gustaf 102, 156, 184
Grütters, Prof. Dr. Fritz 118, 119

H

Hackenbroich, Prof. Dr. Matthias 128
Hagemann, Dietrich 130, 135, 136, 137, 138, 139, 168
Hagemann, Heinrich 133
Halley, Edmond 226
Hammerschmidt, Heinrich 23, 84
Hannover, Heinrich 230
Hebbel, Hermann 133, 134
Heisenberg, Prof. Dr. Werner 218
Heitmann, Dr. Felix 91
Hepp, Prof. Dr. Oskar 128
Hermann der Cherusker 146
Hiemenz, Alma 35
Hiemenz, Otto 35
Hieronymus 171
Hildenhagen, Dieter 27
Hindenburg, Paul von 16
Hiob 231
Hitler, Adolf 16, 18, 20, 26, 28, 29, 30, 31, 38, 46, 47, 48, 49, 73, 84, 154, 158, 159
Hobbes, Thomas 209
Hoebink, Lore 95, 178
Hölderlin, Friedrich 223
Hölscher, Friedrich 191
Hoffmann, Uli 149
Holbach, Paul Heinrich Dietrich Baron von 209
Holsten, Christian 202, 203
Holterdorf, Engelbert 108, 109, 113
Holterdorf, Joseph 99, 108, 110
Hölter, Mathilde 57
Holtmann, Dr. Bernhard 142
Homer 46
Hoß, Dr. Karl 89
Houtem, Merri van 98
Hudal, Dr. Aloys 84
Humborg, Dr. Ludwig 28
Hume, David 209
Hüppe, Dr. Wilhelm 77, 85, 86

I

Immerthal, Merri 103
Isfort, Bernhard 39

J

Jagsch, Ursula 162
Jagsch, Willy 162, 180
Jakob 171
Jasser, Friedhelm 52
Johannimloh, Norbert 155, 164
Josef 179
Judas 209
Julius II., Papst, Giuliano della Rovere 225
Jünger, Ernst 226
Jung, Prof. Dr. Carl Gustav 217

K

Kant, Immanuel 210, 216, 217
Keil, Tilo 161
Kemper, Dr. Heinrich 117
Kepler, Johannes 226
Kiesewetter, Knut 180
Klages, Dr. Ludwig 228
Klein, Dr. August 118, 134
Klockenbusch, Dr. Ludwig 23
Klöckler, Heribert Freiherr von 203
Klopstock, Friedrich Gottlieb 46
Klötgen, Hans 137
Knef, Hildegard 102
Koch, Heinrich 130
Koch, Otto 119, 121, 122
Koller, Dr. Hans 88
Konermann, Heinrich 84, 90
Korte, Willi 123, 124
Köster, Heinrich 110, 111
Köther, Dr. Ferdinand 88

Kretschmer, Prof. Dr. Ernst 228
Kriener, Margret 83, 89, 91
Küchenhoff, Prof. Dr. Erich 138
Kühn, Heinz 174
Kühn, Marianne 174
Kühr, Erich Carl 203, 214, 217, 218
Kunze, Dieter 144
Kurze, Gerhard 147

L

Lammering, Heinrich 83
Landois, Prof. Dr. Hermann 10, 177
Lange, Karl 144, 147
Langhans, Jochen 39, 40, 41, 42
Laplace, Marquis Pierre Simon 209
Laumann, Anna 126
Leibniz, Gottfried Wilhelm 209
Lessing, Gotthold Ephraim 209
Leukippos von Milet 208
Liebenberg, Hertha 143
Limper, Prof. Dr. Karl 121, 122
Lipps, Prof. Dr. Theodor 220
Löbbert, Karl-Heinz 129
Lösing, Hedwig 128, 129, 130, 131
Lübbers, Jans 78
Ludewig, Franz 29
Ludwig, Franz 28, 29
Luther, Martin 201, 208

M

Maltzan, Gräfin Maria von 180, 181, 182, 183
Mann, Thomas 227
Maria 179
Marks, Eduard 102, 103, 184
Meinhof, Ulrike 133
Menke, Clementine 121
Menzel, Prof. Dr. Wilhelm 119, 121
Mertenskötter, Bernhard 111
Messing, Rosa 35, 82
Meyer, August 17, 18
Meyer, Conrad Ferdinand 89, 223
Meyrink, Gustav 224
Michelangelo Buonarroti 225
Mildenberg, Gerhard 41
Milton, John 90
Möllers, Anton 191
Mönckeberg, Wilma 103, 184
Morgenstern, Christian 224
Mörike, Eduard 167, 177
Moses 171
Muhle, Theodor 132
Müller, Adolf 169
Müller-Fahlbusch, Prof. Dr. Hans 147, 150
Mynarek, Prof. Dr. Hubertus 150, 183

N

Nannen, Henri 173
Napoleon I. Bonaparte 158
Neuberger, Dr. Josef 162
Neumann, Dr. Paul 88
Newton, Isaak 226
Niekerken, Prof. Dr. Walther 97, 101
Nietzsche, Friedrich 210, 216
Nikolaus 8, 9
Nörrenberg, Prof. Dr. Erich 86, 90, 91, 92, 93, 97, 99, 106, 108, 169, 178
Nortmann, Heinrich 39, 42

O

Obens, Dr. Wilhelm 27, 29
Oberwalleney, Dr. Franz 128
Offen, Hans 120
Ohlenburger, Paul 41
Otten, Peter 103, 184

P

Palm, Josef 68
Paracelsus (Theophrastus Bombastus von Hohenheim) 226
Paulig, Dr. Peter 143, 144
Paul III., Papst, Alessandro Farnese 225
Paulus 225
Paul VI., Papst, Giovanni Montini 183
Perkeo, eig. Pankert, Clemens 15
Perlick, Prof. Alfons 115, 119, 121
Peters, Josef 129
Pieper, Prof. Dr. Josef 89
Planck, Prof. Dr. Max 209, 213
Plümpe, Dr. Paul 117
Ponickau, Hans Wolff von 180
Pretzel, Prof. Dr. Ulrich 97
Prolingheuer, Paul Gerhard 118, 121
Prott, Franz 138
Pumpe, Catharina 45
Pumpe, Wilhelm 45
Pyritz, Prof. Dr. Hans 100, 101

Q

Quiatkowsky, Fritz 41

R

Raabe, Wilhelm 219
Raffael 225
Raskop, Prof. Heinrich 119
Rau, Johannes 134
Reckers, Everhard 129
Reddemann, Hans 18
Reddemann, Reinhard 142, 145
Reer, Dr. Karl 195
Refnes, Guri 180
Reidenbach, Horst 81
Reiring, Prof. Dr. Hugo 118, 121, 122, 127
Rest, Prof. Dr. Walter 138
Reuter, Fritz 177
Richter, Paula 180
Riemeck, Prof. Dr. Renate 133, 134
Riemer, Karl-Heinz 58
Riemer, Otto 58
Riemer, Pauline 58
Rogge, Alma 105
Rohleder, Dr. Franz 77
Rosenthal, Johannes 87
Rothfritz, Margarita 98, 113
Rothfritz, Thea 98, 100, 102, 103
Rothfritz, Theo 98
Rübel, Dr. Rudolf 90, 91
Rudolf II., Kaiser 226
Ruprecht 9
Rusche, Bernhard 112
Rybayczek, Ernst 76

S

Salomon 171
Schaffenroth, Richard 81
Schäffer, Susann 145
Scharf, Christine 34
Scharff, Edwin 185
Schär-Manzilis, Milly 187
Schelling, Friedrich Wilhelm 209
Schelsky, Prof. Dr. Helmut 142
Schepper, Alfons 179, 199
Schepper, Dr. Anna-Margarita (Annette) 113, 114, 128, 140, 183, 196
Schepper, Bruno 192, 200
Schepper, Dieter 169, 193
Schepper, Eduard 191
Schepper, Ernst 193
Schepper, Ewald 9, 11, 83, 196
Schepper, Dr. Ewald 8, 112, 113
Schepper, Josef sen. 198, 199
Schepper, Josef jun. 199, 200
Schepper, Maria 192
Schepper, Maria geb. Koppers 199

Schepper, Maria, geb. Schulte-Lippern 7, 166, 194, 195
Schepper, Martha geb. Pellen 193
Schepper, Otto 192
Schepper, Raimund 117, 127, 128, 129, 131, 137, 178
Schepper, Werner 115, 192, 199
Schepper-Lambers, Dr. Friederike 131, 156, 197
Schier, Prof. Dr. Bruno 142
Schiller, Friedrich von 223
Schlagermann, Wilhelm 116
Schlagermann, Dr. Wilhelm 113, 117, 138
Schlagermann, Wilhelmine 116
Schlaun, Johann Conrad 149
Schleyer, Hans Martin 164
Schlüter, Hubert 26, 27
Schmidt-Isserstedt, Hans 102
Schneegans, Friedrich 41
Schölling, Josef 138, 142, 145, 146
Schopenhauer, Arthur 209
Schraeder, Gertrud 25
Schröter, Corona 36
Schüllenbach, Dr. Uwe-Adelbert 147
Schulte, Dieter 30, 32
Schulte-Ahlen, Dr. Wilhelm 92
Schulte-Lippern, Christine 33, 35, 58, 82, 98, 108, 116, 177, 193
Schulte-Lippern, Wilhelm 7, 10, 11, 23, 25, 26, 30, 31, 33, 161, 176, 190
Schultz, Dr. Paul 80
Schulze-Everding, Johannes 169
Schütte, Josef 191
Schütz, Werner 133, 134
Schwunk, Franz 75
Schwunk, Franziska 75, 76
Schwunk, Karl 75
Schwunk, Lore 75, 76
Seipel, Helmut 82, 87, 94
Seneca der Jüngere 203, 208, 221
Shakespeare, William 90, 221
Siebel, Dr. Paul 88
Sindermann, Charlotte 129
Singer, Prof. Dr. Wolf 215
Skoda, Albin 103
Sonneborn, Wilhelm 79
Spiegel zu Peckelsheim, Josef 58
Spinoza, Baruch 209
Stark, Hans-Peter 144
Stein, Heinrich Friedrich Karl Freiher vom und zum 116
Stöcker, Udo 180, 197
Strotmann, Theo 33, 76

T

Taeger, Hans-Hinrich 203
Tembrink, Josef 130, 131, 135, 168, 169, 170
Tenhumberg, Gerd 126, 134
Tenhumberg, Regina 126
Theognis aus Magara 7
Thomas, Heinrich 118
Tophinke, Wilhelm 178, 179
Tovar, Anni 74
Tovar, Maria sen. 45, 74, 75, 76
Tovar, Maria 74
Trier, Prof. Dr. Jost 97

V

Varus, Publius Quintilius 146
Vergil 208, 221
Verlaine, Paul 223
Vonnegut, Dr. Felix 117
Vornefeld, Heinrich 84
Voscherau, Walter 105

W

Waerland, Are 114
Wagenfeld, Karl 104
Walden, Claudia 131, 132
Walden, Gudrun 131

Walden, Michael 131
Walden, Norbert 131, 132
Walden, Sylvia 131
Wallenstein, Albrecht 226
Wallmann, Jürgen P. 105
Walther, Prof. Pan 155
Wegener, Hans Otto 110, 111
Wenzel, Eduard 110, 112
Werring, Bernhard 124
Westhoff, Theo 129, 134
Wibbelt, Dr. Augustin 33, 40, 44, 57, 64, 85, 86, 90, 91, 92, 95, 96, 102, 105, 106, 119, 125, 155, 165, 167, 177, 178, 180, 185, 189, 190, 191
Wibbelt, Elisabeth 155
Wibbelt, Johanna 92, 98, 185
Wiemann, Christine 99
Wiemann, Matthias 104, 184
Wilhelm II., Kaiser 158, 159
Will, Berni 139, 145
Winkelheide, Bernhard 134
Winkelmann, Augustinus 95, 96, 167, 168
Wittelmann, Josef 111
Wolf, Birgitta 230
Wolfram von Eschenbach 221
Wurm, Regine 35
Wurm, Ursel 35, 42, 58

Z

Zenon aus Kition 208

Rainer Schepper

bei

Elsinor und Longinus

Rainer Schepper: *Liebesgedichte*, Coesfeld 2014
ISBN 978-3-942788-16-8

Rainer Schepper: *Kleine Lektion über westfälischen Humor*, Coesfeld 2014, ISBN 978-3-945113-05-9

Augustin Wibbelt: *De Kiepenkäärl. Vertellßels uut'n Möänsterlann*, hrsg. von Rainer Schepper, Coesfeld 2014
ISBN 978-3-945113-04-2

Augustin Wibbelt: *Liebes Schwesterchen! Briefe an Elisabeth Wibbelt 1875–1905*, hrsg. von Rainer Schepper, Coesfeld 2015, ISBN 978-3-945113-07-3

Erinnerungen aus zwei Weltkriegen, hrsg. von Rainer Schepper, Coesfeld 2015, ISBN 978-3-945113-06-6

Rainer Schepper liest Wilhelm Busch
Hörbuch-CD, ISBN 978-3-945113-01-1

Rainer Schepper liest Plattdeutsche Märchen der Brüder Grimm, Hörbuch-CD, ISBN 978-3-945113-00-4

Rainer Schepper liest Karl Wagenfeld
Hörbuch-CD, ISBN 978-3-945113-02-8

Rainer Schepper liest Augustin Wibbelt
4 Hörbuch-CDs, ISBN 978-3-945113-03-5

Weitere Titel in Vorbereitung